Markus Baum

Jochen Klepper

Markus Baum

Jochen Klepper

Biografie

NEUFELD VERLAG

Dieses Buch ist auch als E-Book erhältlich:
ISBN 978-3-86256-707-2

Die Deutsche Bibliothek verzeichnet diese Publikation in der Deutschen Nationalbibliografie; detaillierte bibliografische Daten sind im Internet über www.d-nb.de abrufbar

Lektorat: Dr. Thomas Baumann
Umschlaggestaltung: spoon design, Olaf Johannson
Abbildungen auf dem Umschlag und innen:
© Deutsches Literaturarchiv Marbach
Porträt Markus Baum: © Carsten Meier
Satz: Neufeld Verlag
Herstellung: CPI – Clausen & Bosse, Birkstraße 10, 25917 Leck

3., durchgesehene Auflage 2021

© 2011 Neufeld Verlag, Sauerbruchstraße 16, 27478 Cuxhaven
ISBN 978-3-86256-014-1, Bestell-Nummer 588 725

Nachdruck und Vervielfältigung, auch auszugsweise, nur mit Genehmigung des Verlages

www.neufeld-verlag.de

Bleiben Sie auf dem Laufenden:
newsletter.neufeld-verlag.de
www.**facebook**.com/NeufeldVerlag
www.neufeld-verlag.de/**blog**

Inhalt

Einführung: Vorsicht Gas! 7

1. Pfarrers Kinder 11
2. Von der Mutter die Natur 23
3. Gebrochene Linie 39
4. Unmögliche Verbindung 57
5. Denkmal und Abgesang 79
6. Schicksalsgemeinschaft 93
7. Könige und Tyrannen 113
8. Aufrechter oder gebeugter Gang? 135
9. Poesie als Freiraum 161
10. Sternträger 187
11. Prinz-Albrecht-Straße 8 221

Anhang

   Stationen 241

   Bibliografie 245

   Anmerkungen 249

Einführung: Vorsicht Gas!

Berlin Nikolassee, Teutonenstraße 23. Ein Zettel warnt: »Vorsicht Gas!«. Der Handschrift nach von der Hausherrin – Johanna Klepper, verwitwete Stein, geborene Gerstel. Vordergründig betrachtet eine unspektakuläre Botschaft in der Preislage von »Achtung Stufe!« oder »Frisch gebohnert!«.

Aber an diesem Morgen des 11. Dezember 1942 verheißt »Vorsicht Gas!« nichts Gutes und der dazugehörige Geruch auch nicht. Anni Tiecke, Haushaltshilfe der Kleppers, wagt sich in Begleitung von Frau Karbe, der Mutter des Nachbarn, in die Küche und findet dort drei leblose Gestalten auf dem Boden. Johanna Klepper in der Mitte, Renate Stein, ihre Tochter aus erster Ehe, rechts von ihr. Und links neben ihr Jochen Klepper, der Schriftsteller, der Liederdichter, der Familienmensch, zu diesem Zeitpunkt noch keine 40 Jahre alt. Die drei haben nichts dem Zufall überlassen, davon zeugen einige leere Schlafmittel-Schachteln. Das Gas (der Hahn des Küchenherdes ist geöffnet) hat nur den Rest besorgt.

Der selbst gewählte Tod der Familie Klepper ist kein Einzelfall, ist im nationalsozialistischen, judenfeindlichen Deutschland nicht außergewöhnlich, fällt in jenem vierten Kriegsjahr auch statistisch nicht ins Gewicht angesichts Tausender ziviler Bombenopfer, angesichts einer halben Million gefallener deutscher Soldaten allein an der Ostfront – und angesichts der Massendeportation deutscher Juden seit Oktober 1941 in die Arbeits- und Todeslager im Osten.

Aber der Weg Jochen Kleppers, seiner Frau und seiner Stieftochter bis zu jenem tragischen Ende ist so gut dokumentiert wie kaum ein anderes Familienschicksal im Dritten Reich. Die Kleppers hatten Freunde, pflegten zahlreiche Briefpartnerschaften, waren jedenfalls oberflächlich betrachtet nicht einsam. Außerdem hat Jochen Klepper zehn Jahre Tagebuch geführt. Zunächst einmal natürlich nicht für die Öffentlichkeit.

Weggefährten haben, nachdem die erste Bestürzung überwunden war, sein Andenken gepflegt. Eine Schwester hat Jochen Kleppers Tagebücher in Auszügen 1956 veröffentlicht und ihm damit ein Denkmal gesetzt – und zwar eines aus seinen eigenen Beobachtungen und Gedanken. Gute Freunde haben in den 1950er- und frühen 60er-Jahren ihre persönlichen Erinnerungen an und ihre Briefwechsel mit Jochen Klepper in mehreren kleinen Büchern herausgebracht. Wichtige und aufschlussreiche Zeugnisse für alle, die heute mit wissenschaftlichem Interesse an die Personalie Jochen Klepper herangehen.

Aber wer mit mehr als zwei Generationen Abstand verstehen will, wer Jochen Klepper war und wie er so werden konnte, dem oder der verstellen die Freunde und Gefährten mitunter eher den Zugang. Denn die persönliche Nähe prägt ihre Perspektive, ihre Sprache atmet das Pathos jener Zeit. Dadurch bleibt Jochen Klepper dem heutigen Leser fern.

Selbst wer seine Lieder schätzt, weiß oft nicht viel über den Dichter: Klepper ist immerhin der wohl bedeutendste evangelische Liederdichter seit Gerhard Tersteegen und Philipp Friedrich Hiller. Ein halbes Dutzend seiner Liedtexte findet sich in quasi jedem aktuellen Gesangbuch des deutschsprachigen Protestantismus, und das heißt: Im gemeinsamen Liederkanon der deutschsprachigen evangelischen Christenheit kommt Klepper zusammen mit Martin Luther direkt nach Paul Gerhardt.

Dabei ist das Leben und Glauben Jochen Kleppers nicht nur für sich genommen bunt und spannend. Es spiegelt sich in dieser Biografie auch ein wesentlicher Teil deutscher Zeitgeschichte. Und viele Fragen, die Jochen Klepper umgetrieben haben, sind heute noch aktuell.

Wie erzählt man eine solche Geschichte wie die Jochen Kleppers? Zwangsläufig vom Ende her. Wesentlich an diesem Ende ist nicht der Hinweis »Vorsicht Gas!« und all das Unbegreifliche und Bestürzende dahinter. Wesentlich ist »das Bild des segnenden Christus, der um uns ringt. In dessen Anblick endet unser Leben« – so der letzte Tagebucheintrag Jochen Kleppers am 10. Dezember 1942. Am Ende der segnende Christus.

Markus Baum

1. Pfarrers Kinder

Freut euch mit Jerusalem!« – ein Zitat aus dem Buch des Propheten Jesaja verleiht dem Sonntag Laetare, dem vierten Fastensonntag im Kirchenjahr, seinen Namen. Im Jahr 1903 fällt der Sonntag Laetare auf den 22. März, und just an diesem Tag, unter diesem Motto erblickt Joachim Georg Wilhelm Klepper das Licht der Welt. Das dritte Kind, der erste Sohn des schlesischen Pfarrers Georg Klepper und seiner Frau Hedwig, geborene Weidlich. Die Schwestern Margot und Hildegard sind bereits sieben bzw. fünf Jahre alt, als sich der kleine Erdenbürger anmeldet. Am 26. April tauft Georg Klepper seinen Sohn, bezeichnenderweise mit Jordanwasser. Als Taufspruch gibt er ihm einen Vers aus dem Buch des Propheten Jesaja mit auf den Lebensweg: »Fürchte dich nicht, denn ich habe dich erlöst; ich habe dich bei deinem Namen gerufen; du bist mein!«[1]

Jochen Klepper ist also in ein evangelisches Pfarrhaus hineingeboren worden, und das sind in der Blütezeit des deutschen Kaiserreichs denkbar gute Startbedingungen. Als zweiter Pfarrer im Oderstädtchen Beuthen, Landkreis Glogau, Regierungsbezirk Liegnitz, genießt der Vater gesellschaftliches Ansehen. Dazu verfügt er von väterlicher Seite her über ein gewisses Vermögen und kann sich und seiner Familie einen weit überdurchschnittlichen Lebensstandard erlauben. Auch die Mutter ist buchstäblich nicht von schlechten Eltern. Ihr Vater war Amtsgerichtsrat und Kreisrichter erst in Hultschin, später im oberschlesischen Neustadt. Ihr Großvater mütterlicherseits hat aus den Freiheitskriegen 1815 eine Frau mitgebracht, eine Comtesse Rohan – wahrschinlich aus einer Nebenlinie des weit verzweigten, ursprünglich bretonischen Adelshauses. Ein Schuss französische Noblesse, Stilbewusstsein, Kunstsinn und eine frankophile Ader hat sich auch zwei Generationen später noch erhalten und wird auf die Klepper-Kinder abfärben. Auf Margot, Hildegard, Jochen – und die jüngeren Brüder, die noch nachfolgen werden: Erhard (*1906) und Wilhelm (*1915).

Stadt, Land, Fluss

Stadt, Land, Fluss – ein Dreiklang, der die Kinder- und Jugendjahre von Jochen Klepper prägt. Anders als die wirtschaftlich brummende oberschlesische Industriestadt Beuthen mit ihren rund 60 000 Einwohnern ist Beuthen an der Oder um die Jahrhundertwende ein kleines, nur an Traditionen und Geschichte reiches Städtchen von etwas mehr als 3 000 Seelen. Im 17. Jahrhundert hatte dieses Beuthen an der Oder eine eigene protestantische Universität beherbergt – nach dem Stifter Freiherr Georg von Schönaich »Schönaichianum« genannt. Im Dreißigjährigen Krieg war die Stadt x-mal besetzt, geplündert und verheert worden – durch Kosaken, durch Lichtensteiner Dragoner, durch Kroaten, Sachsen, Schweden, Kaiserliche und wieder Schweden. Nach der Gegenreformation hat erst der Vertrag von Altranstädt 1707 Religionsfreiheit für die evangelischen Einwohner der Stadt gebracht. Die evangelische Kirche, in der Georg Klepper seit 1892 seinen Dienst versieht, steht seit 1744 auf dem Gelände des ehemaligen Schönaichianums. Und wovon leben die Beuthener? Von der Oder und dem Handel, den sie bringt und ermöglicht, vom Obst- und Ackerbau, neuerdings auch von der Braunkohle, die in der Umgebung im Tagebau gefördert wird.

1907 wird nach mehr als 260 Jahren wieder eine Brücke über die Oder geschlagen, eine elegante eiserne Bogenbrücke. Die Stadtväter lassen sich das Bauwerk 575 000 Mark kosten in der Hoffnung, es möge der Wirtschaft einen kräftigen Schub verleihen. Die feierliche Einweihung am 16. Juni 1907 ist das erste gesellschaftliche Großereignis, das der zu diesem Zeitpunkt vierjährige Jochen bewusst miterlebt. Ein Jahr später bekommen Beuthens Straßen Gasbeleuchtung – nach dem Eisenbahnanschluss und der Oderbrücke das dritte Zeichen für die Ankunft des Städtchens in der Moderne.

Das Land: Beuthen liegt in Niederschlesien, und Schlesien insgesamt ist ein kultiviertes Land im doppelten Sinn. Die Landschaft rechts und links der Oder ist über Jahrhunderte von Menschenhand gestaltet, umgestaltet, bebaut, bearbeitet worden. Spätestens seit dem 16. Jahrhundert ist Schlesien aber auch ein künstlerisch und literarisch fruchtbares Land. Martin Opitz, der in Beuthen am Schönaichianum studiert hat, gilt als »Vater der deutschen Dichtkunst«. Zusammen mit Andreas Gryphius, Johannes Scheffler und anderen hat er von Schlesien aus die deutschsprachige Barockdichtung geprägt. Einen vergleichbaren Stellenwert hat Joseph von Eichendorff für die Romantik, Gerhart Hauptmann für den Naturalismus. Nicht ohne Grund hat der Germanist und Volksliedforscher Rochus von Liliencron Schlesien als »Land der 666 Dichter« bezeichnet. Das wirkt sich natürlich auch auf den Schulunterricht aus und prägt sich dem kollektiven Bewusstsein der Schlesier ein – also auch der Familie Klepper.

Der Fluss: Die Oder ist nicht der längste und auch nicht der wasserreichste Strom in Mitteleuropa, aber sie hat ein paar markante Eigentümlichkeiten: Träge mäandert sie durch Schlesien und Pommern, anders als Rhein und Donau nicht über weite Strecken zwischen Gebirgszügen eingezwängt. Zwischen Breslau und der Mündung regulieren seit Mitte des 19. Jahrhunderts keine Stauwerke mehr ihren Lauf. Dafür sind die Ufer über Hunderte von Kilometern durch Buhnen gegliedert. Sommerliches Badevergnügen in den fast strömungsfreien Bereichen zwischen den Buhnen, dazu die Schifffahrt, der Handel und die Fischerei auf dem Fluss – die Oder bietet neugierigen Kindern und Heranwachsenden allerlei Aufregendes.

Die Kinderjahre verbringt Jochen Klepper mit seinen Geschwistern im »Sukkerschen Haus« in der Beuthener Bahnhofstraße. Dort hat der Vater eine ganze Etage im Hochparterre gemietet, mit direktem Zugang zum Garten über eine Veranda. Später, Georg Klepper ist inzwischen zum Oberpfarrer aufgerückt, lebt die Familie »ganz für sich alleine« in einem größeren Haus in der Finkenstraße – »es galt als einigermaßen herrschaftlich«.[2]

Kinderjahre

Jochen wird schon als kleines Kind von Asthmaanfällen geplagt, ist eher zart und kränklich. Deshalb besucht er auch nur ein Jahr lang die evangelische Volksschule im kombinierten Pfarr- und Schulhaus, unter der Leitung des Rektors Krüger. Danach bekommt er zusammen mit einigen anderen Kindern seines Alters Privatunterricht beim Vater in der heimischen Wohnung. Damit hat der Kleine mehr von seinem Vater, als man es sonst erwarten könnte. Denn Georg Klepper hat in seiner Pfarrgemeinde gut zu tun: etwa 100 Taufen, 30 Trauungen und 70 kirchliche Beerdigungen im Jahr, jeweils rund 100 Konfirmanden zu betreuen – abgesehen von den Predigtdiensten, der Frauenhilfe, dem Jungmänner- und Jungfrauenverein. Und natürlich muss ein Pfarrer der Evangelischen Kirche der Altpreußischen Union auch noch allerlei gesellschaftlichen Verpflichtungen nachkommen.

So sehr Georg Klepper in seiner Arbeit aufgeht, er versteht es auch, seine Freizeit zu genießen. Er ist hochmusikalisch (wie seine Frau), Hausmusik gehört bei den Kleppers zum guten Ton, und der Pfarrer leitet selbst ein kleines Orchester. Er ist naturverbunden und entführt seine Kinder oft in die Umgebung. Gehört aber auch zu den ersten Bürgern von Beuthen, die ein eigenes Auto besitzen und selbst fahren. Und einen Filmapparat schafft er sich an und unterhält damit die zahlreichen Gäste, die sich in der Wohnung der Kleppers einstellen. Im Sommer reist er regelmäßig mit der ganzen Familie an die Ostsee. Er geht gern »auf, auf zum lustigen Jagen«. Er schwimmt in der Oder – der einzige Sport, den Jochen mit ihm teilt. Er packt spontan mit an, wenn es einen Karren zu ziehen oder eine Last zu tragen gilt. Er ist eine robuste und markante Erscheinung – sein Sohn wäre es bestimmt auch gern, bleibt aber schmal und blass.

Im Kreis der Geschwister erprobt Jochen Klepper erstmals sein schauspielerisches und dramaturgisches Talent. Da werden selbst ersonnene, biblische oder märchenhafte Stoffe zur Aufführung gebracht, in Rollenspielen oder mit dem vielköpfigen Puppentheater, das die Kinder selbst einkleiden. Jochens bester Freund in Kindertagen ist der jüngere Bruder Erhard. Mit ihm plant und fabriziert er in den Ferien unter anderem eine »Kunstzeitung« – Erhard als Illustrator, Jochen als Redakteur. Die Eltern lassen sie gewähren; der Ernst des Lebens kommt früh genug. Und der beginnt für Jochen Klepper formell im Alter von 14 Jahren mit

Fotopostkarte mit rückseitiger Beschriftung: »Meiner lieben Lilli zum 62. Geburtstag von Ihrem Jochen.« 28.10.1918

dem Wechsel aufs Gymnasium, praktisch aber schon zweieinhalb Jahre früher, im August 1914 mit dem Ausbruch des Krieges.

Die Front ist anfangs keine 200 Kilometer entfernt. In der evangelischen Kirche wird erstmals am 5. August und von da an wöchentlich immer mittwochs eine »Kriegsgebetsstunde« abgehalten. Das Rote Kreuz richtet in Beuthen bereits 1914 ein Lazarett ein. Und dem Vater obliegt die traurige Aufgabe, evangelischen Familien die Nachricht vom Soldatentod ihrer Männer, Väter, Söhne zu überbringen. Todesnachrichten als Teil des Alltags – das hat sich dem jungen Jochen Klepper tief eingeprägt.

Wirklich idyllisch können die Kinderjahre Jochen Kleppers also nicht gewesen sein. Dafür haben allein schon die Krankheitszeiten gesorgt, eine rätselhafte »Drüsenoperation« im Alter von zehn Jahren (Drüsen? Was für Drüsen?) und immer wieder quälende Asthmaanfälle. Gästen und Besuchern wird verborgen geblieben sein, was Jochen und seine Geschwister vermutlich mehr schmerzte: die Auseinandersetzungen zwischen den Eltern. Es war eben nicht, jedenfalls nicht nur, die ideale, harmonische Ehe. Da gab es natürlich auch Streit und wechselseitige Vorwürfe. Und der kleine Jochen ergriff im Zweifel Partei für die ihm wesensverwandte Mutter, nicht für den ebenfalls geliebten, aber manchmal eben fremden Vater. Gut vorstellbar, dass sich bestürzende, zutiefst widersprüchliche Gefühle bis hin zur Todessehnsucht einstellten, wenn der Knabe unfreiwillig Zeuge eines solchen Streits wurde. Jahre später wird Jochen Klepper solche Eindrücke in der Novelle »Die Nacht in der Schachtel« verarbeiten. Wobei man sich hüten sollte, das dort Geschilderte für bare Münze zu nehmen und 1:1 als kindliches Erlebnis des Autors zu verbuchen, denn Klepper bezeichnet sich später ausdrücklich als »Feind des Autobiographischen in der literarischen Produktion«.[3]

Richtig ist sicher, dass Jochen Klepper schon als Junge ziemlich aufmerksam und helle war, dass er nicht nur seine Umwelt, sondern auch sich selbst genau beobachtet hat, weit über das gewöhnliche Maß hinaus. Rita Thalmann hat in ihrer umfassenden Klepper-Monografie einige Einträge des Jungen aus dem »Erkenne dich selbst«-Album der Familie zitiert,[4] und da tritt einem ein frühreifes, altkluges und irgendwie erdfernes Kind entgegen, ein Produkt des Kulturprotestantismus. Normal ist das jedenfalls nicht, wenn ein Achtjähriger sich selbst Eleganz als herausragenden Wesenszug bescheinigt oder ein Zwölfjähriger als Lebensmotto angibt: »Bevor du Wissenschaft lernst, lerne dich selbst kennen.« Viel von seiner Lebensenergie hat Jochen Klepper offenbar schon als Kind vergeistigt. »Französisch sprechen und Lesen« nennt er unter anderem als Lieblingsbeschäftigung. Und zu lesen bekommt er im elterlichen Haushalt natürlich keinen »Schund«, sondern wertvolle Literatur.

Der Ernst des Lebens

Von seinem 14. Geburtstag an, ab März 1917 also, besucht Jochen Klepper das Evangelisch-Humanistische Gymnasium in Glogau. Damit endet ziemlich abrupt die Fixierung auf Vater und Mutter und das Leben im Pfarrhaus, das er viele Jahre später als »Höhepunkt meiner Familiengeschichte« bezeichnet.[5] Zusammen mit seinem Freund Seth Demel, dem Sohn des Arztes der Familie, kommt er in die Untertertia (8. Klasse). Zunächst pendeln die beiden täglich. Mit dem Zug sind es von Beuthen nach Glogau nur vier Stationen, eine knappe halbe Stunde dauert die Fahrt.

Glogau ist Garnisons- und Kreisstadt, alles dort ist zwei Nummern größer als in Beuthen. Es gibt ein königliches Schloss mit Schlossgarten, ein Landgericht und eine Militärakademie, gleich mehrere Exerzier- und Truppenübungsplätze und eine ausgedehnte Parkanlage außerhalb der ehemaligen Schanzwerke. Die Stadt beherbergt neben dem evangelischen auch ein katholisches Gymnasium und eine höhere Mädchenschule. Außer dem katholischen Mariendom in der Vorstadt jenseits der Oder gibt es zwei weitere katholische Kirchen, drei evangelische Kirchen und zwei Synagogen. Der alte und der neue Hafen, der Bahnhof und die Eisenbahn-Werkstätten: Glogau ist wahrlich keine Metropole, macht aber doch deutlich mehr her und hat einem Gymnasiasten auch mehr zu bieten als das beschauliche Heimatstädtchen.

»In seinem Matrosenanzug wie aus dem Ei gepellt, peinlich sauber und adrett«[6] – und still: so erinnert sich ein Schulkamerad an Jochen Kleppers ersten Auftritt in der Untertertia am Evangelischen Gymnasium. »Mit einem Gesicht wie ein Asket, hager und kränklich … Klepper blickte uns ernst und gesammelt aus großen, fast schwermütigen Augen entgegen … weltfern … eigenartig.« Auch Jochen Kleppers Freund Seth Demel ist eher von zarter, introvertierter Natur; die beiden bleiben in der Klasse für sich. Wenig hilfreich ist der Umstand, dass Jochens körperliche Konstitution nach wie vor wackelig ist. Vom Sommerhalbjahr verpasst er einen guten Teil krankheitshalber, und deshalb ist auch mit dem täglichen Pendeln bald Schluss – zumindest in seinem Fall.

Vermutlich zum Winterhalbjahr 1917 wird Jochen bei seinem Französischlehrer Erich Fromm einquartiert, einem Freund der Familie und besonders seines Vaters. Fromm ist zu dem Zeitpunkt etwa dreißig Jahre alt und selbst Sohn eines Pfarrers. Ein gelehrtes Haus, ein strammer Patriot (und Antisemit, aber das wird erst später deutlich hervortreten), belesen und begeistert von der klassischen Kultur. Er nimmt den Halbwüchsigen unter seine Fittiche und wird für die kommenden Jahre zu seiner wichtigsten Bezugsperson. Gibt ihm das Gefühl, ernst genommen zu werden, sicher nicht nur als Gesprächspartner auf dem Pausenhof, wo Jochen mit Erich Fromm »französisch parlierte oder irgendein Thema über Literatur abhandelte«. Der Mentor prägt zweifellos auch Jochen Kleppers Vorstellungen von Männerfreundschaft, Ehrgefühl, männlichem Auftreten. Hat also einen erheblichen Einfluss.

Das Verhältnis ist natürlich nicht symmetrisch. Der junge Jochen Klepper ist der Schutzbefohlene, ist Schüler, ist abhängig, und es deutet einiges darauf hin, dass der Lehrer und väterliche Freund diese Abhängigkeit irgendwann ausgenutzt hat. Die Beziehung bekommt eine homoerotische Note. Ob Erich Fromm tatsächlich übergriffig geworden ist, wie Martin Wecht in seiner gründlichen Biografie vermutet,[7] das lässt sich nicht zweifelsfrei erschließen. Auf jeden Fall aber richtet Fromm durch seine »eifersüchtige Obhut« (Thalmann) in dem Heranwachsenden ein erhebliches emotionales Chaos an, und das wäre schon schlimm genug. Emotionaler und/oder körperlicher Missbrauch, verübt durch den Mann, dem ihn der Vater anvertraut hat, der beim Vater ein und aus ging. Darüber reden kann er nicht. Gefühlsverwirrung und Scham verschließen dem jungen Mann den Mund. Vielleicht ist er auch nicht als Einziger betroffen. Von zwölf Schülern seines Gymnasialjahrgangs werden sich bis zum Schulabschluss fünf das Leben nehmen. Das lässt darauf schließen, dass Jochen Klepper die letzten Glogauer Jahre nicht allein als »namenlos schwere letzte Schülerzeit«[8] empfindet. Die innere Abhängigkeit von seinem Lehrer wird er erst 1926 abschütteln, also mit vier Jahren Abstand zu seiner Gymnasialzeit.

Revolution

Der Schulunterricht ist vermutlich noch das Stetigste an den Jahren in Glogau. Die Revolution und die Abdankung des Kaisers im November 1918 erschüttern das Weltbild Georg Kleppers und Erich Fromms und des gesamten Bürgertums, mit Preußens Glanz und Gloria ist es vorbei. Das Kriegsende bringt die Demobilisierung von Millionen Soldaten, und das krempelt eine Garnisonsstadt wie Glogau natürlich kräftig um. Das Preußische Kultusministerium hebt am 27. November die geistliche Schulaufsicht auf, damit werden auch das katholische und das evangelische Gymnasium der staatlichen Aufsicht unterstellt. Die am 11. November gegründete Republik Polen erhebt Anspruch auf Teile Ober- und Niederschlesiens, es formieren sich polnische Milizen ebenso wie deutsche »Bürgerwehren«. Anfang 1919 organisieren die Kommunisten im oberschlesischen Kohlerevier flächendeckende Streiks. Anfang Februar, noch bevor die eben gewählte Weimarer Nationalversammlung zusammentritt, kommt es zu ersten bewaffneten Zusammenstößen zwischen polnischen Aufständischen und Einheiten des »Freiwilligenkorps Schlesien«. Streiks und Demonstrationen mal für, mal gegen den Anschluss an Polen beherrschen die Schlagzeilen bis zur Unterzeichnung des Versailler Vertrages am 28. Juni. Der Vertrag erklärt 80 Prozent Oberschlesiens zum Abstimmungsgebiet.

Bis der Oberste Rat der Siegermächte die Modalitäten der Volksabstimmung festlegt, werden weitere eineinhalb Jahre vergehen – eine Zeit voller politischer Agitation. Schlesien erlebt in dieser Zeit drei blutige Aufstände und massive Gegengewalt. Am Mittellauf der Oder, also auch auf der Höhe von Glogau und Beuthen, rückt die Grenze zur Republik Polen bis auf 20 Kilometer heran. Ein Großteil der preußischen Provinz Posen ist verloren; Fraustadt, östliche Nachbarstadt von Glogau, verbleibt nur aufgrund seiner deutschen Bevölkerungsmehrheit beim Deutschen Reich. Die Bahnstrecke von Glogau über Lissa nach Posen ist nach knapp 70 Jahren Betrieb gekappt.

Die Welt des Jochen Klepper bekommt also auf einmal einen östlichen Rand, markiert durch Grenzzäune und Schlagbäume. Stabilität in der neu gegründeten Republik garantieren neuerdings die Sozialdemokraten, die der »eiserne Kanzler« Bismarck eine Generation zuvor noch massiv bekämpft hat und die bis zum Krieg von den rechtsnationalen Parteien und Vereinen als »vaterlandslose Gesellen« geschmäht worden sind.

Wie geht der Heranwachsende mit diesen Veränderungen um? Nun, auf der einen Seite nimmt er durchaus Notiz, beobachtet sorgfältig, sammelt Zeitungsausschnitte, ohne großartig zu reflektieren, was er da liest. Die Auswirkungen des Krieges auf die Versorgungslage, der Umgang mit den Kriegsheimkehrern, das beschäftigt ihn schon. Andererseits erschließt er sich just zu dieser Zeit eine andere Welt, die Welt der Dichtung. Er schwärmt für die Romantiker; unter den

Dichtern der Gegenwart ist Rilke sein Leitstern. Seine ersten poetischen Versuche mit 16 sind noch sehr idyllisch, da kommt die in Scherben gefallene wirkliche Welt nicht vor. Da verbluten nur die Sonnenstrahlen, die »schweren schwarzen Wolken« ziehen bloß dahin, entladen sich nicht. Und deshalb lächelt der Dichter am Ende. Einzelne, spontan verfasste Gedichte gibt er im Kreis der Familie zum Besten, manchmal kommt auch ein Gast in den Genuss. So berichtet der zwei Jahre jüngere Kurt Müller-Osten später von einem Ferienaufenthalt in Beuthen und einer nachmittäglichen Kaffeestunde, bei der Hedwig Klepper sichtlich stolz ein Naturgedicht Jochens vorträgt – »anscheinend gerade bei einer Zigarette entstanden, der Rauch lag noch in der Luft, das hat mir mächtig imponiert.«[9] Die ernsthafteren Versuche zeigt er nicht jedem. Aber der 20-jährigen Arztfrau Brigitte Hacker. Die einzigen erhaltenen Gedichte aus dieser Anfangsphase seines literarischen Schaffens (»Lieder der Nacht«) finden sich später bei ihr.

Seinem Quartiergeber und vereinnahmenden väterlichen Freund, dem Oberlehrer Erich Fromm, ist indessen nicht nach Lyrik zumute. Er kann sich mit den neuen Verhältnissen nicht anfreunden, vermutet eine jüdisch-linke Verschwörung und sympathisiert offen mit den rechtsnationalen Putschisten, die im März 1920 die Reichsregierung stürzen wollen. Fromm überspannt den Bogen, als er seine Schüler eine Würdigung der Militärdiktatur schreiben lässt. Die Dienstaufsicht ermittelt, am Ende wird Erich Fromm strafversetzt, aber er weigert sich, die Stadt zu verlassen. Und so bleibt Jochen Klepper unter Fromms Obhut, bis er sein Abitur gemacht hat. Das Reifezeugnis vom 9. März 1922 attestiert ihm ein »Gut« in Religion und Deutsch, »Völlig genügend« in Französisch und Geschichte, »Genügend« in Latein und Griechisch. In Mathe und Physik war er eine Niete. »Vom Turnen war er befreit.«

Jochen Kleppers Verhältnis zu seinem Vater ist am Ende der Schulzeit garantiert nicht mehr ohne Schrammen, nicht mehr so innig und selbstverständlich wie in der Kindheit. Aber auch nicht gebrochen. Zum Bruch wird es erst Jahre später kommen. Sein erster ernsthafter Berufswunsch: Er will Pfarrer werden wie der Vater. Und das Theologiestudium nimmt er vielleicht nicht dem Vater zuliebe auf, jedenfalls nicht nur. Aber auch nicht dem Vater zum Trotz. Georg Klepper und seine Frau fördern ihre Kinder durchaus nach ihren Neigungen, drängen sie nicht mit Gewalt in eine bestimmte Richtung. Auch Jochen nicht. Es ist ihm Ernst mit dem Theologiestudium. Noch viele Jahre später wird er bedauern, »dass ich nicht Pastor geworden bin; denn das wird ja doch meine heimliche Sehnsucht bleiben«. Predigen können wie der Vater – auch das motiviert ihn. »Das Pfarramt und das Pfarrhaus«[10] wird er später regelrecht verklären und idealisieren: »Der Höhepunkt meiner Familiengeschichte war das Pfarrhaus gewesen.«[11] Und wer hat das Pfarrhaus zu einem solchen gemacht? Natürlich Georg Klepper, sein Vater. An dem er vieles bewundert, von dem er bei aller Andersartigkeit auch manches geerbt hat, nur die Statur nicht.

2. Von der Mutter die Natur

Im Mai 1922 schreibt sich Jochen Klepper an der Friedrich-Alexander-Universität in Erlangen ein. Die theologische Fakultät dort ist streng lutherisch ausgerichtet, und deshalb kann seine Wahl schon ein wenig verwundern. Der Vater ist ja Pfarrer der Evangelischen Kirche der Altpreußischen Union, von der Frömmigkeit Herrnhuter Prägung beeinflusst und steht damit eindeutig in einer unierten Tradition.

Aber vielleicht hat bei der Entscheidung für den Studienort ja auch die Nähe zur Verwandtschaft mütterlicherseits den Ausschlag gegeben. Im benachbarten Nürnberg wohnen die in der Kindheit geradezu vergötterte Großmutter und Mamas Geschwister: Tante Louise »Liesel« Weidlich, die Schauspielerin – und Onkel Konrad »Kunz« Weidlich, ein erfolgreicher Kunstmaler und Tausendsassa. Er betätigt sich auch als Designer und Erfinder, hält das Patent an einem Handrührmixer und einem Fleischwolf und hat den kopfschüttelnden Teddybären der Nürnberger Spielwarenfirma »Gebr. Bing« gezeichnet.

Zu der Zeit, als Jochen Klepper in Erlangen Quartier bezieht, entwickelt Onkel Konrad zusammen mit seinem Sohn und Malerkollegen Hermann gerade die Tischeisenbahn mit Spurweite H0, die sich später weltweit durchsetzen wird. Sehr viel bekommt Jochen Klepper davon nicht mit. Er nimmt das Studium überaus ernst, packt sich die ersten beiden Semester neben den Pflichtfächern mit allen möglichen fachfremden Vorlesungen voll, darunter »Geschichte der sozialen Theorien und Bewegungen seit der französischen Revolution« und »Gerichtliche Psychiatrie«, »Theorie der Musik« und »Geschichte der deutschen Kunst bis

Jochen Klepper (zweite Reihe, rechts) in einer Vorlesung von Erich Seeberg, Universität Breslau

Dürer«. Ein Jahr lang wohnt er bei der Schriftstellerin Olga-Maria »Olly« Budjuhn zur Untermiete. Die Dame ist Mitte Vierzig und mittlerweile von ihrem Ehemann, einem Arzt, geschieden. Sie ist abseits der Hörsäle und universitären Einrichtungen Jochen Kleppers einzige Gesprächspartnerin. Vielleicht nicht der adäquate Umgang für einen Neunzehnjährigen. Aber das wird er erst viel später einsehen. Das Hebraicum, die Sprachprüfung in Biblischem Hebräisch, absolviert er erfolgreich am 24. Februar 1923. Zwei Monate später bricht er die Zelte in Erlangen ab.

Zum Sommersemester immatrikuliert sich Jochen Klepper an der Theologischen Fakultät der Schlesischen Friedrich-Wilhelms-Universität in Breslau, wo auch schon sein Vater studiert hat. Und anders als in Erlangen sucht er diesmal die Gesellschaft anderer Studenten. Er kommt im so genannten »Spittel« unter (eigentlich Johanneum), einem evangelischen Konvikt für Theologiestudenten, das der ehemalige katholische Fürstbischof Leopold Sedlnitzky gestiftet hatte, wohl der prominenteste deutsche Konvertit im 19. Jahrhundert. Das Spittel ist ein Kasten in der Breslauer Sternstraße, unweit der Oderinsel rechts des Flusses. Eine spartanische Unterkunft, die auch 1923 noch kein elektrisches Licht hat und im Winter nur jeden zweiten Tag beheizt wird. Werktags werden die Studenten von einer Glocke aus dem Schlaf gerissen. Vor dem Frühstück gibt's erst mal eine Andacht, nach dem Frühstück Übersetzungsübungen in Hebräisch und Griechisch.

Wie passt Jochen Klepper in diese Umgebung? Nun, er schickt sich. Ein Mitstudent wird ihm später bescheinigen: »Ich habe nie den Eindruck gehabt, dass Klepper sich von uns zurückzog […] Er war kein Spielverderber und von einer unwahrscheinlichen Gutmütigkeit«. Wenn einer der Studenten eine Flasche Zwetschgenschnaps ins Konvikt einschleust und die Zahnputzgläser kreisen – Klepper zecht mit. Gesellige Fachschaftsabende – er ist dabei, bringt sich ein, wird rasch der Mann fürs »Kulturelle«. Fragt man den Hausvater im Johanneum, dann erzählt der: »Wenn man den Klepper in einen Sack steckt, ihn dreimal unter Wasser taucht und dann wieder herausholt, er sagt bestimmt nur: ›Dankeschön!‹«[12]

Andererseits fällt er schon etwas aus dem Rahmen. Das fängt bei seiner äußeren Erscheinung an. »Theologiestudent mit großen Augen, schmalem Kopf, leidendem Gesichtsausdruck und einem sehr gepflegten Äußeren.«[13] – »Feingliedrig … melodische, warme Stimme, gute braune, vielleicht ein wenig ängstliche Augen.«[14] Die deutsche Studentenschaft hat sich inzwischen außer einigen Idealen der Jugendbewegung auch deren Kleiderordnung zu eigen gemacht. Anstelle des steifen »Vatermörders« trägt man jetzt den offenen Schillerkragen – nur Jochen Klepper kleidet sich weiter klassisch. »Anzug mit Schlips, Kragen und Ziertüchlein in der Brusttasche.« – »Immer sorgfältig angezogen und gescheitelt, mit viel Sinn für leise, höfliche Form und Stil.«[15] Er ist eben ein Ästhet, und das verdankt er seiner Mutter. Das künstlerische Naturell, die Sensibilität, den Geschmack, den Sinn für Eleganz, den hat er von ihr.

Muttergene

Hedwig Louise Betty Klepper, geborene Weidlich, entstammte einer streng katholischen Familie und war im Kloster erzogen worden. Den evangelischen Glauben hatte sie erst angenommen, nachdem Pfarrer Georg Klepper um ihre Hand angehalten hatte. Mit der protestantischen Frömmigkeit kam sie nicht von Anfang an klar. Angeblich soll sie in ihrem Kirchenstuhl sogar Patiencen gelegt haben, während ihr Mann auf der Kanzel stand und predigte – nur eine Anekdote, gewiss, aber dem Vernehmen nach von Jochen Klepper selbst kolportiert, und eine, die für eine gewisse Unabhängigkeit spricht. Frau Oberpfarrer Hedwig Klepper lässt sich jedenfalls nicht problemlos in das gängige Bild von der evangelischen Pfarrfrau einordnen. Die Sage von der adligen französischen Abstammung tut ein Übriges. Im bodenständigen Beuthen hat sie von Anfang an ein Hauch von Exotik umweht, und wenn der junge Jochen Klepper von ihr erzählt, dann relativiert er diese Züge nicht, sondern zelebriert sie eher noch. Er spricht mit inniger Zuneigung, Hochachtung und Stolz von der Mutter. Der Weg von Breslau nach Beuthen ist nicht allzu weit (auch wenn der Bummelzug an jeder Milchkanne hält und für die 120 Bahnkilometer volle drei Stunden braucht). Und so bekommen im Lauf der Zeit auch einige Kommilitonen Gelegenheit, sich persönlich einen Eindruck zu verschaffen. Sie berichten vom engen Einverständnis zwischen Mutter und Sohn und begreifen nach solchen Besuchen auch, wo Jochen Klepper seinen Sinn für alles Schöne her hat, sein Stilempfinden, seine Aufmerksamkeit auch für Äußerlichkeiten.

Wer die Familie nicht kennt, der wundert sich dann doch eher, zum Beispiel über den edlen Wappenring am Zeigefinger des Theologiestudenten, über Schminkdöschen und Puderbüchse auf dem Waschtisch seines Zimmers im Konvikt, bemerkt »kostbare Porzellandöschen und feine Deckchen, wie bei einem jungen Mädchen.«[16] Einzelne kommen nicht klar mit solchen Beobachtungen; die meisten spüren, dass alles irgendwie ins Gesamtbild passt, verbuchen es als liebenswerte Absonderlichkeiten und nehmen es ihrem Mitstudenten jedenfalls nicht krumm.

Lehrer und Mentoren

In Breslau gerät Jochen Klepper an die beiden Lehrer, die sein Denken wie auch sein späteres Schaffen prägen werden: Rudolf Hermann und Ernst Lohmeyer. Der Neutestamentler Ernst Lohmeyer ist bereits seit 1920 in Breslau, er hat den Lehrstuhl von Rudolf Bultmann übernommen. Für einen Professor ist er mit 33 Jahren noch recht jung. In ihm findet Jochen Klepper einen, der mindestens so sehr an Dichtkunst interessiert ist wie er selbst, aber eben schon wesentlich weiter in seiner eigenen Auseinandersetzung mit dem dichterischen Schaffen als der Student. Ernst Lohmeyer ist beeinflusst von dem mystisch-pessimistischen Dichter Stefan George und dem so genannten »George-Kreis«. Das Besondere an seinem theologischen Zugang zu den Evangelien ist Lohmeyers Überzeugung, dass man die Worte und Gleichnisse Jesu als »Sprachereignisse« ernst nehmen muss. Dasselbe schreibt er auch den Hymnen und Bekenntnisformeln der ersten Christen zu. Ihre sprachliche Gestalt und Kraft hält er nicht für nebensächlich, sondern für wesentlich und theologisch bedeutsam. Lohmeyers Seminare sind ihrerseits »Sprachereignisse«. Für Jochen Klepper mit seiner dichterischen Ader dürfte das äußerst reizvoll gewesen sein. Der Professor versucht sich auch schon mal an einer Übertragung biblischer Texte ins Deutsche nach antiken (althebräischen, altgriechischen) poetischen Regeln. Die in dieser Hinsicht kreativsten Vorlesungsreihen Lohmeyers werden erst drei, vier Jahre später kommen. Aber zu der Zeit, als Jochen Klepper nach Breslau kommt, beschäftigt sich Ernst Lohmeyer in seiner Freizeit gerade mit ganz grundlegenden Überlegungen zur Dichtkunst. Sie fließen 1924 in eine programmatische Abhandlung über »Dichtung und Weltanschauung« für die schlesische Kultur- und Theaterzeitschrift *Der Ostwart* ein. Und bis dahin ist Jochen Klepper längst regelmäßig zu Gast bei dem Professor und seiner Frau Melie. Schwer vorstellbar, dass Ernst Lohmeyer mit dem literarisch ambitionierten Studenten bei diesen Gelegenheiten nicht auch darüber ins Gespräch kommt.

Der Theologe und Religionsphilosoph Rudolf Hermann ist zeitgleich mit Jochen Klepper nach Breslau gekommen und hat dort seine erste Professur angetreten. Außerdem wird er Inspektor des Konviktes, und schon deshalb hat er viel mit den Studierenden zu tun. Hermann ist mit seinen 36 Jahren ebenfalls noch recht nah dran an der Generation seiner Studenten und neuerdings auch Studentinnen. Die Evangelisch-theologische Fakultät hat sich als einer der letzten Fachbereiche der Breslauer Universität für Frauen geöffnet; noch haben die angehenden Theologinnen aber in der Evangelischen Kirche der Altpreußischen Union keine Aussicht auf Anstellung als Pfarrerinnen. Sie können nur »Gemeindebeamtinnen« werden. Insofern hält sich der Andrang in Grenzen.

Die Begegnung mit Rudolf Hermann ist für Jochen Klepper eine Offenbarung. Inwiefern? Nun, es ist die Art und Weise, wie er predigt. Und das ist schon erstaunlich angesichts der Tatsache, dass Hermann nie ein Gemeindepfarramt inne hatte, dass er folglich auch keine Routine im Predigen hat. Das Ausarbeiten der Andachten und Predigten geht ihm nicht leicht von der Hand. Und trotzdem: Er macht auf den geübten Predigthörer Jochen Klepper einen überwältigenden Eindruck. Seine gedankliche Wucht ist selbst mit über 80 Jahren Abstand aus den (nicht völlig ausformulierten) Predigtmanuskripten[17] heraus zu ahnen. Wie viel mehr muss sie Jochen Klepper gepackt haben. Dessen Vorbild in Sachen Predigt war bis dahin eindeutig Georg Klepper, der Vater. Nun löst ihn Rudolf Hermann in dieser Rolle ab. Zehn Jahre später wird Jochen Klepper in seinem Tagebuch notieren: »Seit ich Professor Hermann in den Andachten im Johanneum hörte, war keine Predigt mehr.«[18]

Das allein kann es freilich nicht gewesen sein. Jochen Klepper hört in Breslau Vorlesungen bei sechzehn verschiedenen Dozenten und Professoren, aber bei keinem belegt er so viele Seminare wie bei Rudolf Hermann. »Grundfragen der Religionspsychologie«, »Ethik«, »Anselm: Cur deus homo«, »Schleiermachers Theologie«, »Religionsphilosophie der Gegenwart« – das beschäftigt ihn jeweils ein Semester lang. Und besonders nachhaltig wirkt Hermanns Seminar »Gedanken aus Luthers Schriftauslegung für Theologie und Leben« auf ihn und viele seiner Kommilitonen. Hermann vermittelt ihnen Luthers bleibendes Vermächtnis, Luthers reformatorische Prinzipien und Errungenschaften. Jochen Kleppers Studienfreund Harald Poelchau attestiert Hermann ein »strenges Ethos« und »leidenschaftlichen Ernst, der keine Phrase duldete ... Zugleich ging er mit liebevollem Interesse auf jeden einzelnen ein.«[19]

Von vielen Professoren hat Jochen Klepper in Breslau profitiert, aber wenn er später im Leben »mein Lehrer« sagt, dann bezieht sich das in aller Regel auf Rudolf Hermann. An dessen Meinung liegt ihm viel, ihn informiert er, seinen Rat sucht und bekommt er auch nach der Studienzeit durch einen regelmäßigen Briefwechsel.

Jochen Kleppers Fächerkanon in Breslau ist recht umfassend; neben den theologischen Pflichtseminaren interessiert er sich wie schon in Erlangen für Kriminalpsychologie und -psychiatrie, für Psychologie ganz allgemein und für Philosophie. Er belegt aber auch Vorlesungen über Anthropologie (»Die Stammesgeschichte des Menschen«) und Rhetorik (»Übungen in deutscher Aussprache und Vortrag«). Ein beachtliches Pensum hat er sich da auferlegt. Und das hat vermutlich auch wirtschaftliche Gründe.

Inflation

Die Einschreibegebühren haben sich vom ersten zum zweiten Semester mehr als vervierfacht, zum Sommersemester 1923 musste Jochen Klepper noch einmal 16 mal mehr bezahlen, und die Gebühr fürs vierte Semester wird auf dem Höhepunkt der Hyperinflation fällig – schwindelerregende 264 Milliarden Mark. Erst am 20. November 1923 ist der Spuk vorbei, als nämlich die Rentenmark eingeführt wird – zum Kurs von einer Rentenmark für eine Billion Papiermark.

Die Familie Klepper ist unmittelbar betroffen. Die Inflation hat das väterliche Vermögen zum größten Teil aufgefressen. Oberpfarrer Georg Klepper ist damit zwar noch kein armer Mann – preußische Pfarrer sind seit 1909 per Pfarrerbesoldungsgesetz den Richtern gleich gestellt und werden entsprechend gut bezahlt. Aber gegenüber den sorglosen Zeiten vor der Inflation muss man sich nun deutlich einschränken. Und das beschäftigt die Familie doch sehr. Haushalten und sparsam wirtschaften ist bis dahin ja kein Thema gewesen. Haben die Kleppers bisher frag- und klaglos den Studenten unterstützt, so berichtet Jochen Klepper jetzt öfter von finanziellen Zwängen zu Hause. Er sorgt sich um die Familie, die Geschwister – vor allem um seinen jüngsten Bruder, das Kriegskind Wilhelm (*1915) alias »Billum«. Zu den Träumen, zu den Zielen des Zwanzigjährigen gesellt sich schon bald der innere Eindruck: Er will nicht nur, er muss auch bald auf eigene Beine kommen. Er hat nie vorgehabt, das Studium zu verbummeln, aber jetzt gerät er (oder er setzt sich) unwillkürlich unter Druck. Das fällt anfangs noch nicht so auf, den meisten Kommilitonen geht es ja nicht anders.

Dennoch, selbst in den wirtschaftlich engsten Zeiten heißt Studieren nicht nur Pauken. Die Studien- und Lebensgemeinschaft im Konvent und die theologische Fachschaft versteht auch zu feiern. Und dabei offenbart der sonst eher ernste, verbindliche Jochen Klepper Qualitäten, die ihm nicht jeder zutraut, und Züge, die nicht ins übliche Bild passen wollen: Theatralik etwa. Das ist der erste Eindruck, den zum Beispiel Ernst Lohmeyers Ehefrau Melie von ihm gewonnen hat. Anlass war eine Art Laienspiel bei einem Begegnungsabend der Fachschaft: »Eine Reihe langer Gasthaustische wurde als Szenarium aneinander gestellt, worauf sich die Saaltür öffnete und die Spieler sich feierlich hereinbewegten... Alle hatten sich faltenreich in weiße Betttücher gehüllt. Die erste dieser verwunderlichen Gestalten war ein überaus schlanker Jüngling, sehr bleich, der in ekstatischer Weise und Lautstärke Worte in den Saal rief... Es war etwas Prophetisches oder doch von religiösem Pathos Erfülltes. Ich konnte mich eines kleinen Gefühls der Belustigung nicht erwehren. So fragte ich leise: ›Um Gottes willen, wer ist denn der erste, der da so schreit?‹ und hörte: ›Das ist Jochen Klepper.‹«[20]

Melie Lohmeyer hat später reichlich Gelegenheit, diesen ersten Eindruck zu revidieren. Die Theologische Fakultät vermittelt finanziell klammen Studenten regelmäßig ein Mittagessen bei einer der Professorenfamilien, und im Fall von Jochen Klepper sind Ernst und Melie Lohmeyer die Gastgeber. Wie erlebt sie ihn dort: »Von einem kindlichen Zutrauen, feinsinnig, bescheiden, offen, sehr bewegt, in jeder Weise angenehm und von Ideen voll bis zum Rand.«[21]

Mit der Zeit wird die Professorengattin zur mütterlichen Freundin des Studenten. Ihr, nicht dem poetisch beschlagenen Ernst Lohmeyer, erzählt er von seinen literarischen Versuchen. Ihr erklärt er, wie seine Geschichten entstehen: »Er erzählte mir, er schreibe alle Gespräche des Tages am Abend ganz genau auf, einerlei mit wem er sie geführt habe, ob in einem Laden, ob mit einem Straßenbahnschaffner oder über einen Zaun, ob in der Universität mit Kameraden oder mit einem Professor oder mit einer Portiersfrau...«. Beobachten und Eindrücke sammeln, Motive ergründen, irgendwann neu kombinieren. Melie Lohmeyer bekommt von Jochen Klepper zu ihrer eigenen Überraschung auch mal einen ganzen Stapel von Gedichten zur Begutachtung anvertraut. Sie studiert sie, findet sie aber »alle so unreif und unoriginell«, dass sie diese Jugendwerke im Papierkorb versenkt. Um später staunend von ihm zu erfahren, dass er die Gedichte, die er selbst für gelungen hält, an »etwa sechzig Zeitungen« schickt – »mitunter würde auch mal eines genommen. So müsse man anfangen«. Sie ist beeindruckt von der Energie, mit der er diesen Weg verfolgt. Zugleich bleibt ihr nicht verborgen, wie sehr Jochen Klepper an seiner Familie, speziell an seiner Mutter hängt. Sie erinnert sich an eine bezeichnende Episode: »Jochen war irgendwie und unvorhergesehen zu etwas Geld gekommen. Ich sehe ihn noch, wie er die Münzen in der Hand hielt und dann zärtlich und nachdenklich meinte: ›Vielleicht kann ich meiner Mutter dafür mal wieder etwas Puder und Schminke kaufen.‹«[22]

Es ist wohl kein Zufall, dass Jochen Klepper die Nähe und das Vertrauen von Melie Lohmeyer gesucht hat. (Auch Rudolf Hermanns Ehefrau Millie nimmt an seinem Werdegang Anteil, aber zu ihr hat er nie einen derart engen Kontakt.) Melie Lohmeyer, geborene Seyberth, 1923 Mutter zweier kleiner Kinder (ein weiteres Kind war kurz nach der Geburt gestorben), ist eine selbstbewusste Frau mit eigenständiger, starker Persönlichkeit und darin auf Augenhöhe mit ihrem Mann. Sie führt eine »intensive, wenn auch immer hochkomplizierte Ehe«, so wird es ihre Tochter Gudrun später einschätzen.[23] Damit hat sie manches gemeinsam mit Hedwig Klepper, das hat auch schon Brigitte Hacker ausgezeichnet, die Arztfrau aus Glogauer Zeiten, und auf ihre Weise passte auch Jochen Kleppers eigenwillige Erlanger Quartiergeberin Olly Budjuhn in dieses Raster. Der junge Mann sucht den Austausch mit Frauen, die ihm geistig mindestens ebenbürtig (und altersmäßig zumeist ein paar Jahre voraus) sind – und auch seiner Mutter das Wasser reichen können.

Die Metropole

Beuthen ist ein Nest, verglichen mit Glogau in den Zwanziger Jahren. Glogau und das ähnlich große Erlangen sind ihrerseits Kleinstädte, verglichen mit der brausenden Metropole Breslau. 550 000 Einwohner zählt die Hauptstadt der 1919 neu geformten Provinz Niederschlesien. Eine über tausendjährige Stadtgeschichte, seit Urzeiten Handelsplatz, Bischofssitz seit dem Jahr 1000, im Spätbarock »Hauptstadt der deutschen Dichtung«, seit dem 18. Jahrhundert zunehmend auch Industriezentrum. Die Innenstadt bietet eine imposante Kulisse: Ein gutes Dutzend Kirchtürme, das mächtige gotische Rathaus, Patrizierhäuser aus der Renaissancezeit mit prachtvollen Schaugiebeln. Der lang gestreckte Bau der Universität am Oderufer mutet eher wie ein Schloss an. In den Jahren vor dem Weltkrieg hat sich die Stadt zu einer Perle des Jugendstils entwickelt; das Hotel Monopol, das Kaufhaus Barrasch, die Markthalle, zahlreiche Cafés und Geschäfte in den Straßen der Altstadt huldigen mit ihrer Ornamentik diesem künstlerischen Aufbruch. Südlich der Altstadt, jenseits des Schweidnitzer Stadtgrabens, ragt die 60 Meter hohe Neue Synagoge mit ihrer byzantinisch anmutenden Kuppel auf, der zweitgrößte jüdische Sakralbau in Deutschland.

Das kulturelle Leben in der Stadt ist vielfältig. Das Stadttheater ist eine Opernbühne von europäischem Rang, das Schauspielhaus eines der führenden deutschen Operettentheater, das Thaliatheater in der Nikolaivorstadt eine preiswerte Volksbühne für die kleinen Leute. Die gute Stube ist das Lobetheater in der Lessingstraße; urgemütlich, nur unter Brandschutzgesichtspunkten ein Albtraum. Es gibt einige Konzertsäle und mindestens fünfzehn Lichtspielhäuser, einige davon hochmodern, die meisten in der Schweidnitzer Vorstadt südlich der Altstadt gelegen. Und dann ist da natürlich das Liebich-Theater, die Varietébühne mit angeschlossenem Tanzpalast in der Gartenstraße, westlich des Hauptbahnhofes. Hier treten die großen Unterhaltungskünstler der Zeit auf: der Clown Charly Rivel, der Zauberkünstler Alois Kassner, der Jongleur Enrico Rastelli, der Sänger und Spaßvogel Otto Reuter.

Hierhin zieht es auch Jochen Klepper regelmäßig. Er bewegt sich gern im Kleinkunst- und Theatermilieu. So unaufdringlich und höflich er ist, so beharrlich ist er auch – fragt sich durch, knüpft Kontakte, dringt zur Sensation seiner Kommilitonen selbst zu der dänischen Schauspielerin Asta Nielsen vor, dem unumstrittenen Stummfilmstar der Zwanziger Jahre, und weiß sich auch in solcher Umgebung zu bewegen. Was ihn an dieser Szene reizt: Er fühlt sich den Künstlern wesensverwandt. Er trifft auf Menschen, die anscheinend ihre Lebensaufgabe mit Hingabe und Leidenschaft verfolgen (Betonung mitunter auf Leiden). Indem er sie genau beobachtet, findet Jochen Klepper jede Menge Anregungen für Geschichten und ganze Romane. Zum Teil erst Jahre später wird er die Ideen abrufen, werden die Künstler und Artisten Geschichten aus seiner Feder bevölkern. Die meisten Projekte verwirklicht er nie. Aber das ist weniger Zeichen einer Schreibhemmung, eher Ausweis seiner unerschöpflichen Phantasie und der sprudelnden Inspirationsquellen. Er ist schon in diesen ersten Breslauer Jahren sehr produktiv, wird stilsicher und souveräner.

Noch in einer weiteren Hinsicht erweist sich Breslau als ein gutes und für Jochen Klepper schicksalhaftes Pflaster: Hier lernt er die Welt des gebildeten, modernen Judentums kennen. Im heimischen Beuthen gibt es nur eine Handvoll jüdische Familien. In Breslau leben mehr als 23 000 Juden – gut vier Prozent der städtischen Bevölkerung. Heimat der liberalen jüdischen Gemeinde ist die prächtige Neue Synagoge; orthodoxe Juden besuchen die (ältere) Storch-Synagoge in der Wallstraße. Und seit 1854 beherbergt die Stadt das Jüdisch-Theologische Seminar Fraenckelscher Stiftung, das erste moderne Rabbinerseminar in Europa. Die »Monatsschrift für Geschichte und Wissenschaft des Judentums« erscheint in Breslau. Seit dem preußischen Judenedikt von 1812 spielen jüdische Ärzte, Anwälte, Künstler, Kaufleute eine prominente Rolle in der Stadt. Streng religiös sind die wenigsten; die meisten Breslauer Juden sind assimiliert.

Ernst Lohmeyer führt Jochen Klepper nicht nur in die »Geschichte des jüdischen Volkes (vom Exil bis Hadrian)« ein, er ist auch eng befreundet mit dem Psychologen und Philosophen Richard Hönigswald und empfiehlt dessen Seminare, die Jochen Klepper in der Folge belegt. Hönigswald stammt aus einer ungarischen jüdischen Familie und ist zwar bereits 1904 zum Christentum konvertiert, aber natürlich steht er zu seinen Wurzeln. Ein weiterer jüdischer Dozent findet Jochen Kleppers Aufmerksamkeit: der Kunsthistoriker Franz Landsberger. Die Bekanntschaft mit ihm wird drei Jahre später in eine berufliche Zusammenarbeit münden.

Aber vor dem erfolgreichen Schaffen steht das Lernen, und wer lernen will, braucht Energie und geistige wie körperliche Frische. Genau das geht dem ehrgeizigen Studenten schon nach ein paar Monaten in Breslau entschieden ab.

Krank

Jochen Klepper leidet zwar nicht mehr unter Asthma wie noch in der Schulzeit, dafür plagen ihn aber heftige, oft lang anhaltende Kopfschmerzattacken. Dazu kommt: Er schläft schlecht bis gar nicht. Zunächst versucht sich Jochen Klepper mit Kaffee und Zigaretten (!) selbst zu therapieren. Schließlich geht er doch zum Arzt. Der verordnet gegen die Schlafstörungen Luminal, ein Barbiturat. Das Schlafmittel ist seit 1912 im Handel. Das Problem: Über längere Zeit in hoher Dosierung genommen macht es abhängig. Außerdem kann es Kopfschmerzen eher noch verstärken. Zu den heute bekannten häufigen Nebenwirkungen gehören Mattigkeit, Benommenheit, eingeschränktes Urteilsvermögen und Verwirrtheit.

Jochen Klepper *nimmt* das Medikament über längere Zeit, obwohl es nicht wirklich hilft. Im Gegenteil. Die Kommilitonen nehmen auch deshalb Rücksicht auf ihn (»All seine Arbeiten waren einem kranken Körper abgerungen ... Wir spürten, wie sehr er litt«[24]) und sehen ihm manches nach, was ihnen absonderlich oder überspannt vorkommt. Die körperlichen Beschwerden sind eine Sache, die psychischen Probleme eine andere. Sein Ehrgeiz, sein Lerneifer und sein fürsorgliches Mitdenken für die Familie haben längst neurotische Züge angenommen. Im Juli 1924 sieht er sich außer Gefecht gesetzt. Kuriert sich wochenlang in Beuthen. Der Arzt empfiehlt ihm, das Studium abzubrechen und den Gedanken an einen geistigen Beruf aufzugeben. »Gärtner oder Keramiker« soll er werden, so der sicher gut gemeinte Rat. Aber das geht natürlich gar nicht. Jochen Klepper rappelt sich wieder auf und macht trotz inzwischen eingestandener »unleugbarer Angst vor der Zukunft« weiter mit dem Studium wie mit dem Schreiben. Er nimmt sogar seine Lizenziatenarbeit in Angriff (es geht um die pietistischen Theologen Gottfried Arnold und August Hermann Francke). Bis zum nächsten Zusammenbruch.

Im September 1925 schickt ihn die Breslauer Studentenhilfe zur Kur nach Bad Saarow. Er verbringt dort einige Wochen im Haus der Deutschen Christlichen Studentenvereinigung. Dem Sekretär der DCSV und Hausvater, Pastor Hermann Schlingensiepen, vertraut er an, was ihm gegenwärtig am meisten zu schaffen macht: die Situation in Beuthen. Die Eltern sind in einen beklemmenden finanziellen Engpass geraten. Jochen Klepper sieht sich genötigt, 14 000 Mark aufzutreiben, um der Familie zu helfen. Für einen Studenten eine horrende Summe (die Kaufkraft damals entspricht einem Betrag von etwa 55 000 Euro). Und Schlingensiepen bietet tatsächlich an, ihm das Geld zu leihen, zur unendlichen Erleichterung, aber auch zur Beschämung Kleppers. Es wird einige Jahre dauern, bis er den Kredit zurückzahlen kann.

Eine Sorge weniger, aber damit ist noch lange nicht alles gut. Auch wenn er das anderen und vielleicht auch sich selber gern einreden will. Er verliert allmählich den Boden unter den Füßen. Seine Kommilitonin Ilse Jonas bekommt mit, dass er halluziniert. Fraglos eine der schweren Nebenwirkungen des Luminals: »›Heute traf ich…‹ – und dann folgte der Bericht von einer Begegnung mit einer Berühmtheit der Vergangenheit. Wie dankbar war er, wenn ich ihn ganz ernst nahm«, wird sie rückblickend berichten.[25] Und Katharina »Käthe« Staritz, eine weitere Studiengefährtin, wird ihm Jahre später spiegeln, dass er sich 1925/26 in einer beängstigenden Verfassung befunden haben muss, verweist auf »kranke, wirre, verzweifelte Dinge, die gefährlich klingen«.[26] Er selbst wird sich nicht daran erinnern. Zu dem Zeitpunkt, als diese »verzweifelten Dinge« passieren, nimmt er sie aber schon an sich selbst wahr. In hellen Phasen kann er auch korrekt deuten, was er da an sich beobachtet.

In den Briefen an Professor Hermann, den wohlwollenden Mentor, spart er das meiste davon aus, schildert lieber die Fortschritte (»Über die Frische, mit der ich jetzt arbeite, bin ich sehr froh«), und was ihm schon wieder gelingt, und wie er hofft, die anstehenden Herausforderungen zu bewältigen – von zu Hause, von Beuthen aus. Nach dem Wintersemester 1925/26 teilt er Rudolf Hermann mit, dass er nicht mehr regulär am Vorlesungsbetrieb teilnehmen kann, »da es mir gesundheitlich gar nicht gut geht und ich es wohl vermeiden muss, gerade den anstrengenden Sommer in Breslau zu verleben«.

Krise

Offener ist Jochen Klepper gegenüber seinem Mitstudenten und Freund Harald Poelchau, Pfarrerssohn wie er selber. Ihm schreibt er ab März 1926 regelmäßig, berichtet von »angsterregenden Träumen«, »Hysterie«, »Halluzinationen«. Ihm vertraut er auch halbfertige Gedanken an, ihm gewährt er einen Blick in seine inneren Abgründe. Selbst das Unsagbare, Namenlose aus der »schweren letzten Schülerzeit« deutet er in den Briefen zumindest an. Harald Poelchau verdankt er den entscheidenden Anstoß: Er soll nach der äußeren endlich auch die innere Abhängigkeit von Erich Fromm überwinden, soll die letzten Fäden kappen.

Und Jochen Klepper kappt. Zieht einen Schlussstrich unter die düsteren Seiten der Vergangenheit, sicherheitshalber auch unter seine künstlerischen Versuche bis dahin. Den größten Teil seiner frühen Gedichte und Geschichten vernichtet er. Tabula Rasa. Nur eine Handvoll Arbeiten entgeht der Zerstörungswut. Und gerade das scheinbar so aussagekräftige Stück mit dem Titel »Der eigentliche Mensch«, das die Zeiten überdauert hat, ist mit allergrößter Vorsicht zu genießen. Jochen Klepper hat das Manuskript im März 1926 niedergeschrieben, auf dem Höhepunkt seiner Persönlichkeitskrise. Was immer er darin an homoerotischen Begegnungen und verfänglichen Situationen schildert, wie eindeutig und verräterisch auch die Benennung der handelnden Personen zu sein scheint und was er dort alles an Stichworten liefert (Transvestitismus, Masochismus, Suizidgedanken) – es lässt sich eben nicht klar auseinander sortieren: Was ist Fiktion, was symbolisch überhöht, was gestaltet, was Zitat? Was ist Ausdruck untergründiger Sehnsüchte oder schlimmster Albträume, aber eben nicht Wirklichkeit, gottlob nicht? Was ist nur in der Luminal-Dämmerwelt geschehen, im nur für Jochen Klepper erstaunlich und erschreckend realen Reich der Einbildungen, und was hat er tatsächlich erlebt, überprüfbar und für andere nachvollziehbar?

Zweifelsfrei fest steht nur das eine: Diese Krise ist tatsächlich eine psychische Krise im Sinn der klinischen Definition. Verengte Wahrnehmung, eingeschränkte Handlungsmöglichkeiten, zeitlich begrenzt, von bedrohlichem, zerstörerischem Charakter. Aber andererseits auch geeignet, einen Menschen über sich selbst hinaus wachsen und gestärkt aus der Krise hervorgehen zu lassen.

Gestärkt heißt in Jochen Kleppers Fall: desillusioniert, mit veränderten Prioritäten. Er verordnet sich einen strengen Tagesablauf. Seine theologische Abschlussarbeit will er noch zu Ende bringen. Ein paar Stunden Quellenstudium am Tag müssen also sein, ansonsten gönnt er sich viel Schlaf und viel Kunst, beratschlagt sich mit seinem Bruder Erhard, der mittlerweile als Zeichner und Maler in Berlin sein Glück versucht, liest Märchen, schreibt wieder, dichtet, plant. Aber nicht für eine Karriere als Theologe. Pfarrer kann er ohnehin nicht werden; das Feld der praktischen Theologie hat er nur ein Semester lang beackert, das ist zu wenig. Stattdessen sieht er seinen Platz so klar wie noch nie in der schreibenden Zunft und im Kulturbetrieb. Harald Poelchau lässt er das schon früh wissen. Wenn er den theologischen Abschluss weiterhin anstrebt, dann vor allem den Eltern zuliebe, und natürlich würde sich das akademische Kürzel »Lic.« vor dem Namen grundsätzlich gut machen.

Professor Hermann schreibt er so etwas nicht. Ihm versichert er noch am 2. November 1926, dass er die Lizentiatenarbeit trotz aller Verzögerungen zu Ende bringen will. Aber da ist er schon exmatrikuliert. Am 6. November stellt ihm die Breslauer Universität das Abgangszeugnis aus. Ab sofort ist der Rekonvaleszent Jochen Klepper auf Arbeitssuche.

3. Gebrochene Linie

Jochen Klepper verabschiedet sich nicht über Nacht von der Theologie, und er nimmt auch nicht von heute auf morgen die neue Identität als Journalist und Schriftsteller an. Faktisch sieht es so aus, als habe er einen klaren Strich gezogen, doch wie's in seinem Innern aussieht – das ist aus den erhaltenen schriftlichen Zeugnissen nur schwer abzuleiten. Die fast zeitgleich verfassten Briefe an den Studienfreund Harald Poelchau einerseits, an Rudolf Hermann andererseits sprechen eine zu unterschiedliche Sprache. Nur dem Freund hat er einen Blick in die Karten erlaubt, nur ihm hat er seine inneren Konflikte offenbart. Alles wird er ihm aber auch nicht gesagt haben; manches muss er mit sich selbst abmachen. Dem theologischen Lehrer und seiner Gattin schreibt er zwar regelmäßig und zum Teil ausführlich, aber was er da schreibt, beschränkt sich im Wesentlichen auf seine äußeren Lebensumstände (»Darf ich in der Freude über meinen neuen Besitz, die Schreibmaschine, Ihnen einen Brief in Maschinenschrift schreiben?«), auf Pläne und Wünsche, auf seinen Gesundheitszustand und darauf, wie dieser seine Schaffenskraft beeinflusst. Was Jochen Klepper im Innersten antreibt oder auch hindert, davon findet sich in seinen Briefen an Rudolf und Millie Hermann so gut wie nichts. Er informiert sie pflichtschuldig, so hat es den Anschein, und vielleicht ist genau das ein Schlüssel zum Verständnis seines Innenlebens und seines Verhaltens: seine preußische Auffassung von Pflicht und Verpflichtungen, von Schuld nicht so sehr im Sinn von aktiv schuldig werden (auch das spielt für ihn eine bedeutende Rolle, nämlich in seinem lutherisch geprägten theologischen Denken), sondern Schuld im Sinn von verpflichtet sein und bleiben.

In den Tagebüchern von 1932 an wird das eine prominente Rolle spielen: Was glaubt Jochen Klepper wem schuldig zu sein? Was den Eltern und Geschwistern, was der Frau an seiner Seite, was dem Staat, was seiner Kirche, was sich selbst? Wie versucht er diesen Verpflichtungen gerecht zu werden, wie löst er sie ein, und wie geht er mit der oft empfundenen eigenen Unzulänglichkeit um? In den Jahren nach Ende des Studiums ist sich Jochen Klepper dessen noch nicht so bewusst. Er gibt sich jedenfalls nicht pausenlos Rechenschaft darüber. Trotzdem scheint das Denk- und Handlungsmuster schon hier und da auf.

Die Verpflichtung gegenüber den Eltern fordert ihn zu Beginn des Jahres 1927 ganz praktisch. Georg Klepper hat einen Schlaganfall erlitten, der Sohn ist zur Stelle und sieht sich vor die einmalige Herausforderung gestellt, den Vater auf der Kanzel zu vertreten. Am 30. Januar 1927, am vierten Sonntag nach Epiphanias, hält Jochen Klepper seine erste und einzige Gemeindepredigt in der heimischen Kirche in Beuthen. Er spricht über die Stillung des Sturms, und diese Erfahrung wird ihm noch zehn Jahre später eine Erwähnung im Tagebuch wert sein. Die »Wunde meines gescheiterten Theologiestudiums«[27] schmerzt mehr, als er es sich selbst und anderen lange Zeit eingesteht. Und insgeheim trauert er auch dem Pfarramt und dem Kanzelerlebnis nach. Bis in seine lebhaften (mal beglückenden, oft erschreckenden) Träume hinein verfolgt ihn diese versandete Lebensspur: »Heute nacht habe ich geträumt, ich hätte in einer Kirche gepredigt, und es war ein unbeschreibliches Gefühl von Glück und Stärke, von Erfüllung. ... Aber ich kann es nicht leugnen: ich sehne mich nach Predigen«, wird er gut sechs Jahre später seinem Tagebuch anvertrauen.[28] Nach außen hin beschreitet er entschlossen den neu eingeschlagenen Weg.

Journalistisches Debüt
Jochen Klepper schreibt feuilletonistische Artikel und bietet sie regionalen und überregionalen Zeitungen und Zeitschriften an, zunächst unter Pseudonym. »Solltest Du zufällig mit ›Georg Wilhelm‹ unterzeichnete Sachen lesen, sind sie von mir«, hat er Harald Poelchau in einem Brief vom 21. Januar mitgeteilt.[29] Eine der ersten mit »Joachim Klepper« gezeichneten Arbeiten ist ein Nachruf auf

Rainer Maria Rilke in gebundener Sprache. Wochen später erscheinen Artikel und Gedichte aus Jochen Kleppers Feder bereits in der *Täglichen Rundschau*, in den *Breslauer Neuesten Nachrichten* und im *Fränkischen Kurier*. Erstmals findet er im »Jahrbuch Deutscher Lyrik 1927« Erwähnung. Das in Essen erscheinende *Deutsche Pfarrerblatt* druckt am 1. März 1927 einen Artikel Jochen Kleppers zum 250. Todestag von Baruch de Spinoza, und die mondäne Frauenillustrierte *Die Dame* aus dem Berliner Ullstein-Verlag übernimmt ebenfalls Beiträge und bringt so Geld in die Kasse. Das braucht er auch, das braucht vor allem die Familie angesichts der Krankheit des Vaters, der für den Rest seines Lebens mit den Folgen des Schlaganfalls zu tun hat.

Da ist sie wieder, die familiäre Verpflichtung. Und da ist ein anderes Leitmotiv, das sich von nun an durch Jochen Kleppers Leben ziehen wird: Das Bemühen um ein halbwegs sicheres Einkommen, um eine berufliche Existenz, die ihren Mann auch wirklich ernährt. Zwar wird es für ihn nie wieder so eng werden wie in der Inflationszeit. Aber ein sorgenfreies Dasein wird er auch nie genießen können. Dafür sind einerseits seine Ansprüche zu hoch (er hat ja nie etwas anderes gekannt als gehobene Bürgerlichkeit), dafür ist andererseits sein Pflichtgefühl zu ausgeprägt. Er kann es nicht ertragen, wenn die Eltern oder Geschwister jammern. Er wird zum Beispiel noch jahrelang den Bruder in Berlin unterstützen (Erhard sagt natürlich nicht nein, auch als er längst unabhängig ist). Sobald etwas Luft im Budget ist, zahlt er seine diversen Stipendien und während des Studiums erhaltenen Vergünstigungen zurück. Formal ist das nicht vorgesehen, niemand nötigt ihn dazu. Nur er selbst empfindet, dass er »zu Unrecht« gefördert worden ist, und so sucht er sich Studenten, denen er nun seinerseits unter die Arme greifen kann. Innerhalb von zwei Jahren wird er so die gesammelten erhaltenen Förderbeträge auf Heller und Pfennig begleichen.[30]

Er hat durch seine Artikel mittlerweile den Fuß in der Tür zum künstlerisch-literarischen Journalismus, und er wird diesen Zugang in der Folgezeit auch konsequent ausbauen. Ein verlässliches Einkommen ist das freilich noch nicht. Das erhofft er sich von einer Anstellung bei einer der Breslauer Bibliotheken. Mehrere Bewerbungen bleiben erfolglos. Aber dann erhält er unerwartet eine Anfrage des »Evangelischen Presseverbandes für Schlesien«: Er soll dort in die Redaktion einsteigen. So kann er Rudolf Hermann in einem Brief am 8. April 1927 mitteilen: »Nun habe ich neben den einzelnen Honoraren noch das feste Einkommen. An Dienststunden bin ich nicht gebunden. Zu schreiben habe ich über das Aktuellste im Gebiet der Kunst und Kultur im Allgemeinen. Die Auswahl der Themen ist mir überlassen. Habe ich auch eine erhebliche Mehrarbeit, bin ich doch die Geldsorgen los, die viel mehr Kraft verbrauchen.«[31]

Beim Evangelischen Presseverband

Die Stelle in Breslau bedeutet nach zwei Jahren wieder Abschied vom familiären Lazarett in Beuthen. Jochen Klepper mietet sich eine Wohnung in Kleinburg in der Kurfürstenstraße. Noch kurz vor dem Jahrhundertwechsel eine luftige, auf dem Boden zweier ehemaliger Landgüter neu angelegte Villensiedlung im Süden Breslaus, ist Kleinburg mittlerweile von der Großstadt geschluckt worden. Aber es lässt sich immer noch gut leben, die Bebauung ist nicht zu dicht, der Südpark mit seinem Grün und seinem Gondelsee verspricht Erholung, und die Straßenbahn bewältigt die zweieinhalb Kilometer bis ins Herz der Stadt in wenigen Minuten.

Der Evangelische Presseverband für Schlesien (EPS), 1914 gegründet, unterhält seit 1919 eine Geschäftsstelle. Der Verband residiert in einem vierstöckigen Bürgerhaus am Schweidnitzer Stadtgraben Nr. 29, mit Postkartenblick auf die Liebichshöhe. Jochen Kleppers Arbeitsplatz wird freilich ein eher bescheiden eingerichteter, nicht sehr heller Büroraum zum Innenhof des Gebäudetraktes hin. Den großen Arbeitstisch dort teilt er sich mit zwei Kollegen. Da ist einmal der gelernte Buchhändler Rudolf Mirbt, Sohn eines Kirchenhistorikers und leidenschaftlicher Förderer der Laienspielarbeit, der bei Jochen Kleppers Einstieg gerade die 30 überschritten hat. Und da ist vom Winter 1927 an Kurt Ihlenfeld, zwei Jahre älter als Klepper und Theologe wie dieser – mit dem Unterschied, dass Ihlenfeld gerade sein zweites theologisches Examen hinter sich gebracht hat.

Das Hauptorgan des EPS ist das mittlerweile wöchentlich erscheinende Gemeindeblatt *Unsere Kirche* mit der ansehnlichen Auflage von 42 000 Exemplaren. Außerdem gibt der Presseverband volksmissionarische Traktate heraus, speist die schlesischen Zeitungen mit Nachrichten aus dem kirchlichen Leben und die Gemeindeblätter anderer Landeskirchen mit spezifisch Schlesischem. Mit all dem bekommt Jochen Klepper nun zu tun; vom Mai 1927 an erscheinen in *Unsere Kirche* fast im Wochentakt literarische, biografische, kirchengeschichtliche Beiträge aus seiner Feder.

Als Geschäftsführer und Generaldirektor des Evangelischen Presseverbandes fungiert seit 1919 Pfarrer Walter Schwarz, Jahrgang 1886, ein tatkräftiger Mann. Ihm ist Jochen Klepper von nun an verantwortlich. Der »unermüdliche, großzügige und ideenreiche Initiator des ganzen Unternehmens« (so urteilt Kurt Ihlenfeld über ihn) lässt seiner Kreativabteilung viel Freiraum, fordert sie andererseits aber auch. Jochen Klepper zum Beispiel zieht er heran zur Redaktion seiner »volksaufklärenden« Flugblätter eher erbaulichen, tröstenden und mahnenden Inhalts. Jochen Kleppers Anteil an der Erstellung dieser Traktate ist wohl eher handwerklicher als inhaltlicher Natur. Stil und Anspruch sind grundverschieden von allem, was er zeitgleich schreibt, aber er wird nun mal als Schriftleiter der Blätter genannt. Rita Thalmann wird später abfällig urteilen: »… passt sich willig dem einfältig-konservativen Frömmigkeitsstil kirchlicher Kreise an, der in diesen Flugblättern zum Ausdruck kommt«.[32] Aber was hätte Jochen Klepper machen sollen? Dagegen aufbegehren, kaum dass er die Stelle angetreten hat? Ein Tagebucheintrag zehn Jahre später verrät, dass Jochen Klepper mit Walter Schwarz nicht unbedingt auf einer Linie war. Er spricht von »meinem ersten von mir sehr abgelehnten und nicht verstandenen Chef«.[33] Aber immerhin: Chef. Kurt Ihlenfeld bescheinigt Walter Schwarz, er habe zu seinen Redakteuren »die denkbar kollegialsten Beziehungen« gepflegt: »Wir drei – Mirbt, Klepper und ich – gaben ihm mit unserer so gar nicht behördenfrommen Naivität unserer Arbeitsweise gewiss manche Nuss zu knacken. Er hielt den Schild über uns, wenn Beschwerden kamen. Diese konnten ja nicht ausbleiben, und wir machten zu dritt an unserem Arbeitstisch oder auch zu viert, im winzigen Studio des Direktors, unserem Herzen darüber Luft.«[34]

Die Aufgabenteilung hat sich innerhalb weniger Monate fast von selbst ergeben. Rudolf Mirbt kümmert sich von Fachs wegen um den Buchhandel, außerdem übernimmt er die Geschäftsführung der »Schlesischen Arbeitsgemeinschaft für evangelische Volksbildung« und ist in dieser Eigenschaft viel unterwegs im

Land. Sein zweiter Wirkungsort ist das Volkshochschulheim der Schlesischen Landeskirche in Klein-Silsterwitz, 35 Kilometer südwestlich von Breslau, und später in Kamenz in der Oberlausitz. Kurt Ihlenfeld betreut verantwortlich die Gemeindezeitschrift *Unsere Kirche* und den Volkskalender. Und vor Jochen Klepper hat sich schon nach wenigen Wochen im EPS ein gänzlich neues Arbeitsfeld aufgetan: die Rundfunkkritik.

Neuland Radio
Die »Schlesische Funkstunde A. G.«[35] hat ihren Sendebetrieb 1924 aufgenommen; ihr Sendegebiet umfasst die Oberpostdirektionen Breslau, Liegnitz und Oppeln, und damit kann der Sender rein theoretisch 4,5 Millionen Menschen erreichen. Tatsächlich haben 1927 etwas mehr als 100 000 Haushalte im Sendegebiet ein Radiogerät, Tendenz stetig steigend. Noch muss man sich das Radio leisten können, ganz billig ist das Vergnügen nicht, aber deshalb umso erstrebenswerter. Die »Schlesische Funkstunde« ist ein Kultursender. Zweiter Mann nach dem Vorstandsdirektor ist bereits der künstlerische Leiter (und spätere Intendant) Fritz Walter Bischoff. Man hält sich eine dreizehnköpfige Funkkapelle, und auch das Schlesische Landesorchester mit seinen 75 Mitgliedern ist fest gebucht. Lesungen, Essays, Buchbesprechungen, Hörspiele und Konzerte machen den Großteil des Programms aus. Daneben gibt es Volkstümliches wie die Auftritte des schlesischen Komikers Ludwig Manfred Lommel, der mit seinen Sketchen das neue Medium ironisch auf die Schippe nimmt und vorgibt, für einen (natürlich rein fiktiven) »Sender Runxendorf« zu sprechen. Lommel ist damit der Urahn von Radio-Comedysendungen wie Peter Frankenfelds »Valsch verbunden« in den 60er-Jahren oder »Stenkelfeld« kurz vor und nach der Jahrtausendwende.

Zu besprechen gibt es also eine Menge, und das obliegt beim Evangelischen Presseverband nun Jochen Klepper. Den »Rundfunkpressedienst« wird er drei Jahre lang versehen. Diese berufliche Nähe zum Sender bringt es mit sich, dass er schon bald auch selbst der »Schlesischen Funkstunde« zuarbeitet. Sein Debüt im Radio gibt er am 12. Juni 1927 mit einem Beitrag zum 200. Todestag von August Hermann Francke. Und wer Hörfunksendungen rezensieren und selbst gestalten will, muss auch selber Radio hören. Also lässt er sich in seiner Wohnung in Kleinburg einen Empfänger installieren.

Die Arbeit beim EPS dient vor allem dem Broterwerb, aber zusammen mit seinen freien journalistischen Arbeiten füllt sie ihn aus und tut ihm auch körperlich gut. »Alle hässlichen Überreizungserscheinungen sind geschwunden und die Kopfschmerzen auf ein Maß zurückgegangen, wie sie schließlich fast jeder geistige Arbeiter hat«, berichtet er brieflich an Rudolf Hermann. »Erklären kann ich mir nur nicht, dass ich immer noch so viel abnehme.«[36] Diese Selbstaussage deckt sich mit Kurt Ihlenfelds erstem Eindruck von Jochen Klepper: Er begegnete in den Büroräumen des Presseverbandes »einem schmächtigen, in etwas zu weiträumigem blauen Anzug steckenden jungen Mann, der sich zögernd, als fiele es ihm schwer, sich von seinen Gedanken zu trennen, von seinem Platz erhob.«[37]

Zumindest mit einer Gehirnwindung denkt der »junge Mann« gelegentlich noch an seine theologische Abschlussarbeit. Das Werk ist bis Ende 1926 bereits auf 500 Seiten angewachsen (viel zu viel, er müsste es drastisch herunterkürzen), aber mittlerweile hat er es zum Steinbruch für Artikel umfunktioniert. Von der Vollendung ist er weit entfernt. Die journalistische und literarische Arbeit nimmt ihn voll und ganz in Beschlag. Er macht sich also selbst etwas vor, wenn er im Oktober 1927 an Rudolf Hermann schreibt: »Die Lizenziatenarbeit muss doch auch endlich zu einem Abschluss geführt werden [...] Herrn Professor Kohlmeyer bin ich sehr dankbar, dass er mit meiner Arbeit solche Geduld hat. Habe ich promoviert, möchte ich dann am liebsten als ganz freier Literat leben. Dem Evangelischen Presseverband hoffe ich auch in nicht allzu langer Zeit kündigen zu können.« Nur um sofort einzuschränken: »Aber in Geldangelegenheiten bin ich vorsichtig [...] Die finanziellen Notwendigkeiten entheben einen aller beruflichen Entscheidungen.« Andererseits vermeldet er stolz: »Nun habe ich ununterbrochen Aufträge, nicht nur in Schlesien. Ab und zu steht jetzt auch manchmal schon nicht von mir, sondern über mich etwas in der Zeitung.«[38]

Ende des Jahres ist keine Rede mehr von Kündigung beim EPS, allerdings: »Das Niveau hat sich im Ganzen gehoben. Bessere Zeitungen und Zeitschriften, die Aufträge mehr nach meinen Wünschen, wesentlich höheres Einkommen (jetzt bekomme ich für einzelne Arbeiten schon 300 Mark) und im Evangelischen Presseverband nur noch täglich vier Stunden Dienst.«[39]

Ein perfektes Team
Ihlenfeld, Mirbt und Klepper im EPS-Büro zusammen geben ein interessantes Bild ab. Rudolf Mirbt hat zur Verschönerung des dämmrigen Raumes zwei Kunstdrucke mitgebracht – »das eine Franz Marcs Rote Pferde, das andere der Knabe mit der roten Jacke von Cézanne. Etwas ganz Modernes also, womit sich keineswegs jeder unserer ländlichen Besucher einverstanden zeigte«, wird sich Kurt Ihlenfeld Jahrzehnte später erinnern. »Aber das mochte noch hingehen. Sehr überraschend wirkte das Triumvirat, das da am Tisch unter den Bildern saß, über viel beschriebenes und bedrucktes Papier gebeugt. Und am überraschendsten doch wohl Jochen Klepper – denn er hatte es für notwendig gehalten, sich ein Einglas anzuschaffen, eins mit schwarzem Hornrand und einem Band daran. Damit las er seine Zeitschriften und Manuskripte.«[40] Der Anblick verschreckt den ein oder anderen Gast; die Kollegen können ihm das schließlich klarmachen, und er verzichtet auf das Monokel.

Kurt Ihlenfeld und Rudolf Mirbt sind auf ihre Art literarisch genauso ambitioniert wie Jochen Klepper. Mirbt schreibt (und veröffentlicht in den Folgejahren) Dutzende von Geschichten und Theaterstücken, aber auch Essays zur Spiel- und Theaterpädagogik. Ihlenfeld gründet noch im Jahr 1927 den »Eckart-Kreis« und sammelt darin Autoren und Publizisten, die in ihrer Arbeit Theologie und Literatur, Glaube und Dichtung zusammen bringen wollen. Vorbild und Organ des Kreises ist die Zeitschrift *Eckart – Blätter für Evangelische Geisteskultur*. Die Hefte haben bereits von 1906 bis 1915 neun Erscheinungsjahre erlebt. August Hinderer, der Gründer und Leiter des Deutschen Evangelischen Presseverbandes, hat die Zeitschrift 1924 wieder aufleben lassen. Jochen Klepper hat unabhängig von Kurt Ihlenfelds Bestrebungen bereits Verbindungen dorthin aufgebaut. Seine Würdigung des Lyrikers und Hörspielpioniers Eduard Reinacher im *Eckart*-Heft Nr. 3 des Doppeljahrgangs 1926/27 ist der erste von zahlreichen Beiträgen. Bis 1941 wird im Schnitt jede zweite Ausgabe des *Eckart* eine Geschichte, ein Gedicht oder einen Artikel Jochen Kleppers enthalten. Und der Breslauer Eckart-Kreis ist ein Forum, wo er in den nächsten Jahren seinen Zugang zur Literatur, seine Auffassung von Dichtkunst vertreten und zur Diskussion stellen kann. Was wiederum auf die Arbeit im Evangelischen Presseverband zurückwirkt.

Kurt Ihlenfeld erinnert sich: »Wir haben damals auf unsere Weise dazu beigetragen, dass sich manche kirchlichen Scheuklappen lüfteten. Wir hatten gute Verbindung zum Theater und zur Literatur, wir holten uns schlesische und außerschlesische Autoren zu Vorlesungen, Josef Wittig oder Friedrich Bischoff (damals Intendant des Breslauer Senders) oder Agnes Miegel […]. Da endlich auch die bildenden Künste in unser Blickfeld traten, luden wir Rudolf Koch zu uns ein – er kam und versetzte seine große Hörerschar, über hundert Maler, Grafiker, Bildhauer, Architekten in helle Aufregung durch die prachtvolle Gegenständlichkeit seiner Berichte und seines Bekenntnisses. Sehr nahe stand uns Eugen Rosenstock-Huessy, der sich mit der Theorie der Volksbildung beschäftigte. […] Auch zu den kirchenmusikalischen Kreisen wurde die Verbindung aufgenommen. 1928 gab es eine große Freizeit ›Musik in der Kirche‹. Günter Ramin [Thomaskantor und Gewandhausorganist, Anmerkung des Verfassers] kam aus Leipzig herüber…«[41]

Die drei Männer beackern eine bunte Vielfalt von kulturellen Feldern und Themen, und sie tauschen sich auch in den Pausen und nach Dienstschluss lebhaft darüber aus, wie Kurt Ihlenfeld später berichten wird: »Wir wandelten im Schatten von St. Elisabeth oder St. Maria Magdalena, wir plauderten uns an den altersdunklen Mauern der Dominsel vorüber, wir schlenderten über den Ring, wir blickten in verwunschene Höfe und verhielten auf der Brücke zum Sand. Immer wieder gerieten wir an den Strom zurück, dessen Geschichte und Geschicke an uns vorüberzogen… Wir schlenderten die ›Schweidnitzer‹ entlang zum Café Fahrig, wo sich so viele Breslauer Journalisten, Schauspieler, Künstler trafen, und wo wir uns auch bisweilen niederließen.«[42] Jochen Klepper hat daneben auch Fühlung mit einem Zirkel von Schriftstellern und Künstlern um den Theaterkritiker Paul Rilla, Redakteur der *Breslauer Neuesten Nachrichten*.[43] Er pflegt einen freien und wechselseitig inspirierenden Umgang mit Kollegen, Gleichgesinnten, Geistesverwandten. Andererseits behauptet Jochen Klepper in seinen Briefen an Rudolf Hermann, er habe sich eine zurückgezogene Lebensweise auferlegt (»Will möglichst inkognito hier leben« – »Kann fast gar nicht ausgehen« – »Lebe in Breslau eigentlich genauso still wie in Beuthen«).

Ein geselliger Eigenbrötler

Das eine lässt sich mit dem anderen nur zur Deckung bringen, wenn man es so liest: Jochen Klepper beschränkt seine sozialen Kontakte in dieser Zeit fast ausschließlich auf die berufliche Sphäre, »da mir zeitlich jeder Verkehr unmöglich ist«. Er braucht pflegeleichte Freundschaften, trifft sich zwar mit allerlei Leuten, knüpft ein enges Netz von Kontakten, aber das sind vor allem Zweckbeziehungen. Besuch empfängt er in seiner Kleinburger Wohnung so gut wie gar nicht, sie ist sein Rückzugsraum und produktive literarische Werkstatt zugleich. Das Radio ist für ihn ein Segen, »da ich fast gar nicht ausgehen kann, Musik aber soviel wie möglich haben möchte«. Wenn er sich mal ein paar Tage Auszeit gönnt, dann verbringt er diese grundsätzlich in Beuthen. »Ich bin am liebsten bei meinen Eltern« – wohl auch, um an der Entwicklung seines jüngsten Bruders teilzuhaben. Wilhelm alias Billum ist inzwischen zu einem gewitzten, dabei angenehmen Zwölfjährigen herangewachsen. Die beiden Schwestern sind ebenso wie Eberhard längst aus dem Haus. Margot hat einen Reichswehroffizier namens Eberhard Fischer geheiratet und hat einen Sohn. Hildes Ehe mit einem Vetter hat nur kurz gehalten, die Scheidung läuft. Der Vater muss sich seit seinem Schlaganfall schonen; die Mutter hat wohl oder übel das Familienmanagement übernommen und freut sich, wenn der seelenverwandte Sohn kommt. Ein leichter Schatten liegt freilich über den Besuchen daheim: die Enttäuschung, dass es mit dem akademischen Abschluss offenbar nichts wird. Aber das gesteht Jochen Klepper sich und den Seinen nicht ein – noch nicht.

Die Ideen sprudeln nur so; viele Arbeiten bringt er gleich bei mehreren Zeitungen und Zeitschriften unter, so seine literarischen Skizzen aus der Welt des Varietés und der Schausteller, seine biografisch-künstlerischen Porträts von Asta Nielsen und seinen Artikel »Gottes und der Kinder lieber Mann« über den Clown Grock (bürgerlich Adrien Wettach, der »König der Clowns« – ein Weltstar mit allen tragischen wie glänzenden Zügen).

Soziale, gar politische Themen bearbeitet Jochen Klepper nur selten, auch wenn sie oft mitschwingen, etwa wenn er über die Unsicherheit des Artisten- und Künstlerdaseins schreibt oder Persönlichkeiten wie August Hermann Francke würdigt, der ja die Volksbildung gefördert und damit auch die soziale Hebung der unteren Stände betrieben hat. In einzelnen Artikeln wird Jochen Klepper nolens volens zum Chronisten des sozialen Niedergangs. Aber er betreibt keinen Enthüllungsjournalismus, will nicht aufrütteln oder gar aktiv eine Veränderung der Verhältnisse herbeiführen. Sein Eintritt in die SPD hängt mit seiner inneren Nähe zur religiös-sozialen Bewegung zusammen, er versteht sich ausdrücklich als religiöser Sozialist (und nur mit diesem Attribut).[44] Ein Kollege und Freund aus EPS-Zeiten wird ihm später attestieren: »Wir Theologen des Presseverbandes waren mehr oder weniger durch eine dynamische, oft antiinstitutionelle Lutherauffassung miteinander verbunden. Das Paradox hatte es uns angetan. Es muss wohl etwas davon auch Kleppers Weg in die Partei erleichtert haben, die Parallele zwischen Luthers ›Ich bin kein Lutheraner‹ und Marxens ›Ich bin kein Marxist‹.«[45]

Jochen Kleppers Mitgliedschaft bei den Sozialdemokraten öffnet ihm außerdem die Tür zur auflagenstarken parteieigenen Zeitung *Vorwärts*. Vom Mai 1928 an druckt der *Vorwärts* einige, nicht viele, seiner Artikel und Essays ab. Dass die Genossen solche Beiträge nicht besonders großzügig honorieren, ist (noch) kein Problem.

Mit volkstümlichen und volkskundlichen Themen (»Die heidnische Jungfrau vom Glatzer Schloss. Vergessene Sagen«; »Der schlesische Volkscharakter«) schafft es Jochen Klepper in die Wochenendbeilagen der regionalen Zeitungen und in Zeitschriften wie den *Boten aus dem Riesengebirge*. Für die *Schlesischen Monatshefte* seines ehemaligen Kunstgeschichtsdozenten Franz Landsberger schreibt er nun auch regelmäßig. Das Geschäft brummt. Und so ringt sich Jochen Klepper zu einem »der für das Leben wohl entscheidendsten Entschlüsse« durch: »Da meine schriftstellerische Arbeit mich vollkommen erhält und sogar wie in jedem akademischen Beruf für meine Zukunft vorsorgen lässt; ich mich außerdem, seit ich nur noch künstlerisch und ganz für mich arbeite, wohl und befriedigt fühle, habe ich nun mit der Theologie Schluss gemacht«, teilt er am 24. April 1928 seinem Mentor Rudolf Hermann mit. Nicht ohne beschwichtigend nachzuschieben: »Was ich in der Theologie gewollt habe, bleibt mir ja nach wie vor.«[46] Ganz abgehakt und restlos verarbeitet hat er die Sache freilich noch nicht. Knapp drei Jahre später wird er – wiederum an Rudolf Hermann gerichtet – notieren: »Über mein abgebrochenes Theologiestudium bin ich eigentlich erst jetzt ganz hinweg.«

Theologischer Sachverstand im Verein mit Kunstsinn qualifizieren Jochen Klepper jedenfalls für die Betreuung der Rundfunkgottesdienste, so genannter »Morgenfeiern«, beim Breslauer Sender. Er versieht diese Aufgabe zusammen mit Rudolf Mirbt im Auftrag des Evangelischen Presseverbandes. Daneben laufen im Programm der »Schlesischen Funkstunde« seit dem Frühjahr 1928 gelegentlich auch Novellen und Geschichten aus seiner Feder. Zu seiner Genugtuung darf er sie selbst vortragen, hat er doch eine Weile mit der Schauspielerei geliebäugelt, aber ein Vorsprechen beim berühmten Bühnen- und Filmschauspieler Rudolf Lettinger (sein Bruder Erhard hat den Kontakt hergestellt) hat ihm eigentlich alle Hoffnung geraubt – seine Stimme ist für die Bühne nicht tragfähig genug. Und nun die beschwingende Erkenntnis: Fürs Radio taugt sie allemal!

Luther

Den Theologen wird Jochen Klepper nie verleugnen können. Kurt Ihlenfeld wird sich später erinnern: »In den Gesprächen des kleinen Kreises von jungen Breslauer Theologen, zu dem wir beide gehörten, und der sich gerne im Café Vogel in der Ohlauer Straße ein Stelldichein gab, ist von lutherischer Theologie oft die Rede gewesen – und wir befanden uns in einer merkwürdigen Übereinstimmung hinsichtlich dessen, was wir an Luther erkannt und gewonnen zu haben meinten. Es war in dem vielen Abgeleiteten, womit die Theologie sonst belastet war, die Erfahrung eines Tief-Ursprünglichen... Wir waren ja zugleich empfänglich für das dichterische Wort, wir sogen den Honig der Wahrheit aus einer Erkenntnis, die sich uns von woanders her erschloss als aus der Wissenschaft allein. Luther selber sprach zu uns über die Jahrhunderte hinweg als ein Lebendiger. Luthers *deus absconditus* [Der verborgene Gott, Anmerkung des Verfassers], sein *pecca fortiter* [sündige tapfer] ebenso wie die Formel des *simul justus simul peccator* [zugleich gerecht und Sünder] waren uns Chiffren eines ungeheuren Lebens unter dem göttlichen Geheimnis. Es gab Momente in unseren Gesprächen, in denen diese Chiffren den Charakter von Geheimzeichen unserer Freundschaft gewannen.«

Wenn Kurt Ihlenfeld hier von Freundschaft spricht, dann sicher nicht im Sinn einer herzlichen, unverbrüchlichen, von nichts getrübten Männerfreundschaft durch dick und dünn. Dafür waren Jochen Klepper und er bei allen gemeinsamen Interessen und bei ihrer gemeinsamen künstlerisch-literarischen Mission und Vision dann doch zu unterschiedlich. Sondern: »Das uns einigende Vertrauen hatte sicher seinen tiefsten Grund in jener theologischen Gemeinsamkeit unseres Luthererlebnisses.«[47] Nach einem intensiven Jahr enger Zusammenarbeit trennen sich die Wege vorerst, Kurt Ihlenfeld wird ordiniert und im Oktober 1928 auf eine Pfarrstelle im niederschlesischen Waldenburg[48] berufen. Die Verbindung zwischen ihm und Jochen Klepper bleibt bestehen, weniger auf persönlicher Ebene, aber im Rahmen des Eckart-Kreises und der publizistischen Arbeit am *Eckart* (Ihlenfeld wird 1933 Herausgeber der Zeitschrift).

Ihlenfelds Stelle im Evangelischen Presseverband bleibt einige Monate vakant, bis im Herbst 1929 ein Nachfolger kommt. Der neue Kollege Jochen Kleppers heißt Kurt Meschke und ist ebenfalls Pfarrer. Wie erlebt er die neue Arbeitsstelle und seinen Mitstreiter? »Wir waren jeder auf seine Weise Randsiedler der Kirche, die wir uns unter den schützenden Fittichen von Pastor Schwarz um den gelben Tisch im Hinterzimmer Schweidnitzer Stadtgraben 29 zusammenfanden, abgeschirmt gegen die fremde Obrigkeit der Prälaten durch das Wohlwollen unseres Direktors, der darauf vertraute, dass wir uns in Freiheit entfalteten zum besseren Nutzen der Kirche. Regelmäßig, ehe er zum Essen ging, tauchte Jochen Klepper auf. Ich hatte die Aufgaben des Vormittags beendet: Durchsicht der Tagespresse, Arbeit am Gemeindeblatt, Zusammenstellung der kirchlichen Pressemitteilungen. Es fehlte noch Kleppers Rundfunkkritik. Die bekam ich jetzt, alles nach Wunsch kurz, konkret, einiges angerührt, anderes pointiert. Er hatte zu Hause beim Schreiben oder wenn er seinen phantastischen Finanzierungsapparat, in Original-, Erst- und Mehrdrucke abgestuft, routiniert-kontrollierend handhabte, immer ganz leise das Radio laufen und machte sich kurze Notizen, wenn irgendetwas wichtig erschien.«[49]

Jochen Kleppers Arbeitsweise hat zu diesem Zeitpunkt nur noch wenig von der eines angestellten Redakteurs. Er ist beruflich da angelangt, wo er seit Jahren hin wollte: Er fühlt sich als freier Journalist und Autor und lebt auch so. Es gelingt ihm, dieses Dasein fast sieben Jahre lang aufrecht zu erhalten. Aber er bezahlt dafür einen hohen Preis. »Im ganz freien Beruf ist kein Sonntag, weil einen immer der Gedanke treibt, jeder Tag, den du nicht arbeitest, ist später ein Tag ohne Geld; ein hässlicher und unfrommer Gedanke«, wird er nach einigen Jahren in der Tretmühle seinem Tagebuch klagen.[50] Den »ersehnten Feierabend« und den dringend nötigen Ausgleich für die Schreibtischarbeit muss er sich erkämpfen, Disziplin ist dabei das Schlüsselwort. »Für meine viele Arbeit schaffe ich mir einen schönen äußeren Rahmen«, berichtet er an Rudolf Hermann. »Meine Tage sind ganz fest eingeteilt: Schreiben, eine Stunde Schwimmen, neun Stunden Schlaf.«[51]

Das 1897 errichtete Breslauer Stadtbad an der Zwingerstraße ist nur einen Katzensprung vom EPS-Büro entfernt. Seine Architektur und Ausstattung, die arkadengleichen Rundgänge, die teilverglaste Kuppel über der Schwimmhalle, die Mosaiken und Skulpturen sprechen Jochen Kleppers ästhetisches Empfinden an. Das war es Kurt Meschkes Beobachtung zufolge aber nicht allein. »Täglich ging er in die Schwimmhalle. Dort aß er auch zu Mittag in den kühlen, vom Wasser umflossenen Räumen. Er erzählte von dem Kind François Marie Arouet, das mit Schwimmhäuten zwischen den Fingern geboren war. Das Leben im Wasser war sein Element in dieser Zeit, auch sein tieferes theologisches. Die Gedichte von Petrus, von den Fischen, von der Taube bezeugen das, Meditationen über das Wasser des Lebens.«[52] Meschke muss es wissen – er ist regelmäßiger Abnehmer von Jochen Kleppers Gedichten, »für 50,- M geschrieben, für 20,- M verkauft und für 5,- M überlassen«[53] für den Abdruck im Gemeindeblatt *Unsere Kirche*.

Der Erzähler
Wenn die Rundfunkkritiken Pflicht sind, gehören die Gedichte gewissermaßen zum Kurzprogramm. Die Kür, das sind Novellen und ausgewachsene Romane, und die konzipiert Jochen Klepper 1929 gleich reihenweise. Rudolf Hermann berichtet er von diesen ungeborenen Kindern: »Ich habe einen Verleger für

meinen Voltaire-Roman gefunden (Speidel/Wien) […] Für meine weiteren Romanexposés interessiert sich bereits ebenfalls Speidel. Es handelt sich um eine Schaubuden-Attraktions-Biographie ›Frick-Frack und Elvira‹, die Geschichte einer klugen, hässlichen Frau, Madame Dr. D. Valeska Cohen«, »Die große Directrice«, wieder die Lebensgeschichte einer hässlichen, liebenden Frau, und einen Revolutionsroman ›Marquise Schornsteinfeger‹… Vergessen habe ich noch ›Die goldene Stimme‹, einen Rundfunkroman.«[54] Und ein Artistenroman gesellt sich auch noch dazu.

Die meisten dieser Stoffe arbeitet Jochen Klepper nicht wirklich aus, gibt ihnen allenfalls eine kleine Form. »Die goldene Stimme« wird er als Erzählung im *Fränkischen Merkur*, in der Wochenbeilage der *Frankfurter Nachrichten* und in *Reclams Universum* unterbringen. Eindrücke, die er für den Schaustellerroman »Frick-Frack und Elvira« gesammelt hat, fließen in Artikel für die *Breslauer Zeitung* und für Landsbergers *Schlesische Monatshefte* ein, finden sich in der Sonntagsbeilage »Frau und Welt« der *Deutschen Allgemeinen Zeitung*. »Die Geburt des Voltaire« (über dieses erste Kapitel ist er nicht weit hinausgekommen) erscheint als in sich abgeschlossener Beitrag in der *Leipziger Volkszeitung*. Mit einem Roman über Voltaire wird er bis an sein Lebensende liebäugeln; der knorrige Philosoph und Spötter ist für ihn geradezu prototypisch. Es reizt ihn, sich »entstellte, liebende, erfolgreiche Menschen« vorzustellen. Die tragische Spannung zwischen Lebenserfüllung einerseits, Versagung, Verlust oder Scheitern andererseits, daran will er etwas deutlich machen. Es geht ihm in seiner künstlerischen Arbeit »immer nur um Menschen, die sich erkennen, die erfahren, dass diese Selbsterkenntnis ein von Gott-erkannt-Werden ist, dass in diesem Vorgang Gott sich ihnen offenbart«, erklärt er Rudolf Hermann.[55]

Bis zur Druckreife gedeiht im Lauf der Zeit immerhin eines der vielen Projekte: »Die große Directrice«. Ein im Modemilieu angesiedelter Roman. »Das Buch behandelt in dem Aufstieg einer großen Modeschöpferin und ihres Hauses die modische Entwicklung um die Jahrhundertwende. Die Mode ist aufgefasst als Zeichen für die Bereitschaft des Menschen, die Vergänglichkeit alles Lebendigen einzusehen und dennoch die Schönheit des Irdischen in unser Leben aufzunehmen, als gälte sie für immer… Durchgehend sind in meinem Buch das Endlichste und das Unendliche, das Flüchtigste und das Bleibende ineinander gespiegelt«,[56] so skizziert Jochen Klepper das Thema. Es beschäftigt ihn Ende 1929 sehr. Wie sehr, das wird aus den Erinnerungen von Kurt Meschkes Verlobter Eva-Juliane Anker deutlich. Sie forscht zu der Zeit an der Breslauer Universität über den schlesischen Barockdichter Johann Christian Günther. Die Tochter des renommierten Architekten und Bausachverständigen Alfons Anker ist jüdischer Abstammung, der Vater ist 1920 zum christlichen Glauben evangelischen Bekenntnisses konvertiert. Sie kennt Jochen Klepper bis dahin nur aus den Berichten ihres Verlobten vom Arbeitsplatz.

Die erste persönliche Begegnung findet »mitten im Getriebe des Verkehrs auf einer Straßeninsel stehend« statt. Fräulein Anker und Kurt Meschke warten auf die Straßenbahn. Da taucht Jochen Klepper auf, Meschke weist sie auf ihn hin: »einen schmächtigen, unscheinbaren jungen Mann in etwas fadenscheinigem, in meiner Erinnerung nicht ganz reinem dunkelblauen Anzug. Er blieb stehen, begrüßte uns. Ich sah in zerfließende, doch von innerer Erregtheit bebende Züge. Der Mund schien immerfort erzählen zu wollen. Die Augen waren voller Gesichte. – Trotz der Flüchtigkeit dieser ersten Begegnung erwähnte er sofort einige Änderungen, die er an seinem Roman ›Die große Directrice‹ vornehmen wollte. Der schien alle seine Sinne auszufüllen, und stillschweigend setzte er offenbar voraus, dass ein Stoff wie dieser auch alle Umwelt – bekannte wie unbekannte – in seinen Bann ziehen müsste. Es handelte sich um einen groß angelegten, hintergründigen Moderoman, der das ›Glück der Vergänglichkeit‹ aufzeigen sollte. An zwei von Grund auf entgegengesetzten Gestalten wollte er es entfalten: eine schwere, ungefüge Frau, vitale, fantasievolle Schöpferin erlesener, kulturgeprägter Modewerke für andere, sollte dazu verurteilt sein, selbst nie anders als unförmig, unelegant und ohne Anteil an ihren eigenen Kreationen auftreten zu müssen. Die Gegenspielerin zu dieser spannungsreichen Gestalt, eine kleine, zierliche, hochintellektuelle Jüdin, befand sich zu der Zeit gerade auf einer Studienreise in Ägypten und pflegte von dort ›herzliche Grüße aus der Wüste‹ zu senden. – Trotz der Fülle von Begebenheiten, die Jochen Klepper sonst noch aus Afrika und von den übrigen Schauplätzen des Romans zu berichten gehabt hätte, mussten wir die Straßeninsel in verschiedene Richtungen verlassen.«[57]

Wie bei allen seinen Erzählungen hat Jochen Klepper das Metier, in dem der Roman spielt, erst einmal gründlich erkundet, hat jedes noch so nebensächlich erscheinende Detail recherchiert. In Sachen Mode kann er sich auf das Urteil einer Frau vom Fach stützen. Diese Gewährsfrau heißt Johanna Stein und ist im Frühjahr 1929 in sein Gesichtsfeld getreten.

4. Unmögliche Verbindung

Am 26. April 1929, einem Freitag, haben sich Jochen Klepper und Johanna Stein kennengelernt.[58] Über den Weg gelaufen sind sich die beiden vermutlich schon früher. Vielleicht im Breslauer Sender, wo beide gelegentlich zu tun haben (Kläre Schalscha-Krüger, Spielleiterin in Diensten der »Schlesischen Funkstunde«, ist eine gemeinsame Freundin). Vielleicht auch im Umfeld des Rechtsanwalts Hans Marcus und seiner Frau, der Malerin Käthe Ephraim Marcus. (Jochen Klepper hat ihr 1928 einen Artikel in der *Breslauer Zeitung* gewidmet, der Breslauer Jurist und Kunstmäzen Ismar Littmann hat einen guten Teil ihrer expressionistischen Arbeiten in seiner Privatsammlung.) Johanna Stein, geborene Gerstel, ist Jahrgang 1890 und damit knapp 39 Jahre alt, als sie Jochen Klepper begegnet. Da hat er gerade seinen 26. Geburtstag gefeiert. Sie stammt aus Nürnberg. 1911 hat sie den in Patschkau an der Neiße (dem »schlesischen Rothenburg«) gebürtigen jüdischen Juristen Dr. Felix Stein geheiratet.

Zwei Töchter hat sie aus dieser Ehe – Brigitte (*1920) und Renate (*1922). Felix Stein ist bereits 1925 verstorben im Alter von gerade einmal 42 Jahren. Seither ist die stattliche Wohnung der Familie eigentlich zu groß, sodass die junge Witwe einzelne Zimmer untervermietet hat. Und das nur einen Steinwurf von Jochen Kleppers bisherigem Quartier in Kleinburg entfernt.

Warum er umziehen musste, ist nicht bekannt. Jedenfalls sprach er irgendwann im Lauf des Frühjahrs 1929 in der Eichendorffstraße 51 vor. Brigitte Molnar, geborene Stein, damals neun Jahre alt, hat persönlich keine Erinnerung daran, aber Jochen Klepper hat es ihr und ihrer Schwester später erzählt: »Als er das

Zimmer begutachten kam – es war kurz vor dem Mittagsbrot –, öffnete Mutter etwas verstört die Wohnungstür und sah fröstelnd, in einen Schal gehüllt, auf den unerwarteten Gast.« – Für die elegante, stolze und etwas herbe Dame kein sonderlich beeindruckender Moment, für Jochen Klepper allerdings schon, wie er den Stieftöchtern später gebeichtet hat. »Er wusste sofort: ›Wenn ich diese Frau nicht heiraten kann, will ich nie im Leben eine andere!‹ […] Er wurde dann bald einer von der Reihe der Untermieter, die wir nur selten zu Gesicht bekamen.«[59] Mit den Töchtern hat er sich schon früher bekannt gemacht,[60] er hat die Mädchen beim Spiel auf der Straße angetroffen, und sie haben zu Hause von ihm erzählt.[61]

Johanna Stein ist auf jeden Fall eine Frau, die sein Interesse finden muss. Sie ist ihm intellektuell ebenbürtig. Sie liest viel und gern (anders als er auch in der Freizeit; denn Jochen Klepper glaubt es sich zeitlich nicht leisten zu können, einfach nur zweckfrei zu schmökern). Sie hat sogar einen Erstdruck von Kafkas »Prozess« im Bücherschrank. Sie ist stilsicher, musikalisch, kulturell beschlagen und hat Geschmack. Für die »Schlesische Funkstunde« bespricht Johanna Stein Bücher. Und sie schreibt Essays über Themen aus der Welt der Mode. Dafür qualifiziert sie nicht zuletzt ihre Herkunft: Sie entstammt der jüdischen Modedynastie Gerstel.

Das Berliner Modehaus Gerstel ist in der Zeit nach dem Weltkrieg eine der ersten europäischen Adressen für Damenoberbekleidung und wird in einem Atemzug mit Pariser Couturiers wie Elsa Schiaparelli und Coco Chanel genannt. Um die schicksten Kreationen in Deutschland wetteifert Gerstel mit den Modeateliers Valentin Manheimer, Max Berger, Gerson – Prager – Hausdorff und Hilda Romatzki (die meisten in jüdischem Besitz, fast alle mit Stammsitz am Berliner Hausvogteiplatz unweit des Gendarmenmarktes). In Breslaus Haupteinkaufsstraße, der »Schweidnitzer« Nr. 11, gibt es sogar ein »Gerstelhaus«; es beherbergt eine eigenständige, geschäftlich von Berlin unabhängige Filiale des Modehauses. Gerstelsche Modegeschäfte gibt es außerdem in Köln, Leipzig und Frankfurt. –

Wenn Jochen Klepper später im Zusammenhang mit der Verlagssuche für die »Große Directrice« schreibt, er habe »fachliche Studien in führenden deutschen und französischen Modehäusern getrieben«,[62] dann hat ihm Johanna Stein die Tür dorthin geöffnet.

Stark und schutzbedürftig

Das Bild der Johanna Gerstel, verwitwete Stein, ist facettenreich und lässt sich nicht allein aus Jochen Kleppers Briefen an und aus seinen fürsorglichen Gedanken über sie erschließen. Es ist auch nicht vollständig, zahlreiche Mosaiksteinchen fehlen. So sind kaum Einzelheiten über ihre Kindheit und Jugend, über ihre Schulbildung und ihren beruflichen Werdegang bekannt. Ihre verwandtschaftlichen Beziehungen innerhalb der weit verzweigten Familie Gerstel einerseits, der nicht weniger weitläufigen mütterlichen Verwandtschaft andererseits, wem sie besonders nahe stand und wer ihr – dazu gibt es nur versprengte Hinweise in ihren Briefen und in wenigen erhaltenen persönlichen Dokumenten. Demnach waren ihre Eltern geschieden. Rudi, ein Neffe ihres verstorbenen Mannes, lebt in Breslau. Die schwerkranke Mutter lebt zumindest 1930 ebenfalls in Breslau, vielleicht sogar unter einem Dach mit Johanna Stein und ihren Kindern. Der Vater ist bereits verstorben; er hatte in Berlin erneut geheiratet; seine zweite Frau hat mindestens zwei Söhne mit in die Ehe gebracht. Die (auch nicht mehr ganz jungen) Geschwister des Vaters leben über die Republik verstreut – Tante Talka in Berlin, Tante Nanni führt die Kölner Gerstel-Filiale.[63] Onkel Ludwig Steinheimer lebt mit seiner Familie in Nürnberg, ist Sanitätsrat und Standesfunktionär der Nürnberger Ärzteschaft. Cousine Lotte hat mit Oberlandesgerichtsrat Dr. Hugo Ehrenberger eine gute Partie gemacht, Tochter Anne Ehrenberger, Johanna Steins Nichte, ist im selben Jahr wie Renate geboren.

Wie hält es Johanna Stein mit der Religion? Verbindungen zur Synagogengemeinde in Breslau sind belegt, aber die beschränken sich auf Administratives (möglicherweise im Zusammenhang mit dem Grab ihres verstorbenen Mannes, das ja unterhalten und gepflegt werden musste). Sie verleugnet nicht, dass sie Jüdin ist, aber herzensfromm oder gar streng religiös ist in ihrem weiten Bekanntenkreis kaum eine jüdische Familie, so wenig wie die Steins und Gerstels. Immerhin: Man feiert Chanukka und tradiert entsprechende Lieder in den Familien. Zum bildungsbürgerlichen Ideal gehört ein gepflegtes Hochdeutsch; fast peinlich vermeidet Johanna Stein Vokabeln, die innerhalb der jüdischen Gemeinschaft jedem geläufig sind, aber eben auch nur dort. Es ist eine absolute Ausnahme und umso auffälliger, wenn sie im Eifer über einen Bekannten schreibt, er sei ein

»Schlemiehl« (Unglücksrabe, Pechvogel).[64] Sie hat sehr wohl einen Zugang zur Religion, auch zur biblischen Tradition, aber dieser Zugang erfolgt vor allem über die Kunst, über geistliche Musik, Malerei, Plastik, Architektur.

Chaim Noll hat Johanna Stein so charakterisiert: »Sie stammt wie viele deutsche Juden dieser Zeit aus einem bis zur Selbstpreisgabe assimilierten, zunehmend glaubenslosen Milieu. Sie ist eine liebevolle, opferbereite Frau von großer Sensibilität, Herzensbildung und Alltagskultur, einfühlsam, spürsinnig, sogar von prophetischen Vorahnungen – was ihr, der tief Desorientierten, Entwurzelten, wenig hilft.«[65] An Lebenserfahrung hat sie dem aufstrebenden Literaten Jochen Klepper einiges voraus. Sie ist vermögend. Zu ihrem väterlichen Erbe gehören Grundstücke in Berlin und einige wenige Geschäftsanteile am Berliner Modehaus. Trotzdem muss sie umsichtig haushalten und sich um den Lebensunterhalt für ihre Kinder und sich selbst kümmern, und das ist ihr bis dahin auch gelungen. Sie führt »das erst finanziell behütete, dann eingeschränktere Leben einer Frau, die jung Witwe wurde und nur noch mit ihren Kindern lebte; etwas sehr Normales«.[66] Sie ist reiselustig (während Jochen Klepper eben noch von sich behauptet hat: »Im tiefsten Grunde reise ich ungern«[67]). Sie geht gern ins Theater, ins Kino und ins Konzerthaus. Gönnt sich also bei aller Sparsamkeit manches, was sich ein Jochen Klepper in den ersten Jahren seiner journalistisch-schriftstellerischen Karriere versagt hat. Sie hat Witz und kann das Leben genießen, zugleich hat sie aber auch eine melancholische Ader, nimmt das Leben eben nicht grundsätzlich leicht. Sie ist sensibel für atmosphärische Störungen und kann sehr darunter leiden. Kopfschmerzkandidatin ist sie wie Jochen Klepper. Und auf ihre Art und trotz ihrer beiden reizenden Töchter ist sie ebenso einsam wie er.

Zarte Bande

Die Annäherung zwischen Johanna »Hanni« Stein und ihrem neuen, in ihren Augen wohltuend zurückhaltenden[68] Untermieter erfolgt behutsam. Die Sympathie und das wechselseitige Verständnis wachsen Schritt für Schritt, anfangs gut verheimlicht vor den Mädchen und der übrigen Umwelt. Kurt Meschke und seine Braut Eva-Juliane Anker sind vermutlich die ersten, die etwas von den entstehenden zarten Banden mitbekommen. »Allmählich begann er immer häufiger Bemerkungen über Hanni Stein einzuflechten. Langsam rückte ihr Bild für uns aus den Mosaiksteinchen seiner gelegentlichen Andeutungen zusammen, ohne dass wir jemals fragten. Das wäre uns bei seiner schon damals ausgeprägten Art, weithin tiefes Verständnis vorauszusetzen, nicht eingefallen.«[69]

Zur Jahreswende 1929/30 sind Jochen Klepper und Johanna Stein längst ein Paar. Am 5. März versprechen sie sich einander.[70] »Ich hab dich ja so lieb. Deine Hanni« – ein in zärtlichem, zugleich schon sehr selbstverständlichem Ton gehaltener Brief datiert vom 21. März 1930. Der Geliebte ist bei seinen Eltern in Beuthen und verbringt seinen Geburtstag dort. Im Postscriptum lässt auch Hannis Mutter »herzlich gratulieren, sie kann nicht selbst schreiben«.[71] Sie zumindest billigt die Verbindung ihrer Tochter mit dem 13 Jahre jüngeren Mann. Wie sieht es mit Jochen Kleppers Eltern aus? Ihnen begegnet die aparte jüdische Witwe erstmals im besagten Frühjahr »flüchtig auf der Durchreise«.[72] Dass Georg Klepper Vorbehalte hat, liegt nahe: Dem hätte schon das Pfarrerdienstrecht die Beziehung zu einer Frau anderen Bekenntnisses verwehrt, und sein Sohn hat ja ursprünglich auch die geistliche Laufbahn angestrebt. Vielleicht denkt er auch schon weiter, an die Hochzeit: Die wird jedenfalls nicht mit kirchlichem Segen erfolgen können, sofern Hanni Stein bis dahin nicht konvertiert und sich taufen lässt. – Hedwig Klepper verträgt sich mit Hanni Stein eigentlich ganz gut, schließt auch die Mädchen sofort ins Herz. Aber so unabhängig ist sie in ihrer Meinung dann doch nicht, dass sie ganz unbeeinflusst bliebe von der Haltung ihres Mannes und besonders ihrer Töchter. Margot und Hildegard kommen mit dem Umstand, dass ihr Bruder einer jüdischen Witwe den Hof macht, überhaupt nicht klar. Das wird im Lauf des Jahres 1930 nur zu deutlich.

Weltwirtschaftskrise

Die Liebe zwischen Jochen Klepper und Hanni Stein ist just zu einer Zeit aufgekeimt, als es mit der Weltwirtschaft dramatisch bergab ging. Der amerikanische Börsencrash am 24. September 1929 traf Deutschland mit wenigen Wochen Verzögerung – amerikanische Investoren, deren kreditfinanzierte Geschäfte zu Hause geplatzt waren, brauchten dringend Barmittel und verkauften reihenweise ihre Beteiligungen in Übersee, auch in Deutschland. Damit zogen sie viele Firmen mit in den Strudel. Immer mehr Betrieben ging die Luft aus, die Industrieproduktion sank. Von September 1929 bis März 1930 stieg die Arbeitslosenzahl im Deutschen Reich von 1,4 auf 3 Millionen, und entgegen allen Erfahrungen zeigt die Kurve auch im Sommer weiter nach oben. Die Arbeitslosenhilfe verschlingt Unsummen und führt den Staatshaushalt an den Rand der Insolvenz. Im Streit über geeignete Maßnahmen zur Bekämpfung der Krise zerbricht Ende März die sozialdemokratisch-bürgerliche Regierungskoalition. Reichspräsident Hindenburg beauftragt den Zentrumspolitiker Heinrich Brüning mit der Regierungsbildung. Und der kennt nur ein Rezept: Sparen, sparen, sparen. Den Arbeits- und Mittellosen kürzt er die Stütze, die Beiträge zur Arbeitslosenversicherung dagegen lässt er anheben (innerhalb weniger Monate von 3,0 auf 6,5 Prozent des Bruttoeinkommens). Selbst den Staatsbeamten und Ministern geht er ans Portemonnaie: Im Juni werden die Ministergehälter um 20 Prozent gekürzt, die Bezüge der öffentlichen Bediensteten und Beamten um sechs Prozent. Entsprechendes gilt für die Pensionen.

Das trifft einmal mehr auch Oberpfarrer Klepper in Beuthen. Der ist ja seit seinem Schlaganfall pflegebedürftig, und diese Pflege ging bisher schon ordentlich ins Geld. So ist bei den Eltern wieder eine erhebliche finanzielle Schieflage eingetreten. Jochen Klepper hat sich zunächst darüber ausgeschwiegen, hat Hanni Stein gegenüber aber nicht lange verheimlichen können, was ihn bedrückt. Sie macht ein paar tausend Mark locker, um die Lage in Beuthen zu entspannen. Dabei steht es um das Modehaus Gerstel Berlin und damit um einen Teil ihres Vermögens auch nicht gerade rosig. Trotzdem beleiht sie Ende Juli 1930 ihre Viktoria-Lebensversicherung und schießt noch einmal 3 600 Mark nach, rückzahlbar in überschaubaren Raten.[73]

Zumindest Georg Kleppers Dank hält sich in Grenzen. Hanni Stein wird einige Monate später notieren: »Der Vater ist von der Last, die Jochen von ihm nahm, nicht sichtbar befreit. Er sieht die Dinge nicht, wie sie sind, jammert nur um die verloren gegangenen Genüsse wie Musikabende etc. ...«[74] Und Margot und Hildegard, Jochen Kleppers Schwestern, pflegen antisemitische Vorurteile und machen sich ihren eigenen Reim auf Hanni Steins Hilfsbereitschaft. Aber noch halten sie sich bedeckt.

Radikalisierung

Dass die Liebe zwischen Jochen Klepper und Hanni Stein weiter aufblüht und sich vertiefen kann, ist nicht selbstverständlich angesichts der äußeren Umstände. Turbulente, rastlose Monate, wochenlange Trennungszeiten, immer mehr trostlose Nachrichten von guten Freunden, die in finanzielle Schwierigkeiten geraten oder ihre Anstellung verlieren. Dazu kommt die aufkeimende Radikalität auf der Straße und im politischen Diskurs. Der freie Fall der Wirtschaft treibt in Schlesien nur den Parteien am rechten Rand Wähler zu und verschafft ihren Forderungen Aufmerksamkeit. Bei den niederschlesischen Provinziallandtagswahlen im November 1929 ist die Nationalsozialistische Deutsche Arbeiterpartei erstmals angetreten und hat mit 5,2 Prozent gleich den Sprung ins Parlament geschafft, zwar nur mit sechs Sitzen, aber seither macht die NSDAP Stimmung gegen das Zentrum und Brünings Sparpolitik, gegen den sozialdemokratischen Oberpräsidenten Hermann Lüdemann sowieso – und gegen die Juden aus Prinzip. Judenfeindlich sind zwar auch andere Parteien und Gruppen der Gesellschaft wie etwa der – ansonsten republikanisch eingestellte und staatstragende – »Jungdeutsche Orden«. Als Alleinstellungsmerkmal taugt der Antisemitismus also nicht. Dafür fordern die Nationalsozialisten als einzige politische Kraft, sofort die Reparationszahlungen an die Siegermächte des Weltkrieges (nach dem gerade erst paraphierten Young-Plan[75]) einzustellen. Damit können sie punkten. Reichskanzler Heinrich Brüning verlangt dem Volk enorme Opfer ab, bedient aber klaglos die Forderungen des Young-Plans, führt jährlich unglaubliche zwei Milliarden Reichsmark an die Entente-Staaten ab? Das begreife, wer will.

Und so verfangen die Parolen der NSDAP bei immer mehr Leuten, vor allem bei den Jungen. Denn was lernen die im Geschichtsunterricht der Weimarer Republik: Deutschland war zu einem Verständigungsfrieden bereit und hat einen Machtfrieden aufgedrückt bekommen. Deutschland ist nicht nur die alleinige Schuld am Weltkrieg zugewiesen worden, es muss auch allein für die Schulden aufkommen. Deutschland ist »in seiner Ehre gekränkt«.[76] Deutschland ist seiner Kolonien, großer Teile seiner Bodenschätze und seiner wirtschaftlichen Möglichkeiten beraubt worden.[77] Der Versailler Vertrag »brachte dem deutschen Volke nicht Frieden, sondern neue Not und neues Elend; er führte uns auf einen Leidensweg«.[78] Die neue Not muss keiner an die Wand malen, sie ist sichtbar auf den Straßen und in den Geldbörsen, vor den Arbeitsämtern und bei vielen auch schon wieder im Brotkasten.

Bei Jochen Klepper äußert sich die Not in fehlenden Abdrucken. »Seit dem Sommer geht es mit dem Journalismus bergab. Viele Manuskripte kamen zurück, wenige wurden behalten«, schreibt Hanni Stein rückblickend. »Die Manuskriptannahme von allen deutschen Zeitungen und Zeitschriften ließ von einem Tag zum anderen so nach, dass nicht einmal mehr Rücksendungen erfolgten.«[79] Wie damit umgehen? Jochen Klepper entschließt sich zu einer Werbe- und Recherchereise, beginnend am 1. September[80] in Dresden und dann weiter nach Leipzig, Frankfurt, Köln und Stuttgart. Er tingelt durch die Redaktionen, knüpft und pflegt Kontakte, bietet seine Manuskripte feil – mit leidlichem Erfolg.[81]

Hanni Stein war zwischenzeitlich in Berlin, wo die Dinge im Modehaus auch nicht zum Besten stehen.[82] Am 7. September sind die beiden wieder vereint und reisen von Süddeutschland aus nach Paris weiter. Sie logieren im Hotel Beaujolais mit Blick auf den Garten des Palais Royal, besuchen Ateliers und Geschäfte der großen französischen Couturiers, alles im Dienst von Kleppers Moderoman »Die Große Directrice«. Anschließend versucht Jochen Klepper einige seiner – ins Französische übertragenen – Novellen bei Pariser Verlegern unterzubringen. Aber die Reichstagswahl vom 14. September verhagelt ihm etwaige Geschäfte. 18,2 Prozent für die Nationalsozialisten, das bedeutet 107 Sitze im Reichstag – die zweitgrößte Fraktion! Die Stimmung in Frankreich kippt augenblicklich, die gebannt geglaubte Sorge vor dem östlichen Nachbarn steht auf einmal wieder im Raum.

So reisen Jochen Klepper und Hanni Stein wieder nach Deutschland zurück. Er legt einen Zwischenhalt in München ein, versucht einmal mehr sein Glück beim Delphin-Verlag und dessen Verleger Richard Landauer, dem er schon einige Romanexposés vorgelegt hatte. Fährt dann weiter nach Berlin. Hanni dagegen steuert ihre Geburtsstadt Nürnberg an, steigt dort bei »San. Steinheimer, Zeltnerstraße 7« ab. Zum einen, um reihum die Verwandtschaft am Ort zu besuchen. Zum anderen soll sie auch *seine* Verwandtschaft kennenlernen – zumindest einen: Onkel Kunz Weidlich, den Maler. Er soll sie porträtieren, in Lebensgröße. Jochen Kleppers Idee. Am 29. September ist sie bei den Weidlichs zu Gast. »Die Mama lag schon zum Fenster heraus und machte mir gleich auf. Eine gute Frau. Kunz scheint ein feiner Kerl zu sein, gefällt mir ausgezeichnet. Der Sohn liegt mir nicht. Ich glaube, ich habe ihnen gefallen, aber der Vater allein versteht mich.«[83] Während sie dem Maler Modell steht, klappert Jochen Klepper in Berlin die Verlagshäuser ab, recherchiert im Modehaus, hält einmal mehr seinen Bruder Erhard aus bzw. kommt für dessen Schulden auf[84] (was Hanni zu der Anmerkung veranlasst: »Der Junge macht sich's Leben leicht. Nur für sich und immer für sich. Das ist das Einzige, was mich an ihm abstößt«[85]).

Angefeindet

In ihrer Abwesenheit hat sich in Breslau ein Gewitter zusammengebraut. Die extreme Rechte, nicht erst durch den enormen Stimmenzuwachs bei den Reichstagswahlen keck geworden, diffamiert in den ihr nahestehenden Zeitungen alles, was den Kopf herausstreckt. Im Visier ist unter anderem der »verjudete« Breslauer Rundfunk, die Kirchenpresse, der Kulturbetrieb im Allgemeinen, die eher bürgerlichen Blätter, und damit auch »Herr Klepper«. Schon am 11. September hat ein gewisser Fritz Kunde in der *Freiheit* geschrieben: »Es gibt in Breslau keine Funkkritik, die unabhängig ist; eine versippte und vercliquete Gesellschaft vielmehr tummelt sich auf diesem Gebiete, geradezu groteske Blüten produzierend.« Und in diesen Zusammenhang wird »der Sozialdemokrat (!!) Klepper« gerückt: »Dass dieser Herr Klepper gleichzeitig den Ev. Pressedienst Schlesiens leitet, ist wohl der Beweis dafür, dass hier ein neuer Koalitions-Literatentyp im Werden ist, vor dem einem einfach gruselig werden kann.« Auf diese Zeilen hat sich Hanni Stein wohl in ihrem Brief am 26. September bezogen mit den Worten: »Beiliegender Artikel wurde mir aus Breslau zugeschickt, ich weiß nicht von wem. Soll man sich denn *alles* gefallen lassen?«[86]

In dieselbe Kerbe hauen auch andere nationalistische Blätter. Die *Schlesische Volksstimme* beklagt, dass Jochen Klepper Partei für »zwei anerkannte Schädlinge des neutralen Rundfunks« ergreift, nämlich für »die Herren Landsberg und Fuchs (evtl. noch Lipmann)«,[87] und kreidet ihm an, dass er »einen deutschen Sprachverstümmler und Christusschänder wie Kerr[88] lobend begrüßt«. An eine derart menschenverachtende und von Judenhass durchsetzte Sprache muss man sich in den folgenden Monaten zunehmend gewöhnen. Wirkung zeigt sie jetzt schon – und kann sie nur zeigen, weil judenfeindliche Klischees in der Bevölkerung weit verbreitet sind. Diese Klischees und Vorurteile schlummern freilich bei den meisten noch unter einem dünnen Firnis von Höflichkeit, Anstand, eingeübtem oder anerzogenem guten Benehmen.

Jochen Klepper jedenfalls bekommt im Herbst 1930 schon einmal einen Vorgeschmack von dem, was ihm blühen kann, wenn er zu seiner Liebe steht. Besonders bitter ist für ihn, dass seine Schwestern von antisemitischen Regungen nicht frei sind und das auch Hanni Stein spüren lassen. Die Abneigung ist wechselseitig. Hanni Stein schreibt ihrem Liebsten am 2. Oktober 1930: »Hilde ist mir in tiefster Seele unsympathisch, Erhard nur mit Vorbehalt angenehm. Sie hätten nie ahnen dürfen, dass ich Geld habe. […] So aber werden sie es immer wieder versuchen, Dich zu melken.«[89] Ihrem Tagebuch vertraut sie an: »Hilde und Margot, ebenso deren Mann Eberhard ergehen sich in antisemitischen Anwürfen gegen mich und lehnen mit Erhard jeden Beitrag zur Entschuldung Jochens ab.«[90] Lies: jeden Beitrag zur Entschuldung *der eigenen Eltern*. Das hat Hanni Stein besonders empört.

Bleibt festzuhalten: Hanni Stein wird in der Familie Jochen Kleppers nur verhalten willkommen geheißen, wobei man freilich differenzieren muss. Vater Georg Kleppers wirkliche Einstellung zur Jüdin Hanni Stein bleibt im Dunkeln; seine Vorbehalte sind eher kirchenamtlicher als persönlicher Natur, jedenfalls kann er sich hinter dem Pfarrerdienstrecht ganz gut verstecken. Mutter Hedwig Klepper ist vergleichsweise offen; dass Hanni Stein Jüdin ist, stört sie nicht erkennbar, und Hannis Töchter Brigitte und Renate haben bei ihr von Anfang an einen Stein im Brett. Erhard Klepper ist ein Filou und Lebenskünstler und könnte sich eigentlich gut mit der künftigen Schwägerin vertragen. Wenn sie ihn nur nicht an seine Eigenverantwortung erinnern würde. Antisemit ist er nicht, nicht erkennbar jedenfalls. Billum ist noch ein halbes Kind, schwer abzuschätzen, wie er sich entwickeln und welche Haltung er später einnehmen wird. Am schwierigsten ist es mit Margot und mit Hildegard, die gerade ihre Scheidung betreibt und sich in Berlin als Angestellte beim Postscheckamt[91] eine bescheidene Existenz aufzubauen versucht. Offensichtlich projiziert sie etwas von ihrer privaten Verbitterung auf die Frau, die sich da durch ihren Bruder in ihr Leben drängt. Bemerkenswert, dass Hildegard Klepper einige Jahre später doch noch ein zwar nicht herzliches, aber verbindliches Verhältnis zu Hanni Stein und ihren Kindern entwickeln wird. Aber das ist Ende 1930 noch nicht abzusehen.

Bedeutsam ist, und das fällt bei einer solchen Betrachtung leicht unter den Tisch: Hanni Stein geht in jedem Fall den weiteren Weg, muss sich bewusst auf Vieles einlassen, was so selbstverständlich nicht ist. Jochen Klepper hat nicht ohne Grund evangelische Theologie studiert – er lebt seine Religion viel intensiver als sie die ihre. Niemand wird ihn je vor die Frage stellen, ob er zum Judentum konvertieren will. Hanni Stein dagegen sieht sich unterschwellig und bald auch ganz offen mit der Frage konfrontiert: zum Christentum konvertieren? Das zu einer Zeit und in einem Umfeld, in dem andere Menschen jüdischer Abstammung längst die Erfahrung machen, dass der Taufschein ihnen nicht das Geringste nützt, wo eine fragwürdige Rasseideologie Raum gewinnt, und ernsthaft die Rückkehr zum Judentum erwägen.[92]

Umgekehrt wird auch Jochen Klepper in diesen Monaten klar, dass ihn die Liebe zu Hanni Stein mit einer geistigen Welt und mit einer religiösen Gemeinschaft verbindet, die immer häufiger offen angefeindet wird. In seinen Gesprächen mit Verlegern und Lektoren über die »Große Directrice« hört er anfangs nur vereinzelt, später regelmäßig, dass an dem Roman vor allem eines stört – das »reichlich enthaltene jüdische Element«.[93] Die handwerklichen Mängel, die das Manuskript fraglos auch hat, treten dahinter immer weiter zurück. Und es ist bezeichnend, dass Jochen Klepper das Manuskript zwar mehrmals komplett umstrickt, aber er sieht sich außer Stande, das beherrschende Motiv des Romans zu opfern. Er kann das »jüdische Element« nicht herausoperieren, dann wäre die »Große Directrice« nicht mehr sein Buch, dann wäre die Geschichte seelenlos. Das »jüdische Element«, die Verbindung mit dem Volk des Bundes – es hat etwas Schicksalhaftes, und er spürt das. Aber er kneift nicht davor. Er nimmt nicht Reißaus. Daran ist nichts Heldenhaftes, es ist für ihn eine Überlebensfrage. »Wäre Hanni nicht gekommen, ich wäre verrückt geworden«, wird er Jahre später notieren.[94]

Bund fürs Leben

Trotz der stürmischen gesellschaftlichen Großwetterlage, trotz des massiv sich brüstenden Nationalismus und Antisemitismus, trotz unsicherer beruflicher Perspektiven planen Jochen Klepper und Hanni Stein für eine gemeinsame Zukunft. Am 28. März 1931 lassen sie sich im Breslauer Standesamt IV in der Blumenstraße trauen, nur einen Katzensprung vom Gebäude des Evangelischen Presseverbandes entfernt. Trauzeugin ist Rosi Darge,[95] die jüdische Ehefrau des Pfarrerssohnes und Breslauer Korrespondenten der *Vossischen Zeitung* Martin Darge. Jochen Kleppers Eltern und Geschwister bleiben der Feier fern. Ob Hannis Mutter die Trauung noch erlebt hat, ist unklar.[96]

Jochen und Hanni Klepper geben ein interessantes Paar ab. Er hat gerade seinen 28. Geburtstag gefeiert, sie hat die 40 überschritten. Er ist durchschnittlich groß und dabei schon sehr schlank, aber selbst neben ihm ist sie ein überaus zierliches Persönchen, zudem einen Kopf kleiner als er. An gemeinsamen Vorlieben haben sie die Musik – profane wie geistliche Werke – und das Theater, aber auch die Literatur und die Freude an allem, was formvollendet und edel ist (»Soviel schöne, elegante Menschen. Soviel herrliche Geschäfte mit erlesenen Dingen«, schwärmt sie ihm nach einem Spaziergang über den Kurfürstendamm vor[97]). Und dann sind da natürlich die beiden Mädchen, Brigitte und Renate. Längst nehmen sie auch in Jochen Kleppers Leben und Überlegungen viel Raum ein. Einige Monate zuvor von ihrer Mutter gefragt, was sie davon hielten, wenn sie und Jochen heiraten würden, hat die neunjährige Reni fröhlich gezwitschert: »Oh fein, dann ist ein Mann in der Familie, der Geld einbringt!« Die zwei Jahre ältere Brigitte Stein war ihrer eigenen Erinnerung nach nicht so euphorisch, aus Prinzip nicht (»als stets Verneinende«), beurkundet aber später: »Es war gut, dass man mein Veto überging.« Jochen Klepper erwies sich ihr zufolge als »ein sehr gütiger und gerechter Stiefvater«, einer, der sich nicht zu schade ist, mit den Mädchen und ihrem

Puppen- und Plüschtierzirkus auf dem Boden hockend »feine Gesellschaft« zu spielen.[98] Er hat die Kinder ernst genommen und auf diese Weise rasch einen Platz in den Herzen seiner Stieftöchter erobert. Er wollte von ihnen nicht Vater genannt werden, aber er hat die Vaterrolle ein- und angenommen.

Die große Depression

Der gemeinsame Haushalt, das Heim, das sich Hanni und Jochen Klepper schaffen wollen, wird von Anfang an in Frage gestellt durch die äußeren Umstände. Die wirtschaftliche Depression verstärkt sich von Monat zu Monat. Reichskanzler Brüning regiert mit Notverordnungen am Reichstag vorbei und verhindert damit, dass die Nationalsozialisten ihren frisch gewonnenen Einfluss geltend machen können. Aber der drastische Sparkurs der Regierung Brüning verschärft die Krise noch. Die Wirtschaftsleistung sinkt weiter, der Aktienindex ist ins Bodenlose gestürzt. Der Privatdiskontsatz für Kreditnehmer bester Bonität hat sich binnen eines Jahres mehr als verdreifacht. Die Arbeitslöhne fallen auf breiter Front, die Kaufkraft sinkt, die Arbeitslosenzahlen steigen beängstigend.[99] Eine Pleitewelle geht über das Land.

Jochen Klepper hat unmittelbar nach der Paris-Reise noch 750 bis 1000 Mark monatlich verdient, im Sommer 1931 verzeichnet er einen »katastrophalen Rückgang der Einnahmen«.[100] Hanni hört vom Bankrott zahlreicher Kleinunternehmer und Geschäftsinhaber aus ihrem Bekanntenkreis. Sie selbst droht mit den Raten für das Darlehen auf ihre Lebensversicherung in Verzug zu geraten und muss mit der Viktoria eine Stundung der Zahlungen aushandeln.[101] Mitte August eilt sie nach Berlin, alarmiert von der Nachricht, dass auch dem Modehaus Gerstel das Aus droht. Sie findet ihre Stiefgeschwister und Mitgesellschafter in heller Aufregung vor. Seit Frühjahr ist keine Ware mehr eingekauft worden, die Außenstände sind unglaublich, die Gläubiger stehen Schlange, die Stiefbrüder hoffen noch auf ein glückliches Ende, auf einen Zwangsvergleich, klammern sich an jeden Strohhalm. Einzelne von Hannis Verwandten in Berlin nagen bereits am Hungertuch, haben schon alles von Wert verpfändet – »den Liebermann, den Flügel, alle Teppiche und das Silber...«.[102] Das Pelzlager lässt sie auf Anraten des

Anwalts räumen und erst einmal schätzen: von wegen Ware im Wert von 60 000 Mark – alles unverkäuflich »bis auf wenige kostbare Stücke, [...] alles modischer oder schon altmodischer Schund, zerschnittene Stücke oder wertloses Zeug«.[103] Gerstel Berlin geht am 24. August in Konkurs. Auch wenn der befürchtete Totalverlust nicht eintritt – Hanni Klepper hat mit einem Streich ein Drittel ihres Vermögens verloren.

Kurz darauf geht eine Hamburger Rundfunkzeitung pleite, ein regelmäßiger Abnehmer der Artikel Jochen Kleppers. Und dann zeichnet sich auch noch die Zahlungsunfähigkeit des Evangelischen Pressedienstes ab,[104] seine bis dahin immer noch verlässlichste Einnahmequelle – wenn auch zuletzt mit abnehmender Bedeutung. So kann es nicht weitergehen.

Vielleicht orientiert sich Jochen Klepper an seinem Bruder – wenn Erhard es geschafft hat, in Berlin Fuß zu fassen, dann müsste das ihm doch auch gelingen. Vielleicht ist es die schiere Ballung von Buch- und Zeitschriftenverlagen, Tageszeitungen und anderen Medien in der Hauptstadt. Jedenfalls beschließen Hanni und er Mitte September 1931 kurzerhand, dass sie ihren Lebensmittelpunkt nach Berlin verlagern wollen. Mit ihm als Vorhut – denn in Breslau hält ihn beruflich nichts mehr. Das bedeutet kaum ein halbes Jahr nach der Hochzeit Trennung auf Zeit. Aber sie sehen zu diesem Schritt keine Alternative.

Berlin

Vom 21. September 1931 an lebt Jochen Klepper in Berlin. Er logiert zunächst in Wilmersdorf in der Fasanenstraße 70 unweit des Kurfürstendamms bei Prof. Igel, einem angeheirateten Verwandten seiner Frau, und dessen Familie. Er ist nicht der einzige Breslauer Schriftsteller, den es in diesen Monaten in die Hauptstadt zieht: Dr. Hans Nowak, Pfarrerssohn und Dichter und familiär in vergleichbarer Situation – auch seine Frau Edith ist Jüdin –, ist schon etwas länger da und hilft ihm, in der Stadt Fuß zu fassen.[105] Gleich am zweiten Tag hat ihn ein Brief von Brigitte erreicht: »Ich habe eine große Bitte an Dich. Wegen der Notverordnung müssen alle jungen Lehrer und Lehrerinnen abgehen. Mit ihnen auch Frl. Dok. Gabel. Sie tut mir sehr leid, da sie die ganze Zeit studiert hat und nun arbeitslos wird. Könntest Du versuchen, statt Frau Schumanser, Frl. Dr. Gabel in den Rundfunk zu bringen? Schreibe mir bald einmal. Nun viele Grüße und 100000000000 Küsse von Deinen Jungen.« Renate hat in ungelenken Lettern dazugefügt: »Lieber Jochen, ich bin sehr traurig, dass uns jetzt niemand mehr kraulen kann«, und an ihre 100000000000 Küsse noch eine 0 mehr angehängt.[106] Das Leben in Breslau geht weiter mit Schulalltag in Zeiten der Wirtschaftskrise für die Mädchen, mit Buchbesprechungen und Modevorträgen von Hanni in der »Schlesischen Funkstunde«, außerdem bewirbt sie sich um eine Festanstellung und ärgert sich regelmäßig über Nachrichten von ihren Berliner Mitgesellschaftern über die Konkursabwicklung.[107] Für Jochen Klepper in Berlin geht das Tingeln von Redaktion zu Redaktion wieder los, zunächst ohne Erfolg. So schreibt Hanni ihm am 29. September: »Deine Berichte über Deine eigenen Angelegenheiten waren mehr als deprimierend, wenn man nicht bedächte, dass Du noch nicht 8 Tage dort bist. […] Mein Liebes, verlier' den Mut nicht! H.«[108] Tags darauf bringt sie die Kinder nach Beuthen, wo sie »vollkommen wie zu Hause« sind. »Hier ist wildes Leben. Besuch, Billum, der Vikar […] Brigitte war mit dem Vikar schon beim Hochwasser, man sieht's an den Stiefeln. Rad sind sie auch schon gefahren.« Außerdem erfährt sie von der Schwiegermutter, dass Erhard bei der *Deutschen Allgemeinen Zeitung* eine regelmäßige Kolumne hat – kleine Artikel mit Zeichnung für 75 Mark monatlich.

Am 1. Oktober schreibt ihm Kläre Schalscha-Krüger, die Kollegin vom Funk und Hannis beste Freundin, dass sie bei der »Schlesischen Funkstunde« neuerdings nur noch als freie Mitarbeiterin geführt wird: »Das heißt also, jeden Tag etwas Eigenes ausdenken, denn mit dem Moment hat der lokale Teil bereits wieder alle Berichte und Versammlungen an sich gerissen. Und es dominiert in allem das ›Heil, Heil‹ meiner stahlbehelmten und hakengesteißten Kollegen. Vorläufig gilt Bangemachen noch nicht. Adler schanzt mir Theaterkritiken, Kino und Frauenbeilage zu, aber weiß man, wie lang. Und so leiste ich mir gerade jetzt den Luxus, vormittags auszuspannen und Hanni Gesellschaft zu leisten. Es ist mehr als ein Glückszufall, dass ich so nahe wohne.«[109]

Ausspannen ist für Jochen Klepper nicht drin. Er durchmisst die Metropole per Straßen- und U-Bahn, fährt von einem Verlagshaus zum anderen und nutzt die Wege dazwischen zum Lesen der Bücher, die man ihm zur Besprechung anvertraut hat. Hilde hat ihm ein Zimmer in Charlottenburg vermittelt, »Hebbelstr. 10 III bei Bobey«, direkt neben ihrer eigenen Wohnung. Penibel meldet er alle Ausgaben, auch die nebensächlichsten, nach Breslau. Denn Hanni führt die Haushaltskasse und lässt ihn wissen: »Ich spare sehr!« Einige Tage später teilt sie ihm mit: »Eben schrieb ich an das Finanzamt u. erklärte mich für die nächsten Monate für zahlungsunfähig. Sollen sie mir's aus der Haut schneiden! Mir ist nun schon alles wurscht!«[110] Derartiger Fatalismus tut Hanni offensichtlich gut. »Mir ist auf einmal nicht mehr so bange vor der Zukunft, trotzdem ich sehr schwarz sehe. Schlimmstenfalls gebe ich die Kinder nach Beuthen, wenn die Eltern weiter ihre Pension bekommen, was ja auch noch nicht sicher ist, oder nach Nürnberg. […] Wir beide werden wohl in einer Stube fortkommen. Und mit Dir in einer Stube ist herrlicher, als mit einem andern in einer Villa mit Auto etc.«[111]

Strampeln gegen den Abstieg

Jochen Klepper dagegen kann sich defätistische Gedanken nicht leisten. »Ich wehre mich mit Händen und Füßen gegen meinen Abstieg, gegen das Nichtvorwärtskommen«, schreibt er nach Hause.[112] Dass er mit seinem Romanprojekt nirgends landen kann, ist ihm eine bittere Lehre. »Dahinter bin ich auch schon gekommen, dass in Berlin Erfolg haben nicht etwa heißt, sich durchsetzen mit den Dingen, die man für sich bezeichnend hält – das gilt als Liebhaberei –, sondern Erfolg haben heißt hier, dass man überhaupt mitmachen darf und dass irgendein Genre von einem verlangt wird, ganz egal ob es einem liegt oder nicht.«[113] Hier eine kleine Novelle, da eine Buchbesprechung, ein Rundfunkvortrag, ein Lebensbild – vorübergehend muss ihm das für Brot und Butter reichen. Die großen Buchpläne gibt er damit noch lange nicht auf.

»Ich mag auf den Journalismus jetzt noch so sehr schimpfen: es gibt doch kein Feuilleton, keinen kleinen Aufsatz, kein widerwärtiges Interview, keine blöde Reportage, die nicht eines Tages vorteilhaft umgewandelt in einem Roman wiederkehren wird. Allein die Menschenkenntnis, die ich durch diese Arbeiten und alles, was an Unangenehmem mit ihnen zusammenhängt, bekomme! Wie wichtig das für die Erfahrungen zu meiner Arbeit ist: auf der einen Seite unentwegt aus tausend verstreuten, unangenehmen, widerwärtigen Dingen zu lernen und auf der anderen stehst Du ganz allein als der völlige Ausgleich, als die Erfahrung alles Glücks, alles Guten, als der Beweis, dass die größten, unerfüllbar scheinenden Illusionen sich verwirklichen lassen.«[114]

An vielen Stars und Sternchen am Berliner Kulturhimmel beobachtet er eine betonte Lässigkeit, die ihm verlogen vorkommt – ohne Ehrgeiz hätte es seiner Überzeugung nach keiner so weit gebracht. »Ich habe es vor Berlin wirklich nicht gewusst, dass ich auf den Erfolg aus bin wie die Dohle auf was Glänzendes. Es widerspricht vielen Eigenschaften und Überzeugungen von mir, aber man muss es sich endlich einmal eingestehen, sonst wird man auch so ein ekelhafter Heiligtuer wie das ganze Pack.«[115]

Eine gewisse Selbstverachtung kann er nicht verbergen angesichts dessen, wozu er sich beruflich genötigt sieht. Aber was tut man nicht alles, um sich selbst und die Anvertrauten über Wasser zu halten.

Ehe auf Distanz

Hanni Klepper stößt ihre Goldpfandbriefe ab, um ihre Schulden bei der Versicherung los zu werden. Ihrem Mann rechnet sie vor: »Wenn sich bis zum April in der Wohnungswirtschaft nichts ändert, können wir keine Wohnung unter 1 800,– Friedensmiete[116] ohne Tausch oder Wohnungskarte bekommen.« Handschriftlich darunter: »Wenn Du von einer Zeitung, Zeitschrift od. Verlag einen festen Vertrag (pro forma) bekommst und damit nachweist, dass wir umziehen *müssen*, kriegen wir vielleicht auch ohne Annoncieren die weiße Karte. Und ohne die kommen wir nie in eine billige Wohnung.«[117]

Die beiden Mädchen sind »blass, aber nudelrund« von den Ferien in Beuthen zurückgekommen. »B. hat 5 Pfund, R. 4 zugenommen. Sie wurden sicher sehr verwöhnt.« Aber ein paar Wochen später meldet Hanni nach Berlin: »Reni wiegt ca. 58, Brigitte ca. 68 Pfund, müsste aber nach Motteks Tabelle 80 wiegen. Ich wiege immer noch 97 und dabei sind mir alle Kleider zu weit.«[118] Mit Jochens Familie scheint sich manches einzurenken (»Von Margot kam gestern ein reizender, herzlicher Brief«[119] und auch Jochens Eltern schreiben »beide sehr zärtlich an die Kinder und an mich«[120]).

Dazwischen gibt es vereinzelt Beunruhigendes zu vermelden. »Reni wurde gestern auf der Eisbahn von einem blonden Jungen halb umgerissen. ›Weißt Du, Mutti, was er zu mir sagte, als ich sagte, er soll aufpassen? Halt den Mund, sonst kriegst Du eins in die Fresse, Judenweib! Und ich bin doch gar kein Weib!‹ – Achim Schwenke kennt ihn, seine Eltern sind ›Hakenkreuzler!‹ So wächst die Blüte der Nation heran!«[121] Tenor ihrer Briefe ist die Aussage: »Alles, alles wäre zu ertragen, wenn man nicht getrennt wäre.«[122]

So bemüht sich Jochen Klepper in den folgenden Monaten verstärkt um eine gemeinsame Bleibe für die Familie in der Hauptstadt. Der Broterwerb bleibt mühsam, mal gibt es Enttäuschungen zu vermelden, dann wieder kleine Erfolge zu feiern – aber nicht zu kräftig, das erwirtschaftete Geld soll ja nicht gleich wieder verjubelt werden. Artikel aus seiner Feder erscheinen in der *Deutschen Allgemeinen Zeitung*, in der *Woche* und im *Berliner Tageblatt*, ferner im *Vorwärts* und in der Literaturzeitschrift *Eckart*. Bei der »Deutschen Welle«, bei der Leipziger »Funkstunde« bringt er einige Hörfolgen unter, auch im Breslauer Sender. Dort kann er bei einzelnen Arbeiten auch die Freundin Kläre Schalscha-Krüger mit einbinden. In der Theaterzeitschrift *Volksbühne* und im Fachblatt für Rundfunkkritik *Rufer und Hörer* kommt er zu Wort. Die Tür zum Berliner Rundfunk hat sich einen Spalt weit geöffnet. »Ist es wahr, dass der Berliner Sender ganz rechts geworden ist? M. behauptet es«,[123] erkundigt sich Hanni. Seine Antwort: »Selbstverständlich ist der hiesige Sender stark rechts und der Breslauer wird es auch immer mehr werden. Ich kann aber leider nicht vermeiden, durch die links stehenden Verlage etwas verbittert zu sein.« Er ist mit seinen Manuskripten »auf der linken Côté von Pontius zu Pilatus gelaufen«, und man hat ihn nicht akzeptiert.[124] Was soll er machen?

Endlich findet sich eine halbwegs bezahlbare Bleibe im Bezirk Steglitz in der Villenkolonie Südende, Berliner Straße 20 (zwei Jahre später umbenannt und umnummeriert in Doellestraße 48).[125] Nicht ganz zentral, dafür praktisch im Grünen, mit einem Badesee gleich um die Ecke (Jochen Kleppers Element, das Wasser!) und mit S-Bahn-Anschluss in die Stadtmitte zum Anhalter Bahnhof.

Jochen, Hanni und Renate in Nikolassee

Das Mietshaus der jüdischen Witwe Hedwig Kaskel beherbergt auf drei Etagen sechs Wohnungen mit fünf bis sieben Zimmern; die der Kleppers ist im Parterre.[126]

Wieder vereint

Am 29. März 1932 trifft Hanni Klepper ein; nach einem halben Jahr Trennung haben die Eheleute einander wieder. Die Kinder kommen eine Woche später nach. Das neue Heim ist repräsentativ; der Empfangsraum, das barock eingerichtete Arbeitszimmer, die Beuthener Stilmöbel, Bibliothek und Essplatz im Biedermeierstil, das Schlafzimmer »in friesischer Renaissance«, modern eingerichtete Räume für die Mädchen, draußen unbekümmertes Vogelgezwitscher und aufblühende Natur. Eine Insel der Seligen, von den Eheleuten wie von den Mädchen sofort in Besitz genommen. Aber eine Insel in einem heftig aufgewühlten Meer.

Offiziell waren im Februar 1932 mehr als sechs Millionen Menschen arbeitslos, inoffiziell eher 7,5 Millionen. Zahllose Familien leben im Elend. In den Großstädten, also auch in Berlin toben regelmäßig Straßenkämpfe zwischen rechten (SA, Stahlhelm) und linken Kadern (das SPD-nahe »Reichsbanner Schwarz-Rot-Gold« und der kommunistische »Rote Frontkämpferbund«). Die Polizei schreitet nur halbherzig ein, wenn überhaupt – und oft im Sinn der Rechten. Die Regierung Brüning ist eigentlich schon im April am Ende. Das von ihr verfügte Verbot der SA und SS wird aus der Umgebung des Reichspräsidenten ebenso torpediert wie von den rechten Parteien im Reichstag. Am 30. Mai tritt Brüning zurück. Seinem Nachfolger Franz von Papen und dessen volksfernem »Kabinett der Barone« traut man die Lösung der Probleme noch weniger zu. Am 4. Juni löst Hindenburg den Reichstag auf und setzt Neuwahlen an. Am 12. Juli lässt er in einer Art Putsch von oben die sozialdemokratische Landesregierung Preußens entmachten.

Jochen Klepper spricht später von einer »feudalen Gegenrevolution«, durch die »für alle freien Mitarbeiter in Literatur, Presse, Funk ein völliger Stillstand eintrat«.[127] Zur Nachricht von der verfassungswidrigen Amtsenthebung der sozialdemokratischen Minister notiert er ein Wort des schlesischen Schriftstellers Gustav Freytag (1816–1895): »Der Adel und der Pöbel sind jeder einzeln schlimm genug, wenn sie für sich Politik treiben; so oft sie sich aber miteinander vereinigen, zerstören sie sicher das Haus, in dem sie zusammenkommen.«

Die Sommerferien verbringen die Kleppers in Beuthen bei Jochens Eltern, zur Begeisterung der Kinder und zur Schonung der Familienkasse. Jochen Klepper freilich kann sich nicht wirklich erholen; er arbeitet die »Große Directrice« ein weiteres Mal komplett um auf die vage Hoffnung hin, dass Max Tau vom Cassirer-Verlag dann Verwendung dafür finden wird. Immerhin: er findet endlich einmal Zeit, um mit Hanni die Welt seiner Kindheit zu erkunden. Für sie eine Neuentdeckung – für ihn seltsamerweise eine Art endgültiger Abschied.

»Noch nie hatte ich so wie jetzt gewusst, wie sehr ich mit Beuthen abgeschlossen habe. […] Es war wie zu Weihnachten nach der Kinderzeit: Das Herz wurde nicht mehr weit. Viel schwerer war, dass es sich mit den Eltern auch so verhielt. Bei Mutter empfand ich es am schmerzlichsten. […] Vaters Leben: nur noch die Krankheit.« – Am besten versteht er sich noch mit Billum, dem jüngsten Bruder.

Der ist bezeichnenderweise selbst auf Distanz zu den Eltern gegangen, rebelliert seit Monaten und hat ernste Probleme, eine Ausbildungsstelle zu finden.[128] Trotzdem: »Billum steht mir jetzt am nächsten.«[129]

Entfremdung von den Eltern, der Abschied von Beuthen: Die Verlagerung des Lebensmittelpunktes nach Berlin, das wird Jochen Klepper jetzt schmerzlich bewusst, war mehr als ein bloßer Ortswechsel. Aber unumgänglich.

5. Denkmal und Abgesang

Mitte September 1932 macht Jochen Klepper in Berlin-Südende geistigen Kassensturz. Nicht zum ersten Mal in seinem Leben; gewöhnlich nutzt er Anlässe wie den Geburtstag oder den Jahreswechsel für solche Bilanzen. »Nun bin ich ein Jahr in Berlin und wage kein Urteil über diese Zeit zu sprechen«, schreibt er. »Die Verringerung des inneren Elans in meiner Aktivität hat nicht allein die Ursache in den wachsenden, erdrückenden politischen Schwierigkeiten. Ungleich mehr und besser erklärt sie sich aus meiner von Monat zu Monat stärker werdenden Überzeugung, dass das, was man seit Jahren Erfolg nennt, nicht lohnt. Ich bin eine Natur, die den Ruhm braucht wie das ›tägliche Brot‹ – aber alles, alles, was den Anspruch erhebt, den Ruhm zu bedeuten, was ich selbst für den großen Erfolg hielt, lockt mich nicht mehr.«[130]

Diese ernüchternde Selbsterkenntnis ist das Ergebnis eines monatelangen zermürbenden Spießrutenlaufes durch die Verlagshäuser und Lektorate – immer mit enttäuschendem Ausgang. Im Regal hat er mittlerweile fünf druckreife Varianten der »Großen Directrice«, aber dieses geistige Kind will und will keine greifbare Gestalt annehmen. Es bleibt ein Schemen, wie so viele seiner angedachten Buchprojekte, dabei war ja noch keines bisher so ambitioniert und ist von ihm so bis ins Letzte ausgestaltet worden. Es findet einfach nicht den Weg zwischen zwei Buchdeckel. Einen anderen Roman namens »Hoffnungslosigkeit« hat er bereits fix und fertig im Kopf, aber noch keine Zeile auf Papier. Und das wird auch so bleiben.

Wen wundert's, dass der Autor an sich selbst zweifelt. Jochen Kleppers schonungslose Anamnese:

»Die Entscheidung, auf welche Seite der Schreibenden ich mich schlagen will, ist ja längst durch die natürlich entwickelte Richtung des Talentes gefallen. Dichtung als Bibelexegese; Bibelverkündigung wider Willen, da jede bewusste Steigerung des Künstlerischen ins Religiöse von mir abgelehnt wird; ›Offenbarung‹, gegen die ich Nüchternheit und Eleganz als Schutzwall aufrichte. Ich habe einen Moderoman schreiben wollen, und er wurde ein Buch von Verwerfung und Erwählung; ich habe alle religiösen Partien wieder herausgestrichen und nur belassen, was unter den Erfordernissen psychologischer Begründung und geschmackvollen Effektes stehen bleiben musste. Ich habe kläglich versagt, wo sich mein Buch als aktueller Roman geben wollte. Diese Umstände alle sagen, was mit mir los ist. […] Schreiben will ich, schreiben nach den Gesetzen meiner Intuition. Aber nicht meine Zeit über fremden, feindseligen schriftstellerischen Beschäftigungen hingehen lassen, wie die äußeren Verhältnisse sie von mir erfordern. […] Ich werde dreißig Jahre alt, und es gibt nur einen Roman von mir, gegen den ich größte Bedenken habe – drei Novellen, die ich liebe: ›Geburt‹, ›Nacht in der Schachtel‹, ›Handel in Dornrick‹, und ganz wenige Aufsätze, die ich nicht ablehne. Es ist entsetzlich wenig, wenn man innerlich so ausgefüllt ist.«[131]

Diagnose: Schaffenskrise. Existenzielle Anfrage an sich selbst: Gescheitert? Beruf verfehlt? Jahrelang in die falsche Richtung marschiert?

Die Therapie, oder ist es eine Trotzreaktion, setzt schon Tags darauf ein. Ein neues, anders geartetes Buchprojekt. »Leider drängt es mich zu dem unglückseligen Wagnis in dieser Zeit der Novellenfeindlichkeit«, notiert Jochen Klepper am 22. September. »Eine neue größere Novelle ›Der Kahn der fröhlichen Leute‹, eine Erzählung von der Oder. Ich freue mich sehr auf diese neue Arbeit, die mich für längere Zeit beschäftigen wird. Hoffentlich ist sie finanziell auswertbar, damit ich mir nicht Vorwürfe machen muss, in so kritischem Moment meinen Neigungen gefolgt zu sein.«

Am 23. September nimmt er die Arbeit auf, ermutigt durch ein Gespräch mit Dr. Monty Jacobs, dem Feuilletonchef der im Ullstein-Verlag angesiedelten *Vossischen Zeitung*. »Auch bei Monty Jacobs lautet das Gebot: Kleine Sachen, heitere Sachen – das heißt für den Autor: Pfennige verdienen und glänzender Laune sein.«[132] Und weil ja sonst keine Aufträge hereinkommen, kann er den »Kahn der fröhlichen Leute« richtiggehend herunterschreiben. »Die Studien fallen mir in den Schoß, weil ich ja das Leben der Oder für ›Hoffnungslosigkeit‹ in allen Details noch einmal notierte und weiter nach allen Meldungen aus meinem Zeitungsmaterial aufzeichnete. Für das Buch keine neuen Studien machen zu müssen, das ist unendlich wichtig«, schreibt er nach drei weiteren Tagen. »Bis jetzt bin ich sehr glücklich, auf einmal mitten in einem neuen Roman zu stecken.«[133]

Heimatliches als Stoff

Ideen zu einer Erzählung, die auf der Oder spielt, hat Jochen Klepper schon viel früher, und den Stoff muss er sich nicht erst erarbeiten, den hat er von frühester Kindheit an vor Augen gehabt. Sein ehemaliger Klassenkamerad Werner Grundmann erinnert sich an ein Gespräch aus der Gymnasialzeit: »Er sprach gern von den Oderschiffern, die mit ihren großen Kähnen auch in seiner Heimatstadt Beuthen anlegten, und eines Tages fragte er mich, weil ich gern in der Oder zu den Kähnen schwamm, welche Farbe wohl *kein* Oderkahn habe. Ich sagte ›Blau‹.«[134] Ein Jahrzehnt später lässt Jochen Klepper den hölzernen Helden der Novelle, den altgedienten und schon etwas morschen Lastkahn »Helene«, eben blau streichen, zur Sensation der Oderschiffer, Gaffer und Zaungäste.

Die entscheidende Anregung für den »Kahn der fröhlichen Leute« hat ihm eine seiner Stieftöchter geliefert: »Eine Äußerung von Brigitte über eine Mitschülerin, […] ›die verachtetste aus der ganzen Klasse‹ und Anny Ondras Photos.«[135] Mehr brauchte es nicht. Die tschechische Schauspielerin Anny Ondra ist eine der wandlungsfähigsten Filmdarstellerinnen der Zwanziger und frühen Dreißiger Jahre; sie verkörpert komische und naive Rollen genauso glaubwürdig wie die eiskalte blonde Mörderin in zwei frühen Hitchcock-Filmen. Am 27. September besucht Jochen Klepper die Uraufführung von Anny Ondras neuem Film »Kiki« und kommentiert anschließend: »Zum ersten Mal seit der Nielsenzeit bin ich wieder von einem Talent gefangen.«[136] Und den einen oder anderen Zug der Schauspielerin arbeitet er sofort in die Hauptfigur seiner Erzählung ein.

Die Arbeit am Manuskript geht ihm trotz der quälenden äußeren Umstände ungewohnt flott von der Hand. Synästhetische Wahrnehmungen sind dem Schaffensprozess vorausgegangen und begleiten ihn weiter, verrät das Tagebuch: »Ehe mir die Intuition zu einer Novelle ›Der Kahn der fröhlichen Leute‹ kam, setzte ein leidenschaftliches Bedürfnis nach Lyrik (zum ersten Male!) und Musik, auch nach Opernregie, in mir ein. Dieses Buch ist lyrisch, trotz aller seiner derben Redensarten. – Während ich nun an diesem Roman schreibe, bin ich trotz meiner Müdigkeit und meiner Kopfschmerzen beinahe unentwegt wie in einem Farbenrausch. […] Während ich schreibe, während ich die kommenden Kapitel mit Hanni durchspreche, ist die Oder mit ihren Wolken, Wiesen, Wäldern, Schiffen in mir ein einziger Strom von Farbe, der mich oft maßlos erregt.«[137] Um einen Begriff der modernen Psychologie heranzuziehen: Jochen Klepper erlebt in diesen Wochen ganz offensichtlich einen Flow,[138] wie er bei vielen Künstlern vorkommt, besonders bei (Jazz-)Musikern und Malern. In der Welt der Literaten gibt es eher wenige Beispiele für ein solches völliges Aufgehen in der Arbeit, verbunden mit enormer Produktivität und gesteigerter, wenn nicht übersteigerter Wahrnehmung – man denke etwa an Friedrich Nietzsche: der hat in der Abgeschiedenheit seiner selbst gewählten Eremitage Sils Maria im Engadin Ähnliches erlebt beim Verfassen von »Also sprach Zarathustra«.

Bei allen Parallelen – Jochen Kleppers Schreiberlebnis ist ganz anders gelagert. Wundersam ist in seinem Fall: Normalerweise stellt sich ein Flow nur unter idealen äußeren Bedingungen ein. Davon kann bei ihm keine Rede sein. Nach gerade einmal drei Wochen vermerkt er im Tagebuch: »Sechzehn Kapitel vom ›Kahn der fröhlichen Leute‹ liegen fertig da. Kein beruflicher Erfolg half die Arbeit erleichtern.«[139] Seine Bemühungen um eine Anstellung im Funkhaus haben ihn zwischendurch viel Zeit und Nerven gekostet. Entmutigende Nachrichten von Freunden und Briefwechsel mit ihnen haben die Konzentration auch nicht gerade gefördert. Selbst die berühmte Asta Nielsen, seine verehrte Stummfilm-Muse noch aus Breslauer Zeiten, hat ihm ihr Leid geklagt: »Die Entscheidung liegt bei vier, fünf Manufakturisten, ob wir Schauspieler öffentlich leben oder sterben sollen. Wie gleichgültig müssen meine Gedanken erscheinen, wenn meine Arbeit überflüssig ist. – Die Theaterverhältnisse sind unvorstellbar.« Er notiert dazu trocken: »Die

Presseverhältnisse sind auch unvorstellbar.« Seine Existenzängste, seine Sorgen ums Auskommen finden keine positive Antwort. Aber vielleicht ist ja der kreative Rausch diese ersehnte Antwort. »Ich kann nicht anders, als mir – ein Wunder angesichts meines ›Pessimismus‹! – meine positiven Erwartungen zwei Dingen gegenüber einzugestehen: der Anstellung im Funk, der Verwendbarkeit meines ›Kahn der fröhlichen Leute‹. […] Ich bin mir selbst wie fremd, dass ich in zwei Dingen wieder Hoffnung habe.«[140]

Die Hoffnung trügt diesmal nicht. Am 3. November, sechs Wochen, nachdem er mit dem Schreiben begonnen hat, notiert er triumphierend: »Gestern, am Nachmittag von Hannis Geburtstag, beendete ich den ›Kahn der fröhlichen Leute‹«.[141] Zwei Wochen später ist auch die Anstellung bei der »Berliner Funk-Stunde« perfekt. »Jetzt noch an meiner Rettung zu zweifeln, wäre wohl ein Unrecht!«[142]

Die Novelle ist damit zwar noch lange nicht gedruckt, aber eine derart erniedrigende Tour durch die Verlage wie zuletzt mit dem Manuskript der »Großen Directrice« bleibt Jochen Klepper diesmal erspart. Bereits der dritte Verlag wird anbeißen. Davor geht zwar erst noch die Welt unter (Hitlers Machtergreifung), nimmt ein großes Verhängnis seinen Lauf, aber das kann so genau noch niemand ahnen.

»Ich glaube, ich brauche noch sechs Jahre«, hatte Jochen Klepper im Dezember 1927 seinem Kommilitonen Harald Poelchau geschrieben. Sechs Jahre bis zum ersten Buch. Gut geschätzt: Am 20. Februar 1933 erreicht ihn der erlösende »Anruf der Deutschen Verlags-Anstalt: Der Roman ist angenommen«. Mitte Juni kommt das Buch in den Handel.

Was immer die Leser mit dem Buch anfangen können – auf Jochen Klepper selbst hat »Der Kahn der fröhlichen Leute« im Prozess des Schreibens auch eine therapeutische Wirkung. gehabt. »Für mich bleibt der ›Kahn‹ die plötzliche Wendung vom Konstruktiven meiner Natur zum Überraschenden, das in mir selber liegt und dem man vertrauen soll«, notiert er lange vor dem Erscheinungstag. »›Hoffnungslosigkeit‹, das bis ins Einzelne in mir fertige Buch, werde ich nun vielleicht nicht mehr schreiben. Es war die Studie zum ›Kahn‹. Es war die Abrechnung mit der Trauer um Beuthen.«[143] Er hat sich vieles, auch viele Eindrücke aus Kinder- und Jugendtagen, von der Seele geschrieben.

Umschlag der Fischer-Taschenbuchausgabe von 1955

Der Heimathafen der »Helene«, das Oderstädtchen Zeuthen – das ist natürlich Beuthen, der Ort seiner Kindheit. Das Pfarrhaus, die Kostümkiste mit den Überlassenschaften der Tante, die Beuthener Geschäftsleute, seine Schulkameraden und deren Familien – Jochen Klepper hat sie alle mit hineingewoben in die Erzählung, verfremdet, aber für Eingeweihte doch erkennbar. Die Fischertreppe hinunter zum Wasser, die überschwemmungsgefährdeten Häuser der Fischer am Strom, er hat das alles noch im August mit eigenen Augen gesehen, verrät das Tagebuch. »In Beuthen: Spaziergänge um die Stadt, auf den Oderwiesen, an reifen Feldern und hügeligen Waldrändern, Schwimmen in der Oder, Fahrt mit dem Marketenderboot zum Handel am Schleppzug, Entdeckung der eigentlichen Gliederung der Beuthener Einwohnerschaft in Schiffer, Fischer, Ackerbürger und Holzbauern ... Aber alles war armseliger geworden, unfestlicher, politischer; und nichts mehr von dem rührend vergnügten Badeleben, das einmal nahezu Beuthens größter Reiz gewesen war. Die Oder verlassen: Die Bank der jungen und die Bank der alten Arbeitslosen am Hafen.«[144]

Nun ist das Buch, dessen Abfassung für Jochen Klepper auch Trauerarbeit, auch eine Art persönlicher Schlussstrich war, in der Welt. Und eine Erfolgsgeschichte nimmt ihren Lauf.

Das Geheimnis des Erfolges

»Der Kahn der fröhlichen Leute« hat seit dem Erstdruck im Juni 1933 Dutzende Auflagen erlebt und ist bis heute im Handel.[145] Es gibt eine ganze Reihe Lizenzausgaben, die gesamte gedruckte Auflage dürfte die Marke von 120 000 Exemplaren mittlerweile überschritten haben, das ist mehr als ordentlich. Was hat dieses Buch so beliebt gemacht, was zeichnet es aus, was ist sein Geheimnis?

»Der Kahn der fröhlichen Leute« ist eine literarische Liebeserklärung an den Strom, der sich durch Schlesien und Pommern windet – und an die Menschen, die an und auf diesem Strom leben. Ein Wimmelbild dieses Lebens mit immer neuen Facetten hinter jeder Flussbiegung. Die Geschichte pulsiert mit den Jahreszeiten, denn die diktieren auch, wie viel Leben auf dem Wasser möglich ist. Mal erlauben sie gute Fahrt, mal zwingen Eis, Hoch- oder Niedrigwasser die Kähne der Oderschiffer in die Häfen. Ein Kahn, der ruht, kostet nur Geld und verdient keines. Aber nur weil der Kahn nicht fährt, kann seine Besatzung noch lange nicht die Hände in den Schoß legen. Es gibt immer was zu reparieren, zu bevorraten und zu organisieren, selbst in der Winterpause, wenn die »Brieger Gänse«, bizarr verkeilte Eisschollen, den Schiffsverkehr auf dem Fluss monatelang lahmlegen. Die Menschen, die von der Oderschifffahrt leben, müssen sehen, wie sie solche Zwangspausen finanziell überstehen in einer Zeit ohne Versorgungskasse und Ausfallversicherung. Das alles zusammen bildet den Rahmen und zugleich den (manchmal detailverliebt ausgeführten) Hintergrund der Geschichte.

Zugleich ist »Der Kahn der fröhlichen Leute« eine Geschichte vom Kindsein und vom Erwachsenwerden. Die kleinen Leute sind die Helden in dieser Erzählung. Allen voran Wilhelmine Butenhof, Vollwaise, Tochter eines Oderschiffer-Ehepaars und Erbin des betagten Oderkahns »Helene«. Sie wäre der Albtraum der Pisa-Bildungsgesellschaft von heute: Ein kaum zwölfjähriger blonder Engel ohne Benehmen, nur unregelmäßig beschult, funktionale Analphabetin, trinkfest und vorlaut, flucht und schimpft wie ein Landsknecht. Der Schrecken der (Wasser-)Straße. Die robuste Larve ist überlebenswichtig, denn die Binnenschifferei ist ein hartes Gewerbe, da muss man sich durchsetzen können, da wird um Liegeplätze und Ladungen gerangelt und gefeilscht, und da verbindet sich mit dem Ableben eines Kahneigners weniger Bedauern als vielmehr der Gedanke: ein

Konkurrent weniger. Aber die freche Göre denkt nicht daran, eine Landratte zu werden. Sie ist auf dem Fluss aufgewachsen, die »Helene« gehört jetzt ihr und soll weiter auf der Oder fahren.

Noch so einer an der Schwelle zum Erwachsenwerden: ihr Spielgefährte aus unbeschwerteren Kindertagen, Michel, vernachlässigter Sohn des örtlichen Fleischers. Wenn die Schleppverbände an »Zeuthen« vorbei kommen, betätigt sich Michel als Marketender. Er rudert zu ihnen hinaus, springt von Kahn zu Kahn und versorgt die Oderschiffer mit allem, was man unterwegs braucht – Kurzwaren, Seife, Zigaretten. Aber eigentlich will er selber Schiffsführer werden. Einen Dampfer steuern, keinen motorlosen Schleppkahn wie die »Helene«, die zwar alleine flussabwärts fahren kann, aber nicht aus eigener Kraft wieder zurückkommt. Was er an der »Helene« vermisst, das geht Wilhelmine Butenhof einerseits an die Ehre, andererseits ist Michel ihr geheimer Held.

Fehlt noch die Besatzung, und die sucht sich die minderjährige Schiffseignerin mangels Alternativen ebenfalls unter den »kleinen Leuten« zusammen, unter Gescheiterten und Perspektivlosen. Fahrendes Volk, arbeitslose Gaukler, ausgemusterte Zirkusleute. Das nur scheinbar hilflose Kind hat die Männergesellschaft gut im Griff, erweist sich als erstaunlich geschäfts- und lebenstüchtig. Dabei ist Wilhelmine Butenhof sozial und menschenfreundlich. Sie beurteilt andere nicht nach ihrem Äußeren, sie hat einen Sinn für ihren Wesenskern.

Die Oder ist die Bühne und die Klammer, die die Geschichte zusammenhält, manchmal aber wird sie selbst zur Hauptsache. Das Kapitel vom *Wrack im Ährenfeld* gehört zum Stärksten und stimmungsmäßig Dichtesten, was Jochen Klepper je geschrieben hat. In diesem Kapitel darf Wilhelmine Butenhof für einen Moment wieder ganz Kind sein, streift zweckfrei und absichtslos durch die Landschaft links des Flusses und begreift auf einmal staunend: die Oder ist überall. Weit vom gegenwärtigen Wasserlauf entfernt schreitet sie auf dem Grund der alten Oder entlang. »Schwarz, groß und schwer« ragt ein Schiffsbug aus den Ähren auf. Was jetzt fruchtbares Ackerland ist, war einst Flussbett. Das Wrack ist der letzte Beweis. Und dann gelingt es dem Autor, einen magischen Moment zu beschwören: Er lässt das Schifferkind zärtlich und mit klopfendem Herzen den »toten Kahn« berühren, seine verwitterten Planken streicheln, im hohen Gras in seinem Schatten knien, den »Geruch des Wassers in den Planken« aufnehmen (wie riecht eigentlich längst verdunstetes, nur in der feinstofflichen Struktur des Holzes als Erinnerung gespeichertes Wasser?). Im selben Moment erkennt es, dass auch die »Helene« eines Tages so enden wird, und wird von Trauer überwältigt. Und während sich das Kind seiner Sterblichkeit bewusst wird, genießt nicht weit entfernt der junge Steuermann ihres Kahns »das Glück, in dem goldenen Garten des hohen Sommers bei einem Mädchen zu liegen, das dunkeläugig war wie der Wasserspiegel der Oder und hellen Leibes wie die weißen Möwen über dem Fluss«. Liebe und Tod, Werden und Vergehen fließen in diesem einen verwunschenen Moment ineinander. Im Filmjargon gesprochen: Das ist ganz großes Kino.

Raum und Zeit

»Die Oder, überall die Oder.« Unbändige Naturkräfte und menschlicher Gestaltungswille begegnen und durchdringen sich an diesem Strom und an seinen Ufern. Meistens arrangieren sie sich, aber beim jahreszeitlichen Kräftemessen gewinnt regelmäßig die Oder. Und es ist zwar richtig, dass »der große König« (gemeint ist Friedrich II. von Preußen) »ihr neue Bahnen grub«, damals im 18. Jahrhundert, und ihren Lauf vorsichtig begradigen ließ. Aber der Fluss in seiner Urgewalt hat sich in Jahrtausenden immer wieder ein neues Bett gesucht oder selbst gemacht, manchmal in kurzen Abständen. Das Schiffswrack im Ährenfeld, das kann es nicht nur (wie im Buch) in Köben bei Flusskilometer 350 geben. Das könnte fast überall zwischen Cosel und Stettin liegen, mal rechts, mal links der Oder. Erst aus der Vogelperspektive, erst recht auf Satellitenfotos unserer Tage wird deutlich: So viele verlandete Altarme, so viele abgeschnittene ehemalige Windungen und Schleifen, manchmal mehrere über- und durcheinander liegend, gibt es an keinem anderen Strom in Europa. Jochen Klepper hat das intuitiv als etwas Wesentliches und Geheimnisvolles erkannt.

Auf den ersten Blick scheint der »Kahn der fröhlichen Leute« irgendwo zwischen den Zeiten zu schwimmen, herausgelöst aus konkreten geschichtlichen und gesellschaftlichen Umständen. Unmerklich wird im Erzählgang auch dieser

Hintergrund schärfer. Der als Diktat empfundene Friedensvertrag von Versailles lässt grüßen, Artikel 341 kann jedes Kind an der Oder auswendig hersagen: »Die Oder ist der Verwaltung einer internationalen Kommission unterstellt, in die Preußen drei, Polen, die Tschechoslowakei, England, Frankreich, Dänemark und Schweden je einen Vertreter entsenden.« Die Menschen am Fluss stehen in einem harten Existenzkampf. Das Leben ist teuer, Arbeit ist rar, Arbeitslose gibt es im Überfluss. Sorgen ertränkt man, viel von der Heuer oder vom Lohn bleibt in den Schänken und Wirtshäusern liegen. Solidarität ist lebenswichtig, reicht aber im Alltag oft nicht so weit, wie es nötig wäre. Da muss schon ein Kind kommen und Zusammenhalt demonstrieren. Das ist kein detailliert ausgemaltes Gesellschaftsgemälde, nur die Skizze einer Zeit, in der die Weltwirtschaftskrise mit Macht auch Pommern und Schlesien heimsucht. Die Erzählung verliert kein Wort über den zum Teil militanten Parteienstreit, der bis in die entlegenste Provinz ausstrahlt, keinen Ton über die längst noch nicht verschmerzte Amputation des Hinterlandes im Januar 1920.

Jochen Klepper hat mit dem »Kahn der fröhlichen Leute« keinen Gesellschaftsroman und noch nicht einmal ein gesellschafts*kritisches* Werk geschaffen. Die Erzählung kommt ungleich leichtfüßiger und fröhlicher daher als etwa Charles Dickens' »Oliver Twist«. Sie ist auch kein Lehrstück, enthält keine dick unterstrichene Moral – auch keine christliche. Das hat Jochen Klepper ausdrücklich für eine Stärke der Novelle gehalten (»Am ›Kahn‹ hänge ich, weil er ein areligiöses Buch ist, eine rein menschliche Sache, ein freundliches, weithin natürliches Buch«[146]). Seine Oderschiffer und -städter ignorieren das Elend nicht, wo es auftritt; sie versuchen es klein zu halten, begegnen ihm pragmatisch. Und sie beugen sich den Naturgewalten, die sie nicht wirklich steuern können. Aber sie finden sich nicht einfach gottergeben in ein unbarmherziges Schicksal. Wenn »Der Kahn der fröhlichen Leute« eine Botschaft hat, dann eine sehr humane.

Streckenweise ist die Geschichte mit einem schier unglaublichen Witz und einer Drastik durchwirkt, die man dem ernsten, stets kontrollierten Autor überhaupt nicht zutraut. Besonders die Figur der Wilhelmine Butenhof hat es in sich. Sie ist Jochen Klepper zufolge »eine Kombination aus Anny Ondra, Billum und Sarah Bernards Notizen über Schwester Regina«.[147] Und sie erinnert entfernt an eine andere kindliche Buchheldin. Wilhelmine Butenhof hat kein Haus, kein Äffchen und kein Pferd, aber einen Lastkahn und ein ausrangiertes Zirkuspony. Ihr Vater bereist nicht als Kapitän die sieben Weltmeere, aber er war immerhin Oderschiffer. Er ist tot, Gott hab ihn selig, damit ist er ebenfalls nicht greifbar, aber zu Lebzeiten hätte er Ephraim Langstrumpf im »Grünen Baum«, seiner Stammkneipe, bestimmt unter den Tisch getrunken. Wilhelmine hat nicht Kraft für drei, ist nicht kugelfest, aber sie behauptet sich in der Welt der Erwachsenen ebenso wie ihre schwedische Schwester im Geist. Die ist eine Schöpfung von Astrid Lindgren aus dem Jahr 1941 und war dazu gedacht, Kindern Mut zu machen.

Wilhelmine taugt dafür nicht ganz so gut – ihre Probleme sind eher die der Erwachsenenwelt, und diese Welt kann sie sich leider nicht so machen, wie es ihr gefällt. Anders als Pippi Langstrumpf bleibt sie auch nicht im Kinderland, sondern will vielleicht doch die Schule besuchen, erwachsen werden und irgendwann Familie gründen. Aber bis dahin kann es noch heiter werden. Und diese ganz unpreußische Heiterkeit bricht die ansonsten sehr preußische Ordnung im Kosmos der Wilhelmine Butenhof.

Ein Statement

Was Jochen Klepper beim »Herunterschreiben« der Erzählung noch nicht ahnen konnte: Im grellen Licht der von den Nationalsozialisten propagierten »nationalen Erhebung«, im Fackelschein der Massenaufmärsche, unter den Fanfarentönen der Gleichschaltung von 1933 an bekommt »Der Kahn der fröhlichen Leute« eine subversive Qualität. Die bunten, abgerissenen Gestalten, die die Novelle bevölkern, passen so gar nicht ins völkisch-rassische Einheitsraster. Diebische Schiffsjungen? Landfahrer? Hausierer? Wohnsitzlose? Zigeuner? Die haben im nationalsozialistischen Deutschland keinen Platz, werden nach und nach auf Linie gebracht, umerzogen, entrechtet, weggesperrt, im schlimmsten Fall irgendwann deportiert und/oder umgebracht.

Damit ist »Der Kahn der fröhlichen Leute« für Leute, die bis drei zählen können, durchaus ein politisches Statement. Das ausgerechnet vom erklärtermaßen unpolitischen Jochen Klepper, dem eine Rita Thalmann und mancher andere

Kritiker später völlige Indifferenz und sträfliche Unbedarftheit im Umgang mit dem neuen Regime vorwerfen werden. So einfach ist die Sache nicht.

An der DEFA-Verfilmung des Buches, 1949 in der sowjetischen Besatzungszone gedreht, wird deutlich, wie stark der »Kahn der fröhlichen Leute« von seiner Verortung gerade in Schlesien und Pommern lebt und von seiner Ansiedlung in der Zeit der Weltwirtschaftskrise – und wie seine warmherzige Botschaft mit der Ausgestaltung der kindlichen Protagonisten steht und fällt.

DEFA-Regisseur Hans Heinrich hat in seinem Spielfilm die Handlung an die Elbe verlegt, die Hauptfigur heißt jetzt »Marianne Butenschön« (Wilhelmine klingt monarchistisch, das geht nach 1945 gar nicht mehr). Er hat sie um entscheidende fünf Jahre altern lassen zu einem gerade noch minderjährigen, aber schon sehr begehrenswerten weiblichen Wesen. Michel ist entsprechend mit gealtert, damit steht einer Romanze nichts mehr im Weg. Der Schleppkahn ist zum Motorschiff mutiert und heißt SBZ-korrekt »Eintracht«. Die Binnenschiffer sind nicht mehr selbständig, um ihr Wohl kümmert sich eine Genossenschaft. Gaukler und Taschenspieler wären nicht systemkonform, Arbeitslosigkeit gibt es im real existierenden Sozialismus nicht, also kommt stattdessen ein munteres Musiktrio an Bord und schippert schwungvoll elbabwärts. Eine harmlose Musikkomödie mit absehbarem Ende (sie kriegen sich), aussagefrei, nett – und im Nachkriegsdeutschland mit vier Millionen Besuchern überaus erfolgreich. Ob Jochen Klepper dieses Drehbuch freigegeben hätte?

Die DEFA-Version ist letztlich auch ein Offenbarungseid. Die Welt, die Jochen Klepper in seiner Novelle 1932 beschrieben hat, gibt es 1949 nicht mehr. Pommernland ist abgebrannt, von Schlesien ist nur noch die Oberlausitz übrig, alles andere ist eine flüchtige Erinnerung. Beuthen an der Oder heißt im Straßenatlas »Bytom Odrzański«. Von der eisernen Oderbrücke, deren feierliche Eröffnung der vierjährige Jochen Klepper 1907 mit staunenden Augen verfolgt haben wird, sind nach der Sprengung am 18. Januar 1945 nur noch ein paar Pfeilerreste übrig (»Der dumpfe Knall war über 10 Kilometer weit zu hören«[148]).

Zwar wird an Beuthen/Bytom bis heute der »schönste Marktplatz Niederschlesiens« gerühmt, und die Kulisse mit den drei Türmen beeindruckt wie ehedem. Aber das kann nicht darüber hinweg täuschen, dass der blau gestrichene »Kahn der fröhlichen Leute« in einer fernen, abgeschlossenen Vergangenheit auf der Oder schaukelt.

Gelegentlich wird diese Vergangenheit noch wehmütig beschworen, so etwa unter der Überschrift »Brieger Gänse fliegen nicht« in der Märkischen Oderzeitung im Januar 2009. Das Blatt spielt natürlich auf Jochen Kleppers Novelle an und orakelt angesichts der Klimadiskussion und der extremen Fröste im Winter 2008/2009:

»Vielleicht wird einmal eine Zeit kommen, wo die ›Brieger Gänse‹ so selten werden wie der Schnee am Freienwalder Wintersportzentrum. In diesem Jahr jedoch scheint es noch einmal eine geschlossene Eisdecke auf der Oder zu geben. Und wenn sie stark genug sein wird, gibt es erstmals seit dem Winter 1945 die Möglichkeit, die Oder und damit die Grenze zu unseren polnischen Nachbarn zu Fuß zu überqueren.«[149]

Von Jochen Klepper nicht geahnt und nicht geplant, ist »Der Kahn der fröhlichen Leute« also auch zum Abgesang auf eine einst vertraute, längst fremde Welt geworden. Zu einem Denkmal jener Welt, in der die Oder noch kein (zeitweise schwer bewachter) Grenzfluss war, in der sie nicht trennte, sondern Menschen und Städte und Geschicke verbunden hat.

6. Schicksalsgemeinschaft

Seit dem 21. September 1932 führt Jochen Klepper Tagebuch. Er benutzt dazu handelsübliche Schulhefte, DIN A5, mal mit, mal ohne Lineatur – das ist unerheblich, denn er hat ohnehin sein eigenes Maß von 40 bis 42 Zeilen pro Seite. Die beschreibt er eng und leicht nach rechts abfallend in klaren, kleinen Buchstaben, meist mit Füller, gelegentlich auch mit Bleistift, und er lässt in der Regel kein Eckchen Papier ungenutzt. Viele Einträge sind regelrecht in Schönschrift, manche aber auch fahrig und erkennbar im Zustand großer innerer Erregung geschrieben. Selten einmal werden die Lettern, offensichtlich unter Medikamenteneinfluss, groß und ungelenk, oft dagegen muten sie in ihrem gleichmäßigen Schriftbild fast kalligrafisch an. Die Tagebücher eröffnen einen Zugang zur Innenwelt des Jochen Klepper. Sie geben Einblick in seine Denkweise, geben Anteil an seinen Erkenntnissen und Zweifeln und Lernprozessen, an seinen (häufigen) Depressionen und (eher seltenen) Glücksmomenten. Sie machen sein oft qualvolles Tasten nach Handlungsmöglichkeiten nachvollziehbar. Sie spiegeln Jochen Kleppers Beziehungen zu seiner Frau, seinen Stieftöchtern, seinen Angehörigen, zu Freunden und Weggefährten, zu Literaten und Kulturschaffenden der Dreißiger Jahre. Sie erlauben einen Blick in die Werkstatt des Schriftstellers und auf seine Arbeitsweise.

Aus Jochen Kleppers Breslauer Jahren ist nicht einmal bekannt, wo und in welcher Regelmäßigkeit er am gottesdienstlichen Leben teilgenommen hat, wenn überhaupt. Erst die Lektüre der Tagebücher offenbart seine tiefe Religiosität – wie er sie praktiziert, welchen Raum sie in seinem Denken, Reden und Handeln einnimmt. Sein Selbstverständnis aus dem christlichen Glauben heraus, seine Identifikation mit der evangelischen Kirche und sein gleichzeitiges Leiden an der Kirche – das alles erschließt sich vor allem aus diesen Stapeln von Schulheften und Kladden.

Wobei auch hier gilt: Die Tagebücher sind nur Medium. Was da in Form von Tinte auf Papier geflossen ist, das ist nur im Einzelfall spontane Eingebung. In der Regel ist es das Ergebnis von bewusster Selbstreflexion. Tagebuch schreiben ist ein kontrollierter Vorgang, erst recht bei einem neurotisch veranlagten Menschen, wie Jochen Klepper offensichtlich einer war. Die tiefsten Abgründe seines Herzens, seine geheimsten Sehnsüchte – wie viel oder wenig er davon in den Tagebüchern preisgegeben hat, das bleibt im Ungewissen. In allen Zweifelsfällen sollte man nicht mehr in seine Zeilen hinein deuten, als sie im Klartext aussagen.

Die unscheinbaren, inzwischen leicht vergilbten Schulhefte liefern Innenansichten einer in kürzester Zeit gleichgeschalteten Gesellschaft. Sie dokumentieren in bedrückender Weise, wie in dieser Gesellschaft Menschen systematisch entrechtet werden. Wie man sie ihres Eigentums, ihrer Teilhabe am öffentlichen Leben und ihrer Würde beraubt. Die Tagebücher geben auch Aufschluss über Jochen Kleppers ablehnende Haltung zum nationalsozialistischen Regime, obwohl er eindeutig kein Nonkonformist war. Rebellentum und Protestattitüde – das lag ihm fern.

Und doch hat Kurt Meschke, Jochen Kleppers Kollege und Freund noch aus Presseverbands-Zeiten, zu Recht festgestellt: »Der Nationalsozialismus zwingt jeden, auch den, der vom Stampfen der Kolonnen und vom Terror der Straße in sein Klaustrum mit Barockmöbeln und Blumen fliehen möchte, Stellung zu nehmen und standzuhalten.«[150] – Davon abgesehen fällt durch Jochen Kleppers Tagebücher auch ein erhellendes Licht auf hohe Beamte und Paladine des nationalsozialistischen Regimes, auf ihr Tun und (Unter-)Lassen, auf das Gefüge der mittleren Ebenen eines totalitären Staates.

Es ist natürlich keine objektive Darstellung des Geschehens. Jochen Klepper ist immer betroffen, ist leidenschaftlich einseitig, ergreift immer Partei für seine Lieben. Trotzdem sind seine Beobachtungen und Anmerkungen über zehn Jahre hinweg ein wichtiges Zeugnis und ein aufschlussreiches Zeitdokument.

1957 hat Hildegard Klepper eine gekürzte Auswahl aus den Tagebüchern herausgegeben unter dem Titel »Unter dem Schatten deiner Flügel«. Das Buch hat mehr als 20 Auflagen erlebt und ist mit inzwischen weit über 100 000 gedruckten Exemplaren im ganzen deutschsprachigen Raum verbreitet. Es gibt eigentlich nur ein Werk von vergleichbarer Bedeutung, nämlich die Tagebücher des Dresdener Literaturwissenschaftlers Victor Klemperer. Wer Jochen Kleppers und Klemperers Tagebucheinträge parallel liest, kann sowohl verblüffende Ähnlichkeiten als auch grundlegende Unterschiede entdecken.

Victor Klemperer ist 1881 in Landsberg an der Warthe geboren, also eine Generation älter als Jochen Klepper. Klemperer ist Sohn eines Rabbiners reformjüdischer Prägung, Klepper Pfarrerssohn. Klemperer war nach dem Studium der Philosophie, Romanistik und Germanistik als Journalist und Publizist in Berlin tätig, bevor er die wissenschaftliche Laufbahn einschlug. Verheiratet ist er mit der Konzertpianistin und Malerin Eva Schlemmer, einer evangelischen Christin. 1912 konvertierte Klemperer zum Protestantismus. Den Krieg hat er als Artillerist an der Westfront erlebt und später bei der Militärzensur im Baltikum. Nach der Demobilisierung geriet er für kurze Zeit ins revolutionäre München. 1920 wurde er zum Professor für Romanistik an die Technische Hochschule Dresden berufen – nicht die Wirkungsstätte, von der er geträumt hatte. Schon damals wurde ihm deutlich gemacht, dass er bei allen wissenschaftlichen Verdiensten einen Makel hatte: seine jüdische Herkunft, Konversion hin oder her. Ein weiterer akademischer Aufstieg blieb ihm trotz seiner Reputation stets verwehrt.

Victor Klemperer ist der verhinderte Romanschriftsteller. Er will kreativ schreiben, aber es fehlt ihm die Muße. Und seine Muse Eva ist schwer krank und mehr auf seine Pflege angewiesen, als er ihre Inspiration braucht. Die beiden sind begeisterte Kinogänger, besonders den Stummfilm lieben sie – und er ist fasziniert vom Medium Radio. Finanziell läuft es bei den Klemperers wie in den Familien aller Staatsbeamten: seit 1929 stetig bergab. Und als Komplikation obendrauf kommt der grassierende Antisemitismus.

Ein auffälliger Unterschied: Jochen Klepper versteht sich ausdrücklich als unpolitischer Schriftsteller und beansprucht gar kein politisches Bewusstsein. »Obwohl politische Indifferenz ein Ding der Unmöglichkeit geworden ist, kann für mich Politik immer nur Sache einer Als-ob-Ethik bleiben, der Versuch einer ungefähren Einordnung«, hat er auf den ersten Seiten seines Tagebuches vermerkt.[151]

Victor Klemperer dagegen kann nicht anders als politisch wach durch die Welt gehen. Er war Kriegsfreiwilliger, Zeuge der revolutionären Vorgänge 1919 in München, Opfer von antisemitischen Winkelzügen an deutschen Universitäten. Hochschulpolitik ist sein tägliches Brot.

Die Kleppers gehören zu den etwa 35 000 jüdisch-christlichen Mischehen, die für das Jahr 1933 in Deutschland belegt sind. Die Klemperers gehören zu der unbekannten, ebenfalls nicht unerheblichen Zahl von Ehepaaren, die nach nationalsozialistischer Definition ebenfalls in Mischehe leben, weil ein Partner Christ oder Dissident jüdischer Abstammung ist.[152] Sowohl bei den Kleppers wie bei den Klemperers stellt sich die Frage: Bleiben die Männer loyal zu ihren Frauen und umgekehrt? Stärkt der christliche Partner dem jüdischen Partner den Rücken und umgekehrt, geht jeder den langen, zunehmend steinigeren Weg mit dem anderen mit, notfalls bis zum Ende? Haben sie überhaupt eine Alternative? Das Ehepaar Klemperer bildet ebenso wie die Familie Klepper eine Schicksalsgemeinschaft, aus der keiner ohne Weiteres ausbrechen kann. Ein gravierender Unterschied liegt freilich darin: Die Klemperers sind bereits ein Vierteljahrhundert zusammen. Verglichen damit hat Jochen und Hanni Kleppers gemeinsamer Weg gerade erst begonnen.

Das Klima wird rauer

Was Liebende zum Leben brauchen – außer Luft und Liebe eben, das hat Hanni Klepper in der Zeit der Trennung, vor ihrer Übersiedelung nach Berlin, in einem Brief so zum Ausdruck gebracht: »Nur zusammen sein und nicht hungern oder frieren.« Und im nächsten Satz nachgeschoben, was Liebende zu fürchten haben: »Nur davor« – vor Hunger und Kälte – »und vor Terror habe ich Angst.«[153]

Zusammen ist die Familie Klepper ja nun im beschaulichen Villenvorort Südende seit dem Frühjahr des Jahres 1932. Hungern müssen die Eheleute und die Mädchen noch nicht, auch wenn es in der Schreibwerkstatt Klepper lange an

Aufträgen gemangelt hat. Aber die gesellschaftliche Lage, die ist zunehmend zum Frösteln. Etwas nur abgemildert durch vertraute und wohlwollende Gesprächspartner wie Dr. Harald Braun. Der ehemalige Leiter des Evangelischen Presseverbandes Berlin, der noch 1931 im Eckart-Verlag die Anthologie »Dichterglaube. Stimmen religiösen Erlebens« herausgebracht hat, ist inzwischen Leiter der Vortragsabteilung bei der Berliner Funk-Stunde. Er möchte Jochen Klepper als Assistenten in seiner Abteilung haben, mit einem Festgehalt von 450 Mark monatlich. Nicht einfach, denn die Stellen im Funk werden längst nicht mehr nach fachlicher Eignung vergeben, sondern zunehmend unter politischen Gesichtspunkten.

Jochen Klepper hat sich zu Recht gefragt, wie ausgerechnet er als religiöser Sozialist da hinein passen soll, und das hat ihm schlaflose Nächte bereitet. »Die Möglichkeit meiner Anstellung an der Funkstunde zwang mich nun, mit dem *Vorwärts* reinen Tisch zu machen. Das Ausscheiden aus der SPD ist dabei für mich unvermeidlich«, hat er am 19. Oktober in sein Tagebuch notiert. »Die ganze Angelegenheit nimmt mich so mit, dass ich mich auch körperlich recht elend fühle. Es ist mir furchtbar, so handeln zu müssen. Wie soll ein Mensch in dieser Zeit seinen religiösen, künstlerischen und politischen Notwendigkeiten folgen? Von den Leitern der Funkstunde aber ist in jedem Fall, außer von Dr. Braun, zu befürchten, dass man auf meine bisherige Parteizugehörigkeit und Mitarbeiterschaft an linken Zeitungen mit der größten Reserve reagiert.«[154] Vier Wochen hat er den Parteiaustritt erwogen, jetzt hat er ihn mit Bedauern vollzogen. Herbert Lepère, der Feuilletonchef des *Vorwärts*, hat ihn ebenfalls mit Bedauern ziehen lassen. Wie viel Verständnis er für Jochen Kleppers Entscheidung aufbrachte, sei dahin gestellt, jedenfalls hat er ihm Glück in Sachen Funk-Stunde gewünscht.[155] Inzwischen hat Jochen Klepper die Stelle. Am 15. November hat er sie angetreten, Dr. Braun hat es möglich gemacht. Dessen Protektion wird er noch öfter brauchen.

Das Jahr ist turbulent verlaufen und war zuletzt von schlaflosen Nächten, von Hoffen und Bangen geprägt. Jochen Klepper berichtet von Albträumen: »von Verschüttung in Sandgruben, von mühevollem Kriechen durch dunkle, endlose Schächte – von Verbrennungen, die ich nicht mehr spürte, Messerstichen, die ich nicht mehr fühlte«. Aber nun klingt das Jahr erstaunlich harmonisch aus. »Ob eine Stadt zur Heimat werden kann, wenn man im gleichen Maße wie ich eine Heimat besessen hat, entscheidet das erste Weihnachten«, notiert Jochen Klepper am Neujahrstag. »Ich kann mir seit meiner Kinderzeit keiner schöneren Weihnachten erinnern als dieses letzten Festes.« Das Herz ist wieder weit geworden, nun aber ganz ohne Beuthen, nur in Gesellschaft von Hanni und den Kindern. »Die Sorglosigkeit dieser festlichen Tage dadurch, dass ich wieder Einnahmen hatte wie in meinen besten Zeiten – die Aussicht, dass ich mich weiter halten kann. – Mein Leben ist ein einziger religiöser Prozess. Aber noch nie war es so wie jetzt. Als sei ein vorbereitendes Stadium abgeschlossen. Als beginne die Hauptzeit meines Lebens.« Aber auch: »Die Tage sind Münzen mit zwei verschieden geprägten Seiten. Man weiß: Gott kann auf jeden Tag des neuen Jahres Leiden über Leiden häufen.« Tags darauf: »Ich weiß nicht, wer ich bin; aber ich weiß nun, als was ich dastehe. Das macht bescheidener.« Als was steht er denn da: Als Autor, dem der Ullstein-Verlag gerade tiefe Einfühlungskraft und Naturnähe bescheinigt hat (trotzdem hat Ullstein das Manuskript des »Kahns der fröhlichen Leute« abgelehnt). Als Funkredakteur, der nicht unbedingt seinen Wünschen, aber seinem Können entsprechend eingesetzt wird. Wie lange noch?

Zeitenwende

Am 28. Januar 1933 vermerkt Jochen Klepper kurz: »In Frankreich wurde Paul Boncour als Ministerpräsident gestürzt, in Deutschland der General Schleicher als Reichskanzler. Die Frage ist: Hitler oder Papen. Nur nicht auf einen Krieg zusteuern. Nur das nicht! Intendant Duske[156] ist auch von der Leitung des Berliner Senders zurückgetreten. Welche Folgen wird es für Dr. Braun, für mich haben?« Breiter lässt er sich aus über die Einnahmen der 30- bis 35-Jährigen in seinem Bekanntenkreis, denn davon hat er just an diesem Tag einen Eindruck bekommen. Kurt Meschke ist zu Besuch; als Pastor in Danzig verdient er 370 Mark im Monat (bei freier Dienstwohnung). Werner Lamprecht, Oberarzt an einem der größten Berliner Krankenhäuser, war zum Kaffee bei den Kleppers; er bekommt 460 Mark. Jochen Klepper selbst hat im bewussten Monat 540 Mark Bareinnahmen. Gar nicht so schlecht. Alles hängt freilich an der Stelle beim Funk.

Dann kommt der 30. Januar, von den Nationalsozialisten als »Tag der nationalen Erhebung« inszeniert mit Massenaufmärschen und Fackelzügen der SA und von Jochen Klepper tags darauf so kommentiert: »Hitler ist Reichskanzler. Noch einmal ist das verhängnisvollste Bündnis zustande gekommen, das Gustav Freytag die größte deutsche Gefahr nennt: Das Bündnis zwischen der Macht und dem Pöbel. – Im Funk müssen wir fast alle mit unserer Entlassung rechnen, obwohl es schon der reaktionäre Rundfunk war.« Zwei Tage später löst Reichspräsident Hindenburg den Reichstag auf und setzt Neuwahlen für den 5. März an.

Am 4. Februar wird die Versammlungs- und Pressefreiheit drastisch eingeschränkt, von vielen Menschen gar nicht bewusst registriert, auch von Jochen Klepper nicht. Eintrag im Tagebuch: »Nach dem augenblicklichen Stand der funkpolitischen Dinge ist damit zu rechnen, dass wir noch bis Mitte März im Rundfunk bleiben.« Und er denkt bereits an ein neues Buch, kaum dass der »Kahn« abgeschlossen ist und er die alten Romanprojekte innerlich beerdigt hat. »Ich sehe meine Situation total klar. Nämlich: ich kann mich halten; ich habe kleine Teilerfolge; ich mühe mich furchtbar: aber ich darf nicht anfangen. Das ist sehr schwer. Und es ist eine religiöse Angelegenheit. Was will ich den Menschen sagen? Vom Glauben an den *deus absconditus* und den *deus revelatus*.[157] Von Eltern, Kindern, Mann und Frau. Vom Idyll, vom Kampf, vom Abgrund, der jedes Leben umschließt. Von Heimat. Nichts von Aktivismus. Nichts von Entscheidung. Nichts von Überzeugung. Das kann ich nicht. Da bin ich einer, der gar nichts zu sagen hat.«

Am 11. Februar berichtet er von einer »merkwürdigen Einheitsfront« der Leute in der Vortragsabteilung des Berliner Rundfunks. »Nun gelten wir alle als gleich verdächtig, gleich demokratisch, gleich liberal, gleich kultur-bolschewistisch. – Diese ›nationale Erhebung‹ ist furchtbar. Hitler verkündet über alle Sender ein neues deutsches Reich ›in Einigkeit, Kraft und Herrlichkeit, Amen!‹ Vom Sportpalast aus!«[158]

Am 28. Februar brennt der Reichstag, vermerkt Jochen Klepper: »... ›von einem Kommunisten in Brand gesteckt‹, – manche sagen, von den Nationalsozialisten selbst, damit aller Terror motiviert werde –? Das ist keine phantastische Deutung.«

Unmittelbar vor der Reichstagswahl, am 3. und 4. März, stehen im Klepperschen Heim in Südende die ersten Blumen auf dem Tisch, Veilchen und Hyazinthen, Vorboten des Frühlings. Hilde ist zu Besuch anlässlich von Renis elftem Geburtstag. Im Hinblick auf die bevorstehende Wahl schreibt Jochen Klepper: »Man wird mich immer dort finden, wo keine Splitterpartei ist und wo man das in seinen Entschlüssen selbständige, maßvolle Bürgertum suchen zu müssen glaubt.« Die Inkarnation des maßvollen Bürgertums ist in seinen Augen Heinrich Brüning, der gescheiterte ehemalige Reichskanzler. Vielleicht ja wirklich nur hundert Meter vor dem Ziel gescheitert, wie Brüning selbst behauptet. Und was das maß*lose* Bürgertum und der Adel nach Brüning angerichtet haben, das ist ja offensichtlich. Konsequenz: »Die Jüdin und der Protestant wählen Zentrum.« Der *Vorwärts*, die sozialdemokratische Zeitung, für die er wenige Monate zuvor noch geschrieben hat, ist inzwischen verboten.

Am 8. März, einem Mittwoch, weht auf dem Funkhaus in der Potsdamer Straße die Hakenkreuzfahne. Dabei haben die Nationalsozialisten bei der Wahl am Sonntag zuvor die absolute Mehrheit deutlich verfehlt. So fragt Jochen Klepper: »Haben uns die Deutschnationalen, die einzigen, die uns halten können, schon aufgegeben? – Was uns schon jetzt an Antisemitismus zugemutet wird, ist furchtbar. Selbst Schnabels[159] Beethovenabende mussten ganz plötzlich abgesetzt werden. [...] Wir im Funk können unsere Situation gegenseitig verstehen, aber die Achtung voreinander ist hin. [...] Und wie es die Nationalsozialisten drehen und wenden: Sie können nichts zustande bringen als eine Verlagerung der Arbeitslosigkeit.« Ein Zeitungsausschnitt ist dem Eintrag beigefügt mit einem Hinweis auf den »bekannten nationalsozialistischen Plan, ein besonderes Reichsministerium für Rundfunk und Propaganda unter Dr. Goebbels zu schaffen«.

Die Arbeit im Funk fordert Jochen Klepper jetzt völlig. »Durch die Proben zur großen Volkstrauertagssendung ist es selbst am Sonnabend so spät geworden, dass kaum eine Abendstunde mit Hanni bleibt, und auch morgen bin ich durch den Funk gebunden.«[160] Eigentlich muss er sich ja wünschen, dass es noch lange so bleibt – aber was wird dann aus seiner »privaten Arbeit«? »Ich sehne mich so nach Kunst; ich möchte wieder schreiben, was mir wichtig ist. Was schreibe ich denn noch? Es ist eine furchtbare Unruhe, ein furchtbarer Druck, eine furchtbare

Isolierung – eine furchtbare Schwächlichkeit, eine furchtbare Angst um die Existenz. Das alles möchte ich auf eine Seite schreiben. Auf die nächste: Hanni. Die Kunst. – Auf die nächste: Gott.«

Ein Vertrauensbeweis

Der 30. Geburtstag bringt Jochen Klepper eine unerwartete Bescherung. »Ich bete nicht. Ich deute nicht. Ich plane nicht. Ich hoffe, ich fürchte, ich ahne nicht. Aber dauernd fühle ich mich durch Gott überwältigt, und keine Flucht in die Nüchternheit bewahrt mich davor.« Was ist passiert? Dr. Jürgen Eggebrecht, sein Lektor und Fürsprecher bei der Deutschen Verlags-Anstalt, war zu Besuch und hat ihm ein Angebot gemacht. Eine Art Leibrente, ein monatliches Fixum von 300 Mark für den Fall, dass er vom Funk weg muss. Und unter der Voraussetzung, dass er mehr für die DVA liefert. Man betrachtet ihn als Neuentdeckung. Man erwartet viel von ihm. Man will, dass er auch als Dichter bekannt ist, nicht nur als Radiomann. Er soll seine ureigenste Linie einhalten. »Das ist ein großer Moment im Leben eines Dichters: zum ersten Mal zu erfahren, dass man auf ihn wartet.« Ein bisher nicht gekanntes Hochgefühl. Aber Jochen Klepper will die Stelle beim Berliner Rundfunk noch nicht aufgeben, »weil ich meine Übersiedlung in den Funk den gesamten Umständen nach als Fügung empfinden musste«. Und Hanni zuliebe – sie hat so viel für ihn investiert; das möchte er ihr durch ein regelmäßiges Einkommen danken, solange es geht. Außerdem: »Noch ist kein neuer Roman in mir so spruchreif, dass ich solche Rechte für mich in Anspruch nehmen dürfte.«

Das Ermächtigungsgesetz, die praktische Selbstabschaffung des Reichstages am 23. März, ist Jochen Klepper keine Erwähnung wert. Aber der braune Mob in den Straßen und der offene Judenhass der neuen Machthaber. »Das stille Pogrom hat heut in der Legalisierung des Boykotts gegen jüdische Geschäfte, Richter, Anwälte, Ärzte, Künstler einen Höhepunkt erreicht. […] Anbruch einer neuen Zeit? Zuckungen eines sterbenden Jahrtausends! […] Das Jüdische hat in meinem Leben zu weiten und tiefen Raum, als dass ich jetzt nicht in all dem Guten, das immer noch über meinem eigenen Leben reichlich bleibt, sehr leiden müsste. Denn mir ist, als gäbe die Heilsgeschichte der Juden der Weltgeschichte den Sinn«, schreibt er am 27. März. Von kirchlicher Seite kommt kaum ein Widerwort gegen die Diskriminierung der Juden,[161] im Gegenteil: Berlins evangelischer Generalsuperintendent Otto Dibelius hat die antijüdischen Maßnahmen als »Wiederherstellung von Recht und Ordnung« gerechtfertigt, und den »Judenboykott« bezeichnet er als »Notwehr«. Deshalb notiert Jochen Klepper am 29. März: »Ich traure um die evangelische Kirche. Gott macht uns seine Ferne deutlich. Aber ich kann von der Kirche nicht los, muss immer in ihr noch den Kern der Urgemeinde spüren.«

Auf einem ganz anderen Blatt stehen die Überlegungen in der Familie, dass Hanni und die Mädchen zur evangelischen Kirche übertreten sollen. »Über die Motive sind wir uns im klaren«:[162] Es geht um den Schutz, den die Taufe – vielleicht noch – bietet. Es geht nicht um innere Überzeugung und ernsthaftes Bekenntnis. Das liegt Hanni Klepper fern, trotz des breiten Raums, den das Religiöse in den Gesprächen mit ihrem Mann einnimmt. Rein intellektuell hat sie vom katechetischen Unterricht nichts zu erwarten; das offenbart die erste Begegnung mit dem Geistlichen, bei dem sie sich zur Taufe angemeldet hat. »Hanni weiß hundertmal mehr vom Christentum als solche Pastoren! [...] Und dass sie immer wieder etwas von Luther wissen will oder von den Bibelstellen, die von ›Verwerfung‹ und ›Erwählung‹ handeln, das hat mit diesem Übertritt gar nichts zu tun. Sie weiß es, und ich weiß es.«[163] Trotzdem halten die Eheleute an ihrem Plan über Monate fest – aus einem ganz einfachen Grund: »Man wird politisch zu solchen Schritten erpresst. Juden, die Dissidenten sind, gelten als ›des aktiven Marxismus und Kommunismus verdächtig‹. Dann ist man mit einem Bein im Konzentrationslager.«[164] Und auch noch, als die Konversion schon längst keinen erkennbaren Vorteil mehr verspricht, verfolgen die Kleppers den Gedanken weiter. Sehr viel später wird er schließlich in die Tat umgesetzt, am Ende einer Entwicklung, die im April 1933 noch niemand absehen kann.

Noch etwas macht ihm zu schaffen und nagt unablässig an Jochen Klepper: eine Leerstelle in seinem Leben, die versagte leibliche Vaterschaft. Er sehnt sich nach einem Kind von Hanni. Er liebt Hannis Töchter Brigitte und Renate heiß und innig, aber das ist etwas anderes. »Es ist furchtbar für jeden Künstler, der die Erfüllung aller in ihm liegenden Potenzen kennt, kein Kind zu haben«, hat er schon im September 1932 geklagt, nach netto kaum einem Jahr normalem Eheleben. »Kein Kind von Hanni« – fast wird es ihm zur fixen Idee, zum Ausweis persönlichen Ungenügens. Es hat ihn so sehr beschäftigt, dass es darüber mit Hanni fast zum Zerwürfnis gekommen wäre. Bitter für ihn: sie muss sich und dem Rest der Welt nichts beweisen, sie hat ja schon Kinder empfangen. Hanni legt es auch nicht mit Gewalt darauf an, mit vierzig Jahren noch einmal schwanger zu werden. Es ist allein sein Problem, und nicht das einzige.

Familienbande reißen

Zu Ostern drängt sich Jochen Klepper das abgekühlte Verhältnis zu den Eltern wieder ins Bewusstsein. Der 15. April, der Geburtstag seiner Mutter, fällt in diesem Jahr auf den Karsamstag, und so notiert er in sein Tagebuch: »Es ist mir lieb, dass da wenigstens Hilde in Beuthen sein kann.« Vom Besuch dort bringt Hildegard Klepper schlechte Nachrichten zurück nach Berlin. Die Eltern stecken finanziell erneut in der Klemme. (Die letzte Rate von Hannis »Expressdarlehen« haben sie im Februar 1932 beglichen.) Hilfe erwarten sie einmal mehr von ihren Kindern. Margot soll freilich nichts davon erfahren, und Erhard soll am besten auch außen vor bleiben. Da waren's nur noch zwei.

»Aber ich mag nun nicht mehr«, vertraut Jochen Klepper seinem Tagebuch an. »Hilde wird nun, was ihr als Beamtin möglich ist, ein Darlehen aufnehmen. Ich werde die Zinsen zahlen. Das ist alles.«

Den Eltern wird also einmal mehr geholfen, aber deren Reaktion fällt brüsk aus. »Hilde suchte heute noch einmal zu vermitteln, was kam da wieder heraus an Anklagen, Neid, Verleumdung. Auf der ganzen Linie: Welche Interesselosigkeit an meinem Beruf! Welches eingehende Beobachten jeder Anschaffung für Wohnung und Kleidung! Aber das wissen wir längst. Nun bin ich so kalt geworden. Das Lächerliche ist nur, dass ich so hingestellt werde, als wäre ich immer kalt gewesen. Beuthen ist für mich allein noch eine Sache der Kunst.«

Kalt ist das richtige Stichwort: Jetzt ist tatsächlich eine Art Eiszeit zwischen dem Sohn und den Eltern ausgebrochen. Das im Verein mit der drängenden Sorge um den Arbeitsplatz und um die Zukunft von Frau und Kindern schlägt Jochen Klepper aufs Gemüt. »Perioden der Schwermut« kennt er ja schon, »die unweigerlich immer wieder kommen, aber wenn sie da sind, so ist man wenig gewappnet, und sie fordern einen ganz«.[165] Aber es soll noch schlimmer kommen.

Der Abbruch des Gesprächs mit Beuthen zieht in der Folge das Verhältnis zu den Geschwistern massiv in Mitleidenschaft, gipfelnd am 21. Mai. Da muss sich Jochen Klepper am Telefon von seiner Schwester Margot anhören: »Gegen deine Familie bist du hartherzig, und der verfluchten Judenbande steckst du alles rein.« Mit einem Tag Abstand notiert er ins Tagebuch: »Das war nun eigentlich das, was zum ganzen Komplex ›Beuthen‹ noch fehlte. Was ist das für eine Geschichte geworden. Die ganz große Tragödie[166] meines Lebens. – Um das Verhältnis zu Mutter traure ich sehr.« Immerhin, ein »Rest des innigen Verhältnisses von Mutter und mir« muss noch übrig sein, glaubt er einem arglosen Brief Hedwig Kleppers entnehmen zu können.

Weitere zwei Tage später versucht Jochen Klepper seine Gedanken und Gefühle zu sortieren. »Noch stehe ich unter dem Eindruck des Hasses, der in der Familie gegen mich ausgebrochen ist. Warum nur? Weil man mir verpflichtet ist? Weil man meinen ›Aufstieg‹ überschätzt und sich empört, dass nichts von den (imaginären) Rieseneinnahmen für die Familie abfällt, bis ich mich nicht Hanni gegenüber entlastet weiß? […] Wie müssen die Eltern über mich und über Hanni geklagt haben, dass dieser Akt solidarischen Vorgehens von Margot, Hilde, Erhard möglich wurde.«

Unmittelbar unter dieser Klage, übergangslos, in identischer Schrift, findet sich im Tagebuch die Strophe:

> *Ohne Gott bin ich ein Fisch am Strand,*
> *ohne Gott ein Tropfen in der Glut,*
> *ohne Gott bin ich ein Gras im Sand*
> *und ein Vogel, dessen Schwinge ruht.*
> *Wenn mich Gott bei meinem Namen ruft,*
> *bin ich Wasser, Feuer, Erde, Luft.*

Am selben Tag – es ist der Mittwoch vor Himmelfahrt – läuft seine Hörfolge »Der gestirnte Himmel über dir« in gleich drei großen Sendern – in der Berliner Funk-

Stunde, im Südwestdeutschen Rundfunk Frankfurt und im Ostmarken-Rundfunk Königsberg. »Eine noble Sendung in ›großer Besetzung‹. Erfüllte Kindheitswünsche. Wenn auch ursprünglich auf das Theater gerichtet.« Und am selben Tag, drei Stunden vor Beginn der Ausstrahlung, denunziert ihn der »Reichsverband der nationalsozialistischen Rundfunkhörer« beim Intendanten: Er sei SPD-Mitglied, hätte eine jüdische Familie und habe selbst gesagt, einer der ersten, der gehen müsste, wäre er.

Denunziert

Intendant Ahrenhövel denkt vorerst nicht daran, Jochen Klepper zu entlassen, verteidigt ihn auch gegenüber dem Propagandaministerium. Aber er nimmt ihn aus der Schusslinie. Sein Name soll nur selten in den Programmen auftauchen. »Ich muss anonym arbeiten. Hörfolgen, ganze Zyklen, die von A bis Z mein geistiges Eigentum sind, immer stärker meinen Stempel tragen, laufen unter dem Namen anderer – träger und unbegabter – Autoren! Auch in der Regie muss ich anonym bleiben, muss alles in Kauf nehmen, nur weil ich religiöser Sozialist war, eine jüdische Frau habe.«[167] Damit ist der Traum von größerer Verantwortung im Sender, gar von einer eigenen Abteilung, geplatzt. Und am 7. Juni stellt ihn Ahrenhövel dann doch »bis zur endgültigen Regelung« von der Arbeit frei. Jochen Klepper bekennt: »Es ist hart, denn mein Erfolg war gut, und meine Arbeit hatte einen Plan und Gehalt.« Und er macht sich vor allem Gedanken um seine Frau, die in den zwei Jahren seit der Hochzeit mit ihm zusammen vier Nackenschläge einstecken musste – den teilweisen Verlust ihres Vermögens, den Zusammenbruch seiner Existenz in Breslau, die nächste Krise ein Jahr später in Berlin, nun die Kündigung im Funk. »Und die Aussichten immer geringer. Es ist viel in zwei Jahren Ehe.«

Das Gehalt läuft noch bis zum 10. Juni. Mit dem Angebot der DVA rechnet Jochen Klepper nicht mehr – was soll die in dieser Zeit mit einem politisch kompromittierten Schriftsteller anfangen? Möglicherweise muss die Familie nun erstmals nur von Hannis verbliebenem Vermögen leben. Das hat er bei allen Schwierigkeiten bisher vermeiden können, und natürlich trifft es ihn auch empfindlich in seinem Selbstbewusstsein. »Nun ist durch alles ein Strich gezogen: durch jede Domäne meines Stolzes und meiner Hoffnungen und durch einen weiten Bezirk meiner Liebe, den zur Familie. Nur Hanni bleibt. Nur das Schreiben (für welche Zeit werde ich schreiben?). Nur der Glaube. Ich kämpfe alle Ängste, Klagen, Anklagen nieder, weil ja noch jeder Tag, den Gott mir gibt, gut ist, solange diese drei sind: Hanni, das Schreiben, der Glaube. Und keine unmittelbare Not!«[168]

Die Muße, die er sich nie gönnen konnte in den vergangenen Jahren – die bekommt er nun ungewollt und reichlich und wundert sich, »dass es zwischen Arbeit und Arbeitslosigkeit immer nur diese Extreme gibt«.[169] Wie nutzt er die freie Zeit? »Ich pflanze im Garten Blumen an, schlafe, gehe mit Hanni weit spazieren, abends sind wir im nahen Kino – alles, um mich vor übereilten Aktionen zu schützen, während ich so schnell wie möglich wieder verdienen und den Anschluss gewinnen möchte.« Er möchte unbedingt vermeiden, dass er in eine Art innere Emigration gerät, denn »Emigranten-Stimmung tut nie gut«.[170] Schon nach einer Woche wird ihm langweilig. »Alle meine Sachen und Angelegenheiten sind geordnet, alle Korrespondenz erledigt, tiefer Schlaf – es müsste nun neu beginnen.« Einfach wieder die alten Kontakte aus der Zeit vor der Berliner Funk-Stunde anknüpfen, das geht nicht.

Die ersten Tantiemen der DVA für den »Kahn« treffen ein und helfen ein paar Wochen zu überbrücken, aber Jochen Klepper will keinem Selbstbetrug erliegen. »Es ist jetzt ein krankes Leben; ordentlich, ruhig, gepflegt – ins Leere hinein und sehr bald vielleicht ohne solide äußere Grundlage. Gegen äußeren Verfall werden wir bis zum letzten Tage kämpfen, an dem wir es noch können, glaube ich«, notiert er am 16. Juni. Tags darauf: »Als ich in den Funk kam, hatte ich das Gefühl der Freiheitsberaubung, lange. Jetzt dagegen habe ich das Gefühl, meine Freiheit wiedererlangt zu haben, nicht.«

Von den Eltern – sprich: vom Vater – kommen weiter Briefe verletzenden Inhalts, aber sie wühlen ihn nicht mehr so sehr auf. Was immer an Worten und Widerworten gefallen ist, das versucht er geistlich zu verarbeiten: »Alles, alles das muss fern von uns liegen, weil ich leben will mit Hanni und nicht zugrunde gehen an Schuld, die Gott vergeben hat.«[171] Die Sehnsucht allerdings bleibt, dass der Riss noch einmal gekittet werden kann. »Es zieht mich sehr zu Vater«, wird er gut ein

Jahr später schreiben. »So aber muss ich das tragen wie bisher, und wir müssen eine ganz andere, wirklich geheime Sprache miteinander reden.«[172]

Eine andere, nicht ganz so geheime Sprache spricht Jochen Klepper mittlerweile mit seinem Gott. Im Februar 1933 hat er erstmals einen Tagebucheintrag mit der Losung der Herrnhuter Brüdergemeine überschrieben. Das wird er sich im Lauf der folgenden Jahre zunehmend zur Gewohnheit machen. Der Zufallscharakter der Losungen – sie werden jeweils viele Monate im Voraus aus einem Vorrat von einigen hundert alttestamentlichen Schriftzitaten gezogen – entspricht eigentlich nicht seinem Verständnis von Gottes Anrede. »Ich gebe nicht viel auf das ›tolle, lege!‹,«[173] bekennt er noch im Juni 1933. Aber da hat er schon die eine oder andere Erfahrung damit gemacht, dass ihn ein Bibelvers – sprich: ein Wort Gottes – unwillkürlich angesprochen und getroffen hat.

Das Losungsbuch als Surrogat

In den folgenden Monaten entwickeln sich die Losungen für ihn zeitweise zum »Ersatz für die Kirche, die in meiner Reichweite nicht zu finden ist und nach der ich mich sehne wie nach nichts sonst«. Ein lebenswichtiges Surrogat. »Nicht nur, dass ich die Sprüche täglich vor mich hinschreiben möchte; ich muss mich zusammennehmen, sie nicht auch noch zu unterstreichen.«[174]

Und es ist keine einseitige Kommunikation, sondern Wechselrede. Jochen Klepper fühlt sich von Gott so angesprochen, »wie ein Mann mit einem Freunde redet«,[175] spricht umgekehrt aber auch selbst so mit Gott.

Er spricht sich bei ihm aus, fragt ihn und klagt ihm, was er keinem sonst sagen kann, was er noch nicht einmal seiner Frau, noch nicht einmal seinem Tagebuch anvertraut. Wartet auf Antwort, bekommt sie manchmal (zu seinem Bedauern selten) in einer Predigt, öfter in der unmittelbaren Auseinandersetzung mit Bibeltexten.

Manchmal muss er sich aber auch in Geduld üben und fühlt sich entsprechend auf die Folter gespannt. »Herr, wann wirst du wieder reden?« – die Frage hat er in Verse gefasst; sie bezieht sich ursprünglich auf sein literarisches Schaffen, denn auch da erwartet er Fingerzeige von Gott. »Wenn Gott mich nicht anredet, kann ich vom Leben nichts aussprechen.«[176] Im weiteren Sinn wird ihm das Warten auf die direkte Ansprache durch Gott immer mehr zur Lebenshaltung.

So bewundernswert diese Haltung ist, sie hat auch ihre fragwürdigen Seiten. Eigentlich weiß Jochen Klepper als stark von Luther beeinflusster Theologe, dass der christliche Glaube Menschen nicht entmündigt, sondern im Gegenteil urteilsstark und entschlusskräftig machen will. Viele Entscheidungen nimmt Gott dem Menschen eben nicht ab. Es ist legitim, den Fingerzeig von oben zu ersehen. Aber wenn er ausbleibt? Luthers Empfehlung »Sündige tapfer« ist doch auch so zu verstehen, dass Christen mutig handeln sollen auf die Gefahr hin, dass sie dabei schuldig werden. Wer nicht handelt, wird womöglich ebenfalls schuldig, begibt sich aber der Möglichkeit, auf die Dinge Einfluss zu nehmen. Jochen Klepper wird in den kommenden Monaten und Jahren in manchen Zusammenhängen zögern und sich darauf zurückziehen, dass er keine klare Weisung von Gott hat. In der besten Absicht, aber mit fatalen Folgen.

Folgenschwer ist freilich fast alles, was sich in diesen Monaten und Jahren in Deutschland abspielt. Für die Familie Klepper und für Hunderttausende andere Menschen. Am 9. Mai 1933 bereits konstatiert Jochen Klepper: »Die Nationalsozialisten haben alle Macht in Händen: Über die Parteien, Gewerkschaften, Zeitungen, Sender, Theater, Heer, Polizei, Justiz, Verwaltung, Universität, Schule … Es ist beängstigend.« Längst ist das »Gesetz zur Wiederherstellung des Berufsbeamtentums« in Kraft; viele jüdische Lehrer und Professoren, jüdische Ärzte, Anwälte, Notare, Richter sind bereits entlassen, auch solche aus Hanni Kleppers Verwandtschaft und Bekanntenkreis. Ein Berufs- und Standesverband nach dem anderen unterwirft sich der neuen Führung, die Ergebenheitsadressen klingen seltsamerweise alle ähnlich: »… bringt der neuen Regierung volles Vertrauen entgegen … Zusammenarbeiten aller aufbauwilligen Kräfte … Gesundung unseres gesamten öffentlichen Lebens und den Wiederaufstieg Deutschlands … der ungeheuren Not und Verelendung unseres Volkes ein Ende machen« usw. usw.

Jochen Klepper fragt sich angesichts dessen: »Wer will dieser Verantwortung gewachsen sein, die Ansprüche riesiger Anhängermassen befriedigen? Wie wird deren Enttäuschung sich äußern?« Dabei hat es der nationalsozialistische Propagandaapparat längst geschafft, die allfällige Enttäuschung auf die Juden zu lenken.

Julius Streicher hetzt im *Völkischen Beobachter* unablässig nach dem Muster »Alljuda soll den Kampf so lange haben, bis der Sieg unser ist! Nationalsozialisten! Schlagt den Weltfeind! Und wenn die Welt voll Teufel wär, es muss uns doch gelingen!« Übergriffe auf Juden sind an der Tagesordnung. Reichsinnenminister Wilhelm Frick hat mit seinem »Gesetz gegen die Überfüllung deutscher Schulen und Hochschulen« (vom Reichstag am 25.4. per Akklamation durchgewinkt) die Zukunftsaussichten für »nichtarische« Kinder wie Brigitte und Renate Stein dramatisch verdüstert: Studieren werden sie in diesem Deutschen Reich niemals können.

Suizidgedanken

»Vor Terror habe ich Angst«, hat Hanni Klepper schon 1931 gesagt.[177] Als ob sie es geahnt hätte. Jetzt ist der Terror da, und Hanni reagiert darauf mit einer tiefen Resignation und Lebensmüdigkeit. – Die Frage des Suizids hat Jochen Klepper schon als Student beschäftigt, möglicherweise hat er in der Phase seines psychischen Zusammenbruchs 1926 selbst Suizidgedanken gehegt, die sich dann im Entwurf zu seiner Erzählung »Der eigentliche Mensch« niedergeschlagen haben. Aber das ist lange her. Umso schockierter ist er nun. »Was Hanni […] von den Möglichkeiten ihres Selbstmordes gesagt hat, das hat mich fast vernichtend getroffen«, notiert er am 18. Juni. Und nun versucht er die Frage für sich theologisch und persönlich zu klären. Fünf Tage später bekennt er, dass auch ihn nur zwei Dinge am Leben halten – Hanni und die geheime Hoffnung, »göttliches Werkzeug zu sein und nicht ›nur‹ erlöster Mensch«. Seine Einstellung zum Suizid hat sich rasch geändert, stellt er fest: »Alles ist dem Menschen erlaubt, alles Gute, alles Schlechte, weil die Rechnung zwischen Gott und dem Gläubigen beglichen ist. Wie konnte ich den Selbstmord ausnehmen? Mit welchem Recht zog ich eine Grenze? Mit welchem Recht sagte ich von dieser Schuld, sie könne nicht vergeben werden? […] Ich glaube, dass der Selbstmord unter die Vergebung fällt wie alle andere Sünde.«[178]

Er muss konkret mit seiner Frau darüber gesprochen und dabei sogar die administrativen Folgen eines Suizids schon bedacht haben. »Wer sterben will, wird es dem anderen sagen. Ich werde es nicht sein –, glaube ich. […] Wir werden uns nicht auf den Selbstmord zutreiben lassen, werden unser bürgerliches Leben, ich mein künstlerisches Leben wie immer führen. […] Aber wir wollen zusammen sterben… Der Mensch, der mein Leben ist, soll auch die letzte Stunde meines Lebens bestimmen. Und dann ist nur noch Gott.«

Insgeheim hofft er, dass es nie so weit kommen wird. – Noch einmal drei Tage später schreibt er: »Eine Ehe ist eine Lebensgemeinschaft, aber kein Todesbund. Das gemeinsame Sterben liegt nicht im Sinn der Ehe, vielmehr wird sie durch einen solchen Entschluss gelöst, weil man über sich, den anderen und das verbundene Leben das Todesurteil spricht.« Ihn plagen Schuldgefühle; er fragt sich: Hat er seine Frau ins Unglück gestürzt, hat er überhaupt erst die Suizidgedanken ausgelöst durch sein Unvermögen, der Familie ein sicheres Dasein zu schaffen?

Er martert sich mit Gedanken über alle möglichen schrecklichen Schicksalsverläufe. Und macht sich schließlich klar: »Der Selbstmord ist das einzig Endgültige, das der Mensch tun kann. Darum streift er an Gottes Recht. Darum ist der Schauer vor dem Selbstmord so tief.«[179]

Umworben und gefährdet

Die depressive Phase dauert bis Mitte Juli, dann hellt sich der Horizont erkennbar auf. Max Krell, Lektor des Ullstein-Verlages, interessiert sich für Jochen Klepper, Harald Braun wirbt für ihn bei Ludwig Kapeller, dem Redakteur der Ullstein-Funkzeitschrift *Sieben Tage*. Auch die »Universum Film AG« (UFA) rührt sich plötzlich, will ein Drehbuch von ihm, »ein mondänes, aber prüdes Manuskript für eine Tonfilmoperette, die auch für das Geschäft in Frankreich in Frage kommt«. Dass zwei so große Häuser wie Ullstein und die deutschnational kontrollierte Filmfabrik UFA um ihn werben, schmeichelt ihm natürlich.

Andererseits widert ihn besonders die »Operettenpracht mit grünen Schleiflackmöbeln und veloursbespannten Gängen« der UFA regelrecht an. »D i e s e s Berlin hasse ich! Ein anderes liebe ich: Die Arbeiterstadt; die beleuchtete, bis in den letzten Winkel erhellte Stadt; die von allen Arten der Verkehrsmittel imponierender Präzision und Bequemlichkeit erschlossene Stadt; das alte Berlin…«[180]

Und er fragt sich: Wird er seine eigene Linie halten können, wenn er in den Dienst eines solchen Unternehmens tritt?

Trotzdem nimmt er am Dienstag, 27. Juli, die angebotene Arbeit im Ullstein-Verlag auf. Eine Beschäftigung weit unter Qualifikation. Redaktion einer Programmzeitschrift, dabei hat er kurz vorher noch selbst Programm gestaltet. »Gott weiß, warum er mir diesen seltsamen Unterschlupf gibt.«[181] Im Verlagsgebäude in der Kochstraße 23 in Kreuzberg wird Jochen Klepper zwei Jahre lang einen festen, wenn auch vergleichsweise dürftig bezahlten Arbeitsplatz haben. Teilzeit, fünf Stunden täglich. »Wenn ich am Spätnachmittag aus dem Verlag komme, bin ich noch durchaus fähig zur Ausführung meiner anderen Aufträge. Zur Aufbesserung des Einkommens brauche ich sie. [...] Manchmal denke ich: Alles, was ich in die Hand genommen habe, ist unglücklich ausgegangen. Manchmal denke ich: Immer, wenn mir in einem Winkel meines Lebens Gefahr drohte, hat mich Gott behutsam an eine geschützte Stelle getragen.«[182]

Zwischendurch drängen sich die jeweils neuesten judenfeindlichen Maßnahmen massiv in den Vordergrund. »Den Juden ist das Benutzen der Badeanstalt Wannsee verboten worden«, notiert Jochen Klepper im selben Zusammenhang. »Wie würde es die Kinder treffen, wenn man ihnen ihr geliebtes Schwimmbad hier draußen nehmen würde, in dem sie bei jedem Wetter jede freie Stunde stecken und an dem sie so hängen. [...] Man ist nahe am Ghetto. – Es ist so schwer, wenn man sein eigenes Volk hassen muss, an dem man in seiner unbefangenen, natürlichen Entwicklung immer mehr hängt. Ich habe mich immer mehr als Deutscher fühlen gelernt und muss diese Schande erleben.«[183]

Und einige Wochen später: »Wenn Menschen das Leben einer deutschen Familie führen, dann sind wir es. Wenn Menschen ohne Heimat und ohne Klarheit und Würde ihrer Umwelt kaum auskommen können, sind wir es. Und diese Mischehe soll nun Volksverrat, Entartung, Zersetzung sein. Beziehungen zu Juden und Jüdinnen sollen in Zukunft sogar mit Konzentrationslager bestraft werden. – Noch sind die Kinder völlig unbefangen und haben in der Schule nicht zu leiden.«[184]

Noch. Aber die unselige Richtung und Verdichtung der Erlasse und Gesetze, deren Übererfüllung durch viele gesellschaftliche Gruppen und Organisationen und der vorauseilende Gehorsam, den Jochen Klepper selbst an den Kirchen beobachtet, das alles lässt Böses ahnen.

Am 5. September führt die Altpreußische Generalsynode den Arierparagrafen ein – »in schärfster Form, auch auf mit Nicht-Ariern schon geschlossene Ehen ausgedehnt«, notiert Jochen Klepper und denkt dabei natürlich an Freunde und Bekannte, die dieser Schandparagraf treffen wird: Meschkes zum Beispiel. Nowaks. Darges. Und wie soll er mit Hannis Angebot umgehen, wonach sie bereit wäre, sich scheiden zu lassen, um seiner Karriere nicht im Wege zu stehen? »Ich will für mich keine Karriere, die mit solchen Mitteln erkauft wäre«.[185] Er fühlt sich von Gott in das »jüdische Schicksal« seiner Frau und seiner Stieftöchter einbezogen, und dem kann und will er sich nicht entziehen.

Was das beruflich für ihn bedeuten kann, ahnt er seit Wochen. »Vielleicht muss ich mit einer ganz bestimmten Gattung von Schriftstellern aus der Literatur verschwinden. Denn ich habe keinen Wehrgeist, kein Gemeinschaftserlebnis, keinen Beugungswillen gegenüber politischen Heilslehren, keine Ausschließlichkeitsansprüche, keinen Optimismus.«[186] Und etwas später, am 21. August, hat er dem Tagebuch geklagt: »Man lebt zwischen Idyllen und Katastrophen; und nur auflebende, existenzsichernde Arbeiten können einem zu einiger Ausgeglichenheit verhelfen. […] Es scheint mir auf absehbare Zeit ganz ausgeschlossen, etwas zu schreiben, was zur Kunst gehört.«[187]

Keinen Monat später kehrt der Gestaltungswille und die Inspiration mit Macht zurück.

7. Könige und Tyrannen

Süskind ist an allem schuld. Wilhelm Emanuel Süskind,[188] Redakteur der Zeitschrift *Die Literatur*, ist am 13. September 1933 bei den Kleppers zum Tee zusammen mit Otto Rombach, der die Radiozeitschrift *Europa-Stunde* redigiert. Die Gäste, beide aus Süddeutschland, schimpfen auf die Metropole Berlin, Hanni und Jochen Klepper halten dagegen. Er vor allem mit dem Verweis auf Potsdam, wo er am Wochenende vorher im Stadtschloss ein paar Bilder von der Hand König Friedrich Wilhelms I. gesehen hat – Bilder, die seiner Ansicht nach noch ihrer Entdeckung und Würdigung harren. Süskind meint: »Das wäre ein neues Buch für Sie.« Unmittelbar löst das überhaupt nichts bei Jochen Klepper aus, mit etwas Verzögerung aber schon. »Ich höre es kaum, so fern stand es mir und so wenig hatte mich dieser Plan berührt. Und eine Stunde später weiß man es: Das ist das neue Buch. Der Vater. Der Bürgerkönig. Das märkische Rokoko. Der raue Billum mit dem erlesenen Geschmack und dem Vermögen, Menschen zu gestalten. Der König: Der Greis in der Verflüchtigung ins Nicht-mehr-Sein...«[189]

Auf einmal reimt sich alles zusammen, was ihm in den letzten Tagen durch den Kopf geschossen ist, was bisher nur Fetzen von Hirngespinsten waren – Gedanken an Schlösser und Bürgerhäuser, die Vorstellung des eigensinnigen Knaben Billum, aber ins frühe 18. Jahrhundert an den Hof des »Königs in Preußen« versetzt, ein Titel, aber noch ohne die Geschichte dazu: »Der Vater«. Unverzüglich nimmt er die Vorarbeiten auf. »Ich brauche dieses Buch nicht einen Tag mehr aufzuschieben. Zwischen Plänen und der inneren Ankündigung einer neuen Arbeit ist ein zu untrüglicher Unterschied. […] Mir ist recht festlich zumute«, notiert er am 14. September.

Zehn Tage später führt ihn eine erste von vielen Recherchereisen für den Roman an die Ostsee, unter anderem nach Swinemünde. Hanni nutzt die Gelegenheit und fährt zur Erholung für ein paar Tage in die Gegenrichtung, nach Meran. Am 3. Oktober zurückgekehrt, ist Jochen Klepper allein zu Haus und bilanziert den Ertrag der bisherigen Arbeit am Roman: »Aus alledem wird meine politische Welt: aus der Liebe zum Bürgertum, aus der Liebe zur Ordnung ›als ob‹, aus dem Bedürfnis nach Zuflucht. Preußen ist mehr, als die geschworenen Preußenfreunde es ahnen können. – Ich habe einmal den Moment genau gespürt, in dem ich ein Schlesier wurde. Jetzt werde ich ein Preuße.«

Er hat noch keine Zeile geschrieben, aber schon am nächsten Tag sichert sich die DVA in Gestalt von Dr. Gustav Kilpper den ersten Zugriff auf den Roman, sollte er denn etwas werden. Ein anderer Verlag hat sich auch schon geregt. »Dass mein Buch von vornherein auf solches Interesse stößt, ist mir im Grunde wichtiger als ein Vorschuss. Nicht kaltgestellt sein. Nicht auf Gleichgültigkeit stoßen«, vermerkt Jochen Klepper im Tagebuch. »Wenn sie mich nur noch Bücher schreiben ließen und mir nicht die Aufnahme in den Reichsverband der Schriftsteller verwehrten, die Vorbedingung dafür ist, dass ein Buch erscheinen darf.«[190]

Er könnte es sich leicht machen. Die Konjunktur wäre günstig für einen »Berliner-Märkischen Heimatroman«. Aber es geht ihm um die ernsthaften Seiten des Stoffes. »Wie kann ein Christ ein Landesvater sein? Herrschen, Verantwortung tragen, Aufbauen im Sündenbewusstsein. Der in selbstgeschaffenen Ordnungen und Leistungen geschlagene Mensch – der in selbstverschuldeter Wirrnis und Unfähigkeit erhobene Mensch – das ist wohl, was um den ›Vater‹ herum in mir rumort.« Ein ambitionierter Ansatz, vor dem er gehörig Respekt hat. »Der ›Kahn‹ war wirklich eine fröhliche Kahnfahrt. Und jetzt ist's eine stürmische Seereise.«[191]

Zunächst mal geht es aber mit der Bahn nach Küstrin, in die Fischer- und Soldatenstadt, die alte Oderfestung. Wieder auf den Spuren Friedrich Wilhelms I., aber auch auf der Flucht vor den aufregenden politischen Neuigkeiten in Berlin. Goebbels hat den Austritt Deutschlands aus dem Völkerbund angekündigt. »Der Aufruf an das Volk zur Einmütigkeitserklärung mit der Regierung: er klang wie

Krieg. Und: nur das nicht.« Er gesteht sich ein: »Man vermauert sich in Idyllen: Im neuen Buch, im Sonntag. Denn es muss ja alles weitergehen.« Bis zum 20. Oktober hat er die Literaturliste für den »Vater« beisammen und vergattert sich selbst: »Kein Buch darüber hinaus wird gelesen.«

Von Ullstein bekommt er Anfang November endlich, nach vier Monaten, einen Vertrag – »feste Anstellung als Redaktionssekretär bei monatlicher Kündigung«. Bei aller Erleichterung versetzt das seinem Ego doch noch einmal einen kleinen Stich. »Aber mein ›Exil‹ und meine Degradierung sind wohl angesichts der politischen Vorgänge weit ehrenvoller, als es eine Karriere wäre.«[192]

Schwerer trifft ihn vier Wochen später die Nachricht, dass sein Bruder Erhard nun auch bei Ullstein arbeitet – als Illustrator für *Die Dame*. »Eine furchtbare Attacke auf meinen Ehrgeiz: In das Haus, in dem ich mich zur Rettung meiner Existenz nur halten kann, wenn ich auf jedes Hervortreten verzichte und an keinen Aufstieg denke – in den gleichen Verlag, in dem ich subaltern und geistlos arbeite, kommt nun Erhard, als künstlerischer Mitarbeiter an renommierter Stelle, mit allen Möglichkeiten der Karriere.« Dabei haben Erhard und er doch schon als Kinder davon geträumt, gemeinsam in einem großen Verlag zu arbeiten. Aber inzwischen ist viel passiert, zumindest gegenwärtig gehen die Brüder getrennte Wege.

Der Aufnahmeantrag für die Reichsschrifttumskammer geht in der dritten Adventwoche raus, DVA-Chef Kilpper hat ihm dazu eine Referenz geschrieben. Die Weihnachtstage verschaffen Jochen Klepper nur eine kurze Besinnungspause. Die Vorbereitungen für das Fest in der Kleppersch en Wohnung besorgt vor allem Hanni, sie packt auch »die wenigen Weihnachtspäckchen, die wir Menschenfeinde noch zu verschicken haben« – Sarkasmus als Antwort auf die erlittenen Demütigungen. Jochen Klepper wird dafür auch nicht durch göttlichen Zuspruch entschädigt, jedenfalls nicht dort, wo er ihn erwartet: in der Kirche, unter der Kanzel. Nach der Jahres-Schlussandacht, zu der ihn die elfjährige Renate begleitet hat, schreibt er ins Tagebuch: »Habe in diesem Jahre oft bedauert, dass ich nicht Pastor geworden bin. [...] Aber wenn ich die Predigten höre, wenn ich auf Kirchen und Pfarrhäusern die Kirchenfahne mit der schwarzweißroten und der Hakenkreuzfahne sehe, ist mir mein Ullsteinposten lieber.«[193]

Filmpläne

Kaum wieder im Alltag angekommen, trifft ein Brief der UFA in Südende ein. Die Filmgesellschaft sucht nach einem großen nationalen Stoff mit Parallelen zur Gegenwart, und diesen Stoff vermutet sie im »Vater«. Deshalb soll Jochen Klepper ein Drehbuchexposé liefern. Seiner Meinung nach ein grandioses Missverständnis. »Lieber Himmel, des ›Vaters‹ Regierung ist Kritik, nicht Verherrlichung des Heutigen.«[194] Aber das kann er ja vielleicht gerade rücken, wenn er tatsächlich ein Exposé liefert. Zumal er sich Heinrich George wunderbar in der Rolle des Soldatenkönigs vorstellen kann. Er macht sich also an die Arbeit. Die Filmleute finden sich wichtig, ihr Anliegen duldet keinen Aufschub. Im Halbtagestakt traktieren sie Jochen Klepper mit Anrufen. Änderungswünsche hier, konzeptionelle Fragen da, der »Reichsfilmdramaturg« hat auch ein Wörtchen mitzureden. UFA-Boten holen ihn manchmal vom Schreibtisch im Ullstein-Verlag weg und fahren ihn nach Tempelhof zu irgendwelchen kurzfristig angesetzten Besprechungen. Hanni ist auch mit eingespannt, sie tippt oft bis spät in die Nacht an den Manuskripten. Vollmundige Versprechen, Rückzieher, Daumen hoch, Daumen runter. Das raubt Jochen Klepper Zeit und Nerven und den ohnehin knappen Nachtschlaf. »Fortwährende Müdigkeit, Schreckhaftigkeit, Zerstreutheit und Geräuschempfindlichkeit […] – und natürlich zehrt auch der Roman an mir«, konstatiert er zwischendurch.

Über die Aufnahme in die Reichsschrifttumskammer kann er sich gar nicht richtig freuen, denn das aufreibende Drama »Filmfassung: ja oder nein?« zieht sich bis Ostern hin. Wenn er sich an einzelnen Tagen doch dem Buch widmen kann, dann ist die Inspiration auf Abruf wieder da, dann lebt das Preußen des frühen 18. Jahrhunderts in seiner Vorstellungswelt auf, und die Protagonisten seines Buches stehen ihm plastisch vor Augen, in kräftigen Konturen und lebhaften Farben. »Was ich nicht in Bildern sehe, ist nichts. […] Sie sind fertig, der Roman muss erst auf sie zulaufen und sie erringen. Schreibe ich auf solche Bilder zu, bin ich zugleich sehr auf Musik gestimmt.«[195] Umso störender empfindet er das »Vor, zurück, zur Seit, heran« in den Gesprächen mit der UFA. Da seine künstlerischen Vorstellungen nicht berücksichtigt werden, bricht er die Verhandlungen am 6. April entnervt ab und fordert seine Unterlagen zurück. Ein paar Nachhutgefechte folgen noch, aber auch die DVA (in Gestalt von Kurt Pagel, der als Leiter des Berliner DVA-Büros sein Projekt betreut) kann bei ihm nichts mehr ausrichten. Er will keinen Film machen, er will endlich das Buch schreiben.

Kaum ist die Flut der Anrufe aus Tempelhof und Babelsberg abgeebbt, geht es wieder voran. Zehn Romanseiten an einem Tag. Am 13. April ist der erste Abschnitt fertig: Hundert Seiten umfasst er. Da kann einem Angst werden, denn das läuft auf 1 000 Druckseiten Gesamtumfang hinaus. Ob der Verlag das mitmachen wird? Über jedem Kapitel soll ein Bibelwort stehen, aber ob das durchgeht? »Was mich bewegt am Zusammenhang von Preußentum und Altem Testament, das könnte mein Buch, auch wenn es künstlerisch gelingt, politisch zu Fall bringen.«[196]

Der zweite Abschnitt geht flott von der Hand. Täglich arbeitet er mindestens fünf Stunden am Roman. Auch die synästhetische Wahrnehmung hat sich wieder eingestellt: »Als ich den ›Kahn‹ schrieb, sah ich so viel Farben. Und nun beim ›Vater‹ ist es seit Monaten immer wieder und wieder Musik. Nicht Melodien – aber ein merkwürdiges Bauen von Themen und Gegenthemen und ihren Abwandlungen, vor allem eine unheimliche Sehnsucht, Musik zu hören.«[197] Schaffensrausch trotz körperlicher Erschöpfung, trotz immer wiederkehrender Selbstzweifel, trotz religiöser Anfechtungen, trotz der Anforderungen bei Ullstein, trotz selbstquälerischer Gedanken in Richtung versagter Vaterschaft.

Gute Nachrichten von der DVA: Vom »Kahn der fröhlichen Leute« ist die zweite Auflage im Verkauf; für den »Vater« gibt's von Mitte Mai an 250 Mark Vorschuss monatlich. Er soll schreiben, wie er will; der Verlag macht ihm keine Vorgaben, was den Umfang angeht, behält sich aber Kürzungen vor.

Dichterfreundschaft

Als ausgesprochen anregend und hilfreich bei dem gigantischen Vorhaben erweist sich die Bekanntschaft mit Reinhold Schneider. Jochen Klepper hat Schneiders Buch »Die Hohenzollern. Tragik und Königtum« im April 1934 in die Hand bekommen, und es hat eine geradezu katalytische und befeuernde Wirkung auf ihn. »Ich kann mir nichts anderes mehr wünschen, als neben diesem Buch und diesem Autor mit meinem ›Friedrich Wilhelm‹ zu bestehen. Sonst hätte nämlich mein Buch nicht die mindeste Daseinsberechtigung!«, vermerkt er im Tagebuch.[198] Er kennt den gleichaltrigen Reinhold Schneider bereits flüchtig aus seiner Zeit beim Berliner Rundfunk und schätzt fast alles an ihm – »die Bescheidenheit und Askese und Gediegenheit in Person, keiner Verführung durch Eitelkeit und Gewinnsucht fähig; durch echtes Verständnis der Zeit allen aktuellen Konjunkturschreibern weit voraus«. Er hält Schneider für verkannt, bescheinigt ihm einen »Achtungserfolg, aber kein Publikum«. Und bei der Lektüre der »Hohenzollern« hat er Herzklopfen bekommen, so sehr entspricht dieses Werk seinen eigenen Überlegungen: »In dem einen Buche ist ganz Preußen.«

Selten genug geht Jochen Klepper von sich aus auf andere Leute zu. Reinhold Schneider ist eine der Ausnahmen. Zu ihm sucht er den Kontakt, ihn schreibt er direkt an, ganz entgegen seiner Gewohnheit (»Immer machte ich schlechte Erfahrungen damit. So freue ich mich, dass es hier bei dem Menschen mit den mir so verwandten Gedanken nicht der Fall ist«). Eine respektvolle, nicht allein aufs Schreiben beschränkte Freundschaft entsteht. Man besucht sich wechselseitig; Schneider residiert in Potsdam und kommt am 16. Mai 1934 erstmals nach Südende zum Tee. Ein reger Austausch beginnt, brieflich, mündlich, persönlich.

Jochen Klepper erkennt an Reinhold Schneider »viel größeren Ernst, viel stärkeres Können« als an sich selbst. In Schneider glaubt er »den ersten Dichter kennengelernt« zu haben. Bei aller Seelenverwandtschaft und dichterischer Nähe gibt er sich auch Rechenschaft über Unterschiede in der schriftstellerischen Herangehensweise. »Wo ich in Schlössern und in Menschen denke, denkt er in Ländern und Völkern.«[199] Reinhold Schneider ist im Hinblick auf das Dritte Reich noch illusionsloser und nüchterner als Jochen Klepper, als Junggeselle hat er freilich auch weniger Verpflichtungen, die ihn hindern würden, offen Position zu beziehen. Schneider ist Katholik (umso bewusster, als sein Vater Protestant war). Die Unterschiede in Bekenntnis und Glaubenspraxis spielen im Gespräch und Briefwechsel eine wesentliche Rolle; sie werden nicht nur als Probleme wahrgenommen und thematisiert, sondern auch in ihrer jeweiligen Berechtigung. Jochen Klepper und Reinhold Schneider lernen auch in dieser Hinsicht wechselseitig voneinander.

Schneider unterhält Verbindungen zu den monarchistischen Kreisen um Karl Ludwig Freiherr zu Guttenberg und Kurt Jagow. Mit deren politischem Programm kann Jochen Klepper zwar rein gar nichts anfangen, aber die *Weißen Blätter*, ihr publizistisches Organ, werden in den folgenden Jahren einige seiner Aufsätze drucken und seinem Roman, als er dann endlich in Druck geht, zusätzliche Reichweite erschließen. Reinhold Schneider wie Jochen Klepper – beide sehen ihren Platz in Deutschland und denken nicht einmal an Emigration. Der Tyrannei standhalten, mit der eigenen Existenz und dem eigenen Schaffen für eine andere Form von Herrschaft und Gesellschaft bürgen – dieses Anliegen teilen sie, auch wenn dem Monarchisten und Katholiken Schneider eine etwas andere Alternative vorschwebt als dem geschworenen Demokraten, Religiösen Sozialisten und Protestanten Klepper. Sie treffen sich auf der allegorischen Ebene. Sie diskutieren, was wahrhaftes Königtum ausmacht. Sie schreiben und dichten gegen die allgegenwärtige Hybris und Selbstanmaßung der nationalsozialistischen Machthaber an. Und sie bekommen in kurzen Abständen immer wieder Anlass dazu.

Da ist die »Nacht der langen Messer« am 30. Juni 1934, die mörderische Säuberungsaktion, die die SA buchstäblich enthauptet und auch einige konservative Steigbügelhalter Adolf Hitlers das Leben kostet; nachträglich durch das »Gesetz über Maßnahmen der Staatsnotwehr« legitimiert. Jochen Klepper kommentiert die Ereignisse so: »Ich spüre nun allmählich gar, gar keine Berührungspunkte und keine Verständigungsmöglichkeiten mit dem Nationalsozialismus mehr und kenne in dieser Hinsicht gar nichts mehr als die schwere Sorge, wie dieses vermessene Abenteuer, zu dem dieses unglückliche Volk kranke Phantasten ermächtigt hat, enden soll.«[200]

Da ist die Allmachtsattitüde: Nach dem Tod des greisen Reichspräsidenten Hindenburg lässt Hitler eine Volksabstimmung ansetzen, die ihn zum alleinigen »Führer und Reichskanzler« mit allen Befugnissen des Präsidentenamtes und zum Oberbefehlshaber der Reichswehr erhebt (das Amt des obersten Gerichtsherrn beansprucht er stillschweigend mit). »Stimmst Du, deutscher Mann, und Du, deutsche Frau, der in diesem Gesetz getroffenen Regelung zu?«, steht auf dem Stimmzettel. Am Sonntag, dem 19. August, ist der Tag der Abstimmung. Jochen Klepper notiert ins Tagebuch: »Seit Freitag schon muss geflaggt sein, und kaum jemand wagt es, sich auszuschließen. Was macht es, dass unsere Fahne fehlt; was werden unsere beiden Nein-Stimmen bedeuten!« Nun, es sind zwei von immerhin 570 000 Nein-Stimmen allein in Berlin (rund 20 Prozent, doppelt soviel wie im Reichsdurchschnitt). Die NS-Propaganda feiert das Abstimmungsergebnis trotzdem als grandiosen Sieg. Vor dem öffentlichen Taumel flüchten die Kleppers für einige Tage an die Ostsee. Damit lassen sich Recherchen in Wismar und Stralsund verbinden und ein Besuch bei Rudolf und Millie Hermann in Greifswald – die erste Begegnung nach acht Jahren gelegentlichem Briefkontakt.

Zurück in Berlin, schiebt sich Familiäres in den Vordergrund. Billum kommt am 12. September zu Besuch, berichtet von den Geschwistern und Eltern (der Vater ist sterbenskrank, die Mutter von der Pflege restlos erschöpft). Auch der Kontakt zu Harald Poelchau, dem Freund aus Studienjahren, lebt nach acht Jahren wieder auf; Poelchau ist inzwischen mit seiner Frau im Berliner Stadtteil Tegel gelandet, wo er als Gefängnispfarrer arbeitet. Der »wunderbarste Herbst« wird zur emotionalen Achterbahn.

Die Nachrichten aus Beuthen über den rapiden Verfall des Vaters nehmen Jochen Klepper selbst gesundheitlich mit (Nervenschmerzen, Schlaflosigkeit, Nasenbluten). Besuche von Weggefährten wie dem immer noch gebannten Fritz Bischoff, den nur kleine Honorararbeiten am Leben erhalten, können ihn nicht wirklich aufheitern. – Am 27. Oktober fährt er ohne große Erwartungen nach Beuthen. Er kann noch mit dem Vater sprechen, wechselt ein paar Worte mit der Mutter. Aussöhnung ist etwas anderes. Als er sich am 30. Oktober auf die Heimreise macht, lebt der Vater noch. In Berlin eingetroffen, erreicht ihn die Todesnachricht. Er nimmt sie fast erleichtert auf. Sorgen macht er sich um Billum: Den hat er »gefährlich erschüttert« erlebt.

Gesundheitlich ist Jochen Klepper »so auf den Hund gekommen, derart elend, dass ich gar nicht mehr schreiben kann; und bin dabei geistig noch so frisch […] Es ist ein verteufelter Zustand«.[201] Gleichwohl hat er seit der Ostseereise schon wieder mehr als 200 Seiten am Roman geschrieben, und am 23. November ist gewissermaßen Bergfest: »Dreiviertelzwölf abends. Der erste Band ist beendet.« Der zweite Band wird ihn weitere zwei Jahre Arbeit kosten und wird das Resultat der Auseinandersetzung mit einer immer widerwärtigeren Wirklichkeit sein.

Die Vorzeichen nimmt er selbst in der Adventszeit wahr. »Das wirkliche Weihnachten fordert einen immer mehr vor sich, jene Weihnachtsgeschichte, der der Kindermord zu Bethlehem und die Flucht nach Ägypten folgt«[202], notiert er am 12. Dezember ins Tagebuch. Und vier Tage später, am dritten Advent: »Ich hörte heut zum ersten Mal die Predigt eines der neuen ›Deutschen Christen‹. Da habe ich mit einem Schlage begriffen, dass es so etwas geben konnte wie die Salzburger Emigranten.« Selbst diese Erkenntnis fügt sich in sein Romanprojekt.

Baupläne

Zu Weihnachten wälzen Hanni und Jochen Klepper Baupläne. Die Miete für die Sieben-Zimmer-Wohnung in Südende frisst ihnen die Haare vom Kopf. Aus dem Verkauf eines Hauses in Breslau, das noch in Hannis Besitz war, sind Mittel da, die wieder investiert werden müssen, am besten in Backsteine – »Bauen erscheint uns als die noch einzig mögliche Anlage«. Jochen Kleppers Jahresschlussbilanz fällt am 25. Dezember noch düster aus (»Ein Jahr ohne jeden Erfolg und Fortschritt«), an Silvester versöhnlich. »Die wachsende Zusammengehörigkeit in der Ehe und die Erfahrung immer neuer Anrede von Gott her, die haben das Jahr so gemacht, dass man es in Feier beschließen wollte. Ich weiß nicht, ob der Dank nicht stärker als die Sorge ist.«

Das neue Jahr bringt neue Nachbarn: Im Westflügel des Mietshauses Doellestraße/Oehlertstraße zieht ein hochrangiger Offizier ein, Kapitän zur See Wilhelm Canaris, soeben ernannt zum Chef des militärischen Nachrichtendienstes, der »Abwehr«. Canaris geht freilich in seiner Arbeit am Tirpitzufer auf und ist kaum zu Hause; demnächst wird er zum Konteradmiral befördert. Sein Verhältnis zur Ehefrau Erika und den Töchtern Eva und Brigitte ist eher kühl. Kontakte zu den Kleppers über das höfliche Austauschen von Grüßen hinaus sind nicht belegt.

Die Arbeit im Ullsteinhaus, die sich unter den herrschenden Umständen gut angelassen hat, wird Jochen Klepper rasch vergällt. »Der Dienst und die Brüskierungen bei Ullstein wachsen sich allmählich aus wie im Dienst bei der Funkstunde.« In der Redaktionsleitung sind inzwischen linientreue Nationalsozialisten installiert, die neue Sitten einführen (»Betriebs-Appell im Dienst«), ein »neues

Gemeinschaftsgefühl« beschwören und zu diesem Zweck auch schon mal die Belegschaft zur Teilnahme an Aufmärschen abkommandieren.

Am 17. März 1935 machen die Berliner Zeitungen mit der Schlagzeile von der Wiedereinführung der Wehrpflicht auf. Das Regime rasselt mit dem Säbel. Dabei haben erst drei Tage zuvor die Ententestaaten Großbritannien, Frankreich und Italien ein Abkommen zur Durchsetzung der Rüstungskontrolle im Deutschen Reich geschlossen. Jochen Klepper beobachtet, dass nur die Männer sich auf die Zeitungsstände stürzen. »Die Frauen schienen mir völlig unberührt. Auch die Nähe großer Katastrophen wandelt die Menschen nicht.« Das sind nicht die einzigen Hiobsbotschaften. Man erfährt fast wöchentlich von der »Vernichtung von Existenzen durch jene kalte, indirekte Methode, die die Menschen nicht mehr abknallt, sondern dem Selbstmord zutreibt«.[203]

Wie reagieren die Kleppers darauf? Sie bauen. Anfang April erfolgt der erste Spatenstich zum neuen Haus in der Karlstraße,[204] keine 150 Meter von ihrer derzeitigen Wohnung entfernt. Und Jochen Kleppers persönliche Methode, mit den Zumutungen der Zeit zurechtzukommen: Er recherchiert und schreibt. Lieber lässt er seine Freizeit, seine Wochenenden, seine Träume von König Friedrich Wilhelm I. mit Beschlag belegen als vom unwürdigen alltäglichen NS-Theater. Natürlich nimmt er Hanni mit hinein in das Projekt, das ihn beseelt, unternimmt mit ihr Ausflüge zum Jagdschloss Grunewald (Friedrich Wilhelms ureigene Domäne) und nach Potsdam zu Reinhold Schneider, schmiedet Reisepläne (»Braunschweig, Ostpreußen, der Spreewald, Hannover«) für den Fall, dass der Bau noch etwas Geld übrig lässt. Alles dreht sich um den König. »Alles, was an dem Buch ich nicht bin, sondern was der König und sein Leben ist, das bleibt erschütternd und feierlich und eine Kette von leuchtenden Bildern.«[205] Diese inneren Bilder und die synästhetischen Eindrücke hat er exklusiv für sich, noch nicht einmal mit Hanni kann er sie teilen. »Manchmal, wenn die Erschöpfung sehr groß ist, stelle ich mir – und immer geht davon wie von den ›Bildern‹ eine so wohltuende Belebung aus – vor, was an dem Buch ein Marsch ist, ein Menuett, ein Pastorale, ein Ländler, eine Fuge, ein Choral.«

Aber die Wirklichkeit holt ihn immer wieder ein. Der Juli bringt massive antisemitische Ausschreitungen, offenbar zentral angeheizt. In Breslau und Sachsen sind 21 arische Mädchen verhaftet worden, die Verhältnisse mit Juden hatten. Die Juden hat man ins Konzentrationslager gesteckt. Auf dem Kurfürstendamm hat man Jüdinnen ins Gesicht geschlagen, erfahren die Kleppers von Hans Nowak; die jüdischen Männer haben sich immerhin tapfer gewehrt, aber niemand ist ihnen beigesprungen. Solche Nachrichten legen sich wie ein Bleimantel auf Jochen Kleppers Gemüt und machen auch das Schreiben »so schwer, so langsam, so behindert, so jeder Freude beraubt«, dass er den Abschluss des Projekts in weite Ferne rücken sieht. »Der letzte Federstrich ist noch weit, und die Zeit bis dahin sieht eine gar zu aufgewühlte Welt ringsum.«

Trotzdem geht es allmählich voran, trotzdem hat er den Eindruck, gerade jetzt das Thema seines Lebens gefunden zu haben: »Dass ich ihn leidend lobe, das ist's, was er begehrt.« Und trotzdem findet er zwischen all den Recherchen und dem Arbeiten am Buch noch die Inspiration für Gedichte. Zwei Kirchenlieder, die ersten aus seiner Feder, sind in diesen Wochen und Monaten entstanden. Aus der Beschäftigung mit dem Königtum ist ein Quartett von »Königsgedichten« erwachsen. Sie sind so offen regime- und zeitkritisch, dass an eine Veröffentlichung nicht zu denken ist. Aber wenigstens mit Reinhold Schneider kann er sie teilen. Jochen Klepper ist in diesen Gedichten nicht der zynische Kritiker, der aus sicherer Entfernung Fehlentwicklungen geißelt und Schuldige benennt. Er schlüpft stattdessen in die Rolle eines alttestamentlichen Propheten, der dem Gericht, das er ankündigt, selbst unterliegt und die Last der Strafe selbst mit schultern muss. Die Forderung der Königsgedichte lautet genau besehen auch nicht: Zurück zur Monarchie! Vielmehr: Hin zu einem geordneten, gerechten Staatswesen unter Gott!

Gekündigt

Die Zeit bei Ullstein endet abrupt am 3. September. Als Jochen Klepper sich in den Urlaub verabschieden will, verkündet ihm sein Vorgesetzter Ludwig Kapeller, dass er nicht wiederkommen muss. Bis einschließlich Oktober bekommt er noch Gehalt. Kündigungsgrund? »Jüdisch belastet.« Zwar wird er nicht arbeitslos, zwar bleibt ihm nun mehr Zeit für den Roman und für die Einrichtung des Hauses, das der Vollendung entgegengeht. Und doch: »Ans Buch zurückzukehren, bedurfte es eines harten Ruckes. Aber auch das ist eine Gnade, wenn man in so wirren Tagen überhaupt einen roten Faden gewiesen bekommt.«[206]

Vom Sonderparteitag der NSDAP Mitte September, von der Verkündung der Nürnberger Rassegesetze bekommen die Kleppers nur am Rand etwas mit – sie stecken mitten im Umzugsstress (»Haben die Zeitungsbelege aufgehoben; wir hatten einige Tage nur Überschriften gelesen«). Und in Südende sind die neuen Zumutungen an Juden bereits vorweggenommen worden. Am Schwimmbad und am Laubenweg hängen schon seit einigen Tagen die Tafeln mit der Aufschrift »Juden ist die Benutzung… verboten.« Jochen Klepper zieht eine Parallele zum Schicksal des äthiopischen Kaisers Haile Selassie, »dessen Land so wehrlos kaputt gemacht werden soll, ohne dass man ihm hilft (wie den Juden in Deutschland, so anders die Umstände sind)«.[207] Zu allem Überfluss taucht plötzlich auch noch Billum in Südende auf, der sich seit dem Tod des Vaters sehr zu seinem Nachteil verändert hat. Unstet und orientierungslos wirkt er. »Eine furchtbare Anklage gegen uns alle«, so empfindet es Jochen Klepper. Billum hat die Einberufung zum Heer bekommen; darin setzt Jochen Klepper die Hoffnung, dass das Leben des geliebten Bruders wieder in die Spur kommt.

Am 24. September beziehen die Kleppers das neue Haus in der Karlstraße. Zu diesem Zeitpunkt haben sie keinerlei regelmäßige Einkünfte mehr. Selbst seine Lebensversicherungen hat Jochen Klepper gekündigt. »Das Haus, der Beruf – die sind nun Gott so unmittelbar unterstellt, wie man es sich kaum jemals vorzustellen vermocht hat.«

Schwere Geburt

Die erste Fassung des Friedrich-Wilhelm-Romans ist noch in der alten Wohnung fertig geworden, am 18. September »vor dem Abendbrot«. Viele weitere Monate wird er brauchen, um die Studien zu heiklen Details abzuschließen und für das mühsamste Geschäft überhaupt: streichen, straffen, das bereits dem Herzen abgerungene wieder verwerfen. Aber das kann er nun wenigstens in der neuen »Eremitage« tun. Wenn ihm feierlich zumute ist, dann geht er in die Bibliothek mit ihren

Jochen Kleppers Arbeitszimmer

dunklen Renaissancemöbeln, mit der großen Bücherwand, mit der Madonna und den Hirten. Im barock eingerichteten Arbeitszimmer am Schreibtisch schauen ihm drei Holzplastiken mit Goldmalerei zu: ein italienischer Engel, ein Apostel Paulus und ein Heiliger auf einem Podest.

Neben Hanni nehmen vor allem Reinhold Schneider, die Meschkes und Kurt Ihlenfeld Anteil am Fortschritt des Buchprojektes. Ihlenfeld eignet Jochen Klepper seine Sammlung »Preußischer Choral. Deutscher Soldatenglaube in drei Jahrhunderten« zu mit den Worten »Dem *scriptor vitae regis borussiae*«, Schneider zollt ihm höchste Anerkennung für seine Königsgedichte und diskutiert mit ihm die tiefgründigen Implikationen des Stoffes. Von der DVA erfährt Jochen Klepper großzügige Unterstützung, immer wieder gibt es Vorschusszahlungen, aber natürlich fühlt er sich auch gedrängt, endlich zu liefern. Der Umfang des Buches wird zu seiner Erleichterung auf 1000 Seiten »eventuell in zwei Bänden« festgelegt[208] – das ist ein enormer Vertrauensbeweis angesichts des Umstandes, dass der Verlag jederzeit mit seinem Ausschluss aus der Reichsschrifttumskammer rechnen muss.

Die Phase der Streichungen zieht sich und zieht sich. Die verhaltene Freude im Tagebucheintrag vom 16. August 1936 (»Ich glaube, nun soll ich es als abgeschlossen betrachten«) erweist sich als verfrüht. Aber wenigstens geht das Manuskript nun zum Setzer, die Korrekturfahnen sind Beweis, dass dieses Buch geboren werden will. Jochen Klepper streicht und ändert und korrigiert, während um ihn herum die halbe Welt in Trümmer geht: Das faschistische Italien hat Äthiopien mit einem schmutzigen, totalen Krieg überzogen, der mit der Unterwerfung einer der ältesten und stolzesten freien Nationen endet und Hunderttausende das Leben kostet. Und in Spanien tobt seit dem Putsch des Militärs im Juli ein blutiger Bürgerkrieg mit unsäglichen Grausamkeiten.

Den »Kahn der fröhlichen Leute« hat Jochen Klepper binnen sechs Wochen geschrieben. Für den »Vater« braucht er von der Idee bis zur Manuskriptabgabe knapp drei Jahre konzentrierte Arbeit, und dann ist es bis zum Druck immer noch ein weiter Weg. Im November bricht sich die Erschöpfung eines Mittags Bahn: »Hanni und die Töchter saßen noch bei Tisch; ich musste lesen. Eine fragte, wohl Renerle: ›Warum dauern andere Bücher bei anderen Schriftstellern nicht so lange?‹ Eins sagte: ›Dafür ist's bei Jochen dann große Kunst.‹ Da bekam ich vor Verzweiflung einen Heulanfall, so schlecht und kaputt erschien mir das Buch.«[209] Auch anderen bleibt nicht verborgen, wie viel Kraft ihn das Unternehmen gekostet hat. Anfang Dezember schickt ihm DVA-Chef Kilpper den Aufsatz »Geschichte eines Romans« von Thomas Wolfe zu, den Bericht über die quälenden fünf Jahre, die Wolfe zum Schreiben seines Hauptwerkes »Von Zeit und Strom« gebraucht hat. »Was da von dem Leiden und Nicht-Werden, von dem Mühen und Nicht-Ernten von Jahr zu Jahr gesagt ist« – darin findet sich Jochen Klepper wieder, darin spiegeln sich seine eigenen Erlebnisse mit dem »Vater«. Die Auslieferung des Buches beginnt schließlich am 24. Februar 1937, in zwei dicken Bänden zum Preis von jeweils 9,60 Mark.

Sein Thema

»Der Vater: Der Roman des Soldatenkönigs« – was hat Jochen Klepper an diesem Stoff gereizt, und was hat er daraus gemacht?

Im Grunde ist es sein altes Thema. Schon seine ersten Romanideen kreisen um »liebende, erfolgreiche Menschen« mit irgendeiner Art von Handicap – hässlich wie die »Große Directrice« und ihre Freundin Valeska Cohen, schief gewachsen wie »Voltaire«, zu jung, unerfahren und deshalb unterschätzt wie Wilhelmine Butenhof im »Kahn«.

Oder eben verkannt wie Friedrich Wilhelm I., der Sohn eines Prätendenten, der Dicke mit den bäuerlichen Manieren, der so gar nicht in den feinsinnigen europäischen Hochadel zu passen scheint. Der eigensinnige und impulsive Querkopf. Der Knauserer, der seine königliche Gemahlin und seine eigenen Kinder kurz hält und ihnen keinen Spaß gönnt. Der Militarist, der quasi aus dem Nichts eines der größten und leistungsfähigsten Heere Europas aufbaut und sich grundsätzlich in Uniform zeigt. Der Kulturbanause, dem höfische Vergnügungen zuwider sind, auch oder gerade weil er als Kind am hannoverschen Hof in der Obhut seiner Großmutter Sophie von Braunschweig-Lüneburg das ganze Programm mitmachen musste: Quadrille tanzen, gesittet in der Loge von muffigen Schauspielhäusern sitzen, französisch parlieren. Das Deutsche, die Sprache seiner Untertanen, spricht dieser König nur holprig und schreibt es noch schlechter. Gelernt hat er es von seinen Dienern.

Was die Königswürde angeht: Die hat sein Vater Friedrich, preußischer Herzog und Markgraf von Brandenburg aus dem Haus Hohenzollern, zwar standhaft für sich reklamiert und schließlich auch von Kaiser Leopold II. zugesprochen bekommen, aber der Preis dafür war hoch. Zwei Millionen Dukaten für den Kaiser, 600 000 für den katholischen Klerus in Deutschland (dabei war Friedrich Protestant) und das Versprechen, bei der Kaiserkür stets für den Habsburger Kandidaten zu stimmen. Außerdem durfte sich Friedrich nur »König *in* Preußen« nennen, nicht König *von*, und stand immer in der Gefahr, sich vor den alten Königshäusern Europas lächerlich zu machen. Denn worüber herrschte der König *in* Preußen denn: vor allem über endlose, menschenleere Sumpf- und Marschlandschaften, über das historische Durch- und Aufmarschgebiet fremder Heere, über ein paar

Reichs- und Hansestädte und eine Menge armseliger Dörfer. Das hat den Vater des »Vaters« allerdings nicht gehindert, an den ganz Großen Maß zu nehmen. Am Sonnenkönig Ludwig XIV. zum Beispiel. Mit allem, was dazu gehört. Prunkvolle Hofhaltung, gepuderte Perücken, stolze Bauten, schöne Gärten, macht- und geldgierige Berater – und eine chronisch leere Staatskasse. Immerhin hat Friedrich I. es geschafft, Kriege von seinen Ländereien fernzuhalten. Wenn seine Truppen kämpften, dann fern der Heimat, im Spanischen Erbfolgekrieg zum Beispiel.

Der »Vater«, der zunächst mal selber Sohn war, der Kronprinz Friedrich Wilhelm I., sah sich also vor eine Herkulesaufgabe gestellt, als er 1713 den Thron bestieg. Er musste den Anspruch auf die Königswürde untermauern, musste erst mal etwas leisten. Er musste die Staatsfinanzen sanieren. Preußen war bei seinem Amtsantritt die bloße Fassade eines souveränen Staates, das musste und wollte er ändern. Er wollte Preußen zu einem funktionsfähigen, gut organisierten Gemeinwesen machen und hat das auch geschafft. Er hat erschlossen und aufgebaut. Damit ihn die anderen Fürsten im Heiligen Römischen Reich deutscher Nation ernst nahmen, brauchte er ein ordentliches Heer, und das musste er auch bezahlen können. Standesgemäß geheiratet hatte er bereits, dafür hat sein Vater noch gesorgt (Friedrich I. hat es sich relativ leicht gemacht und in der nächsten Verwandtschaft gesucht. Sophie Dorothea, die Auserwählte, war die Tochter seines Cousins Georg Ludwig von Braunschweig und Lüneburg, des späteren Königs Georg I. von England).

Leider hatte die Gemahlin keinen Sinn für Friedrich Wilhelms nüchternes Regierungsprogramm. Sie mochte es kultiviert und festlich wie an anderen europäischen Höfen, und so hat sie auch die gemeinsamen Kinder erziehen lassen. Da waren Konflikte vorprogrammiert. Denn Friedrich Wilhelm hat seine Vaterrolle sehr ernst genommen. Erst recht gegenüber seinem Ältesten, dem Kronprinzen Friedrich II. – Vierzehn Kinder hat Friedrich Wilhelm im Lauf der Jahre gezeugt, alle mit derselben Frau (er war treu wie Gold; für Mätressen hätte er weder Zeit noch Geld übrig gehabt). Daneben hat sich dieser König aber auch als Landesvater verstanden, mit ungleich viel mehr Schutzbefohlenen. Genau das macht ihn für Jochen Klepper zum Vater schlechthin – zu *dem* Vater. An der Stelle setzt dann auch die romanhafte Überhöhung ein.

Gott als Maßstab

Jochen Kleppers Friedrich Wilhelm I. ist Projektionsfläche für alles, was sich Jochen Klepper unter idealtypischer Vaterschaft vorstellt: ein Vater muss für ihn Liebe, Tatkraft und Schutz verkörpern, Strenge und Konsequenz, auch sich selbst gegenüber. Geradlinig, gerecht und loyal muss er sein. Erst recht muss ein Landesvater diese Eigenschaften aufweisen. Für den lutherisch geprägten Theologen Klepper versteht es sich von selbst, dass der Landesvater, der Fürst, der Herrscher niemals aus eigenem Recht herrscht, sondern seinerseits unter Gott steht. Gott ist das Maß aller Dinge. Gott ist »der rechte Vater über alles, was da Kinder heißt im Himmel und auf Erden«, heißt es bei Paulus im Epheserbrief.[210] Daran, wie Gott seine Vaterschaft versieht, müssen sich alle anderen Väter messen lassen – die leiblichen ebenso wie die Ersatzväter, und eben auch Landesväter und -mütter im übertragenen Sinn.

Und nun kommt der literarische Kunstgriff: Jochen Klepper unterstellt dem historischen Friedrich Wilhelm I., er sei sich dieses Verhältnisses sehr bewusst gewesen. König und absoluter Herrscher ist Jochen Kleppers Friedrich Wilhelm immer nur *vor Gott*. Sein Regiment verdankt er nicht seiner noblen Abstammung, sondern letztlich auch wieder – Gott. Rechenschaft für sein Tun und Lassen schuldet und gibt er – Gott. Er muss sich niemandem gegenüber verantworten außer eben – Gott. Er ist abhängig von Gottes väterlichem Wohlwollen. In diesem und nur in diesem Sinn ist er König »von Gottes Gnaden«.

Ein solcher König muss Vater *aller* seiner Landeskinder sein. Er darf die eigenen Stammhalter nicht bevorzugen, im Gegenteil, er muss an sie besonders strenge Maßstäbe anlegen. Einem König von Gottes Gnaden würden es die Untertanen nie verzeihen, wenn er seine eigenen Kinder milder behandelt als andere, die seiner Herrschaft und damit auch seiner Fürsorge anvertraut sind. Im Roman bekommt das vor allem Kronprinz Friedrich II. zu spüren. Der Vater liebt ihn, fördert ihn, fordert ihn. Der Sohn fühlt sich unverstanden und versteht seinerseits den Vater oft nicht, rebelliert – und bekommt dafür die Strenge des Vaters zu spüren. Das ist nun wieder nicht erfunden, sondern historisch verbürgt.

Verständlich, dass das spannungsreiche Verhältnis zwischen Friedrich Wilhelm I. und seinem Sohn Jochen Klepper sehr interessiert hat. Er hat sich persönlich darin wiedererkannt. Und so haben seine Enttäuschungen und Spannungen mit dem eigenen Vater, seine teils legitimen, teils aber auch unerfüllbaren Erwartungen an ihn ebenfalls Einzug in den Roman gehalten. »Wie hätte ich gedacht, dass meine Familien-Tragödie, fraglos ist sie das, jemals in einem preußischen Königsbuch münden würde?«, hat er schon im Oktober 1933 notiert, also in der allerersten Planungsphase. Da waren die Entfremdung vom eigenen Vater und der Bruch mit der Familie gerade erst erfolgt.

Das ideale Königtum, dem Jochen Kleppers Friedrich Wilhelm I. auf der Spur ist, das ist buchstäblich nicht von dieser Welt. Im Tagebuch findet sich am 9. Mai 1935 der Eintrag: »Ich denke an den König – und aus der Bibel strömen die Worte vom Königtum zu.«

Die innere Mitte des Buches ist eine Art religiöser Heerschau am Ende des ersten Kapitels im zweiten Band. Friedrich Wilhelm hat in seiner Residenzstadt Potsdam Kirchen für Christen aller Konfessionen errichten lassen. Selbst die zwanzig hünenhaften osmanischen Söldner, die ihm der Fürst von Kurland geschenkt hat, haben einen eigenen Betsaal. Und nun läuten am Tag der Kirchweih der Garnisonskirche zeitgleich in allen Gotteshäusern die Glocken, und die Türken singen ihr »Allah il Allah!«. Denn es ist »der Wunsch und das Gebet des Königs, dass Gott in Potsdam in allen Zungen und jedem Glauben der Erde zu der gleichen Stunde angebetet werde«. Nach Gottesdienstschluss versammeln sich all diese Gläubigen zu einem großen Korso und defilieren an der Garnisonskirche vorbei, wo der König jeden und jede einzeln mit Wohlwollen wahrnimmt und grüßt. Diese Szene steht symbolisch für Preußen at it's best. Für den toleranten, wohlgeordneten, maßvollen Staat unter Gott.

Jochen Klepper idealisiert das Königtum Friedrich Wilhelms I. und die Art, wie er seine Rolle ausgefüllt hat. Friedrich Wilhelms Idee von Staats- und Regierungskunst (wie Jochen Klepper sie begriffen hat) dient ihm als Maßstab für neuzeitliche Potentaten. Friedrich Wilhelms Gestaltungsdrang und die Zügel, die er sich dabei angelegt hat, das alles soll auch als Maßstab für Hitler, Mussolini und Franco gelten. Das Urteil aus der Vergangenheit über die Tyrannen der Gegenwart kann eigentlich nur vernichtend ausfallen: zu kurz gesprungen, nicht selbstlos genug, nicht Gott verantwortlich, nicht den Menschen gerecht werdend. Im

Roman steht dieses Urteil nur zwischen den Zeilen, aber in den Königsgedichten spricht Jochen Klepper ausdrücklich von den »frevelhaft vermessenen« Völkern, von törichten Königen, die »ein Reich des Glücks erzwingen« wollen und damit nur scheitern können.

Recht und Gnade

Angesichts der Aufrüstung Deutschlands und der unverhohlenen Vorbereitungen auf einen nächsten Waffengang hat Jochen Klepper einen Zug an Friedrich Wilhelm I. besonders gründlich herausgearbeitet: Der Mann trägt zwar zu Recht den Beinamen »Soldatenkönig«, aber er meidet den Krieg. Er hat seine Meriten als Heerführer, aber seine Soldaten sind ihm zu kostbar, als dass er sie verheizen würde. Er lässt seine Truppen exerzieren, er bewegt sie als Machtfaktor auf der politischen Landkarte, aber er sucht nicht den Kampf. Und wenn er ihn führen muss, dann führt er ihn ehrenhaft. Im einzigen Krieg seiner Amtszeit, dem »Großen Nordischen Krieg«, den er noch von seinem Vater geerbt hat, lässt er den geschlagenen schwedischen König bewusst entkommen: Er muss ihn nicht auch noch demütigen. Auf Provokationen geht er nicht ein, er hält die Füße still und provoziert selbst nicht. Nicht der Krieg liegt ihm am Herzen, sondern das Wohl und der Wohlstand seiner Landeskinder, auch seiner geliebten Soldaten. Und dieses Wohl kann er nur im Frieden garantieren, diesen Wohlstand nur im Frieden vermehren.

Dieser König verzehrt sich für sein Volk, trägt stoisch die Last der Verantwortung, trägt seinen Untertanen ihren zeitweiligen Unmut und ihr Murren nicht nach (er musste ihnen angesichts der drohenden Staatspleite ja auch viel zumuten), erträgt die Verdächtigungen und Missdeutungen seines Verhaltens, solange ihn zumindest der höchste, himmlische König über ihm versteht. Aber natürlich schmerzt es ihn, wenn er missverstanden wird, und besonders schmerzt ihn die innere Distanz zu seinem Ältesten, dem Kronprinzen Friedrich II.

Eine der stärksten Szenen von Jochen Kleppers Roman bildet den Auftakt des elften Kapitels, das entsprechend den Titel »Der Gott von Geldern« trägt. Jochen Klepper beschreibt eine Skulptur, eine Pieta, eine Beweinung Christi, die sein

Friedrich Wilhelm 1730 bei einem Besuch der lutherischen Heilig-Geist-Kirche in Geldern am Niederrhein entdeckt.[211] In diesem Fall beweint nicht Maria, sondern Gottvater seinen gemarterten und zerschlagenen Sohn. »Der unwandelbar heilige und ewige Gott, die Krone des Lebens und der Gerechtigkeit auf seinem Haupte, saß auf dem Stuhl, der wie ein Regenbogen anzusehen und in den Tiefen der Erde gegründet war. […] Im Schoße Gottes lag sein Sohn, und die Rechte Gottes hielt den Kopf des Menschensohnes mit der Dornenkrone.« Der König meditiert über dem Eindruck dieser Skulptur, noch lange, nachdem er die Kirche verlassen hat. Der »Gott von Geldern« verstört ihn, auch und gerade, weil er den Eindruck haben muss, dass sein eigener Sohn Friedrich an ihm Hochverrat begangen hat. Muss er ihn strafen? Darf er ihn schonen? Und wie passt da hinein das Bild des himmlischen Vaters und Königs der Könige, der um seinen unschuldig gemarterten Sohn trauert? –

Am Ende kommt der Kronprinz mit dem Leben davon, der König musste dem Gesetz trotzdem Geltung verschaffen, die verhängte Strafe ist hart (ein Todesurteil aus Staatsräson), und er darf nicht hoffen, dafür allgemeine Zustimmung zu ernten. Aber die Botschaft kommt an – der Kronprinz weiß, dass er dem Henker gerade so entkommen ist und dass er sich nicht hätte beschweren dürfen, wenn es auch ihn getroffen hätte.

Nicht Gnade vor Recht, aber erst recht kein gnadenloses Recht, sondern Recht *und* Gnade im engen Zusammenspiel – das macht diesen König aus, und damit wird »Der Vater« zum Lehrstück. Auch und gerade für die aktuellen Machthaber in Deutschland, die buchstäblich mit aller Gewalt den Traum von einem »Dritten Reich« verwirklichen. So ziemlich alles an Jochen Kleppers Idealbild eines Herrschers ist ihnen fremd und verhasst. Demut, gar Selbsterniedrigung? Skrupel, Gewissensbefragung, inneres Ringen? Achtung vor dem anders Gearteten und friderizianische Toleranz? Nichts davon zeichnet die nationalsozialistischen Herrenmenschen aus. Wenn Hitler sich am »Tag von Potsdam«[212] in eine Reihe mit den großen Preußenkönigen gestellt hat, dann war das eiskalte Berechnung und freche Anmaßung, keine wirkliche Identifikation.

Die »soldatische Lebensform«, die Jochen Klepper an der Romangestalt Friedrich Wilhelms so überzeugend herausgearbeitet hat, zeichnet sich aus durch

Mäßigung bis an den Rand der Askese, Verantwortungsgefühl bis an den Rand der Selbstverleugnung, Einsatzbereitschaft und Loyalität, aber niemals zur Durchsetzung verwerflicher Ziele. Es ist kein Zufall, dass »Der Vater« gerade in der Wehrmacht (so heißt die Reichswehr neuerdings) wohlwollend bis begeistert aufgenommen wird, vor allem im Offizierskorps. Dieses Destillat des Preußentums schmeckt vielen Offizieren, dazu bekennen sie sich gern. Strammen Nationalsozialisten dagegen ist »Der Vater« nicht heldisch genug, offenbart zu wenig Kampfgeist. Erst recht widerstreben ihnen die alttestamentlichen Worte, die jedem der fünfzehn Kapitel (so viele sind es schließlich geworden) vorangestellt sind.

Einen verborgenen, jedenfalls nicht sofort ersichtlichen Mangel hat Jochen Kleppers »Roman des Soldatenkönigs«: Es gibt keine echten Bösewichte in diesem Buch. Es wird munter intrigiert, geneidet und missgönnt, verachtet und befehdet, es wird tapfer gesündigt im Sinn von Luthers Forderung *pecca fortiter*. Aber wahrhaft todeswürdige Verbrechen, abscheuliche Gewalttaten, verworfene und bis ins Mark bösartige Kreaturen kennt die Welt des »Vaters« nicht. Die Schwarz-Weiß-Folie fehlt, ohne die kein Action-Thriller der Gegenwart auskommt. Das gnostische Denkmuster vom Endkampf, vom Bösen, das nicht nur besiegt, sondern restlos von der Erde getilgt werden muss, hat hier keinen Platz. Jochen Kleppers »Vater« kennt sich selbst zu gut. Sein Friedrich Wilhelm erlebt sich als einen zum Guten berufenen, aber zum Bösen fähigen, sündigen Menschen, der stets auf die Vergebung Gottes angewiesen ist. Entsprechend sind auch die unsympathischen Protagonisten des Buches, die erwiesenen Gegenspieler des Königs und die gewissenlosen Profiteure immer nur relativ böse. Zumindest im Urteil des Roman-Königs kommen sie milde davon.

Es mag durchaus sein, dass der historische Friedrich Wilhelm I. sich selbst und seine Mitmenschen so wahrgenommen hat, wie von Jochen Klepper geschildert. Vermutlich hat er sich auch deshalb so stark mit der Person des Königs identifizieren können. Noch in der Planungsphase hat er sich darüber Rechenschaft gegeben: »Ich Feind des Autobiographischen in der literarischen Produktion weiß natürlich im Geheimen recht genau, dass man im Stoff ja doch das Ich darstellt, im Stoff und Ich zusammen aber die Anrede Gottes, die man erfuhr.«[213] Und das

Umschlag der dtv-Ausgabe (Neuausgabe 2017)

gibt Anlass zu der Vermutung: Der blinde Fleck im Roman, die seltsame Unschärfe, was die Wahrnehmung und Beurteilung des Verwerflichen und Bösen angeht, ist nicht nur ein Problem der Hauptfigur des Romans, sondern auch eines des Autors. Er hat buchstäblich keinen Begriff vom diabolischen Ausmaß der Bosheit und Menschenverachtung des Regimes und seiner Protagonisten.

Bestseller

Erst einmal auf dem Markt, entfaltet das Buch eine ungeahnte Wirkung. Zunächst einmal wird »Der Vater« ein grandioser Verkaufserfolg. Die Tantiemen der DVA werden zur zuverlässigen Einnahmequelle, um nicht zu sagen: zur finanziellen Nabelschnur der Kleppers in den folgenden Jahren. 65 000 Exemplare werden noch zu Lebzeiten Jochen Kleppers gedruckt, 100 000 bis Kriegsende.

»Der Vater« ebnet Jochen Klepper Wege, schafft Sympathien, öffnet ihm Türen und verlängert die eine oder andere Galgenfrist. Das klingt positiv, wird sich freilich in mancher Hinsicht als ambivalent erweisen.

Nachdem der mörderische braune Spuk vorbei ist und Deutschland in Trümmern liegt, erlebt »Der Vater« noch zahlreiche Auflagen. Die DVA verkauft bis in die 90er-Jahre hinein insgesamt mehr als 300 000 Exemplare; auch als Taschenbuch geht »Der Vater« zigtausendfach über die Ladentheke, und Buchclubs tun das Ihre zur Verbreitung des Werkes. Auch heute noch ist »Der Vater« unbedingt lesenswert.

8. Aufrechter oder gebeugter Gang?

Welche Haltung hat Jochen Klepper dem Nationalsozialismus gegenüber eingenommen? Die Frage ist in den vergangenen Jahrzehnten immer wieder gestellt worden, dabei zielt sie von vornherein daneben. Als ob Jochen Klepper jemals frei hätte entscheiden können, wie er sich zu dieser Partei, dieser Bewegung, verhält. Umgekehrt wird ein Schuh daraus: Die NSDAP, ihre Gliederungen, ihre Vordenker und Funktionäre haben sich einem wie Jochen Klepper gegenüber von Anfang an ganz eindeutig verhalten. Eindeutig feindselig, ablehnend und ausgrenzend. Ehemann einer Jüdin, SPD-Mitgliedschaft, Theologe – das waren gleich drei Unvereinbarkeitskriterien, wobei man ihm den Theologen noch am ehesten nachgesehen hätte. Viele Theologen waren glühende Nationalsozialisten oder haben sich in den frühen 1930er-Jahren zu solchen entwickelt. Umso leichter, als der offene Antisemitismus der NSDAP in weiten kirchlichen Kreisen keinen Widerspruch, sondern Beifall gefunden hat. Das wiederum hat Jochen Kleppers Verhältnis zur Kirche, *seiner* Kirche, dauerhaft belastet. Gegen die Projektion der Heilserwartung auf Adolf Hitler, gegen die Überhöhung des »Führers« zum Messias war Jochen Klepper immun, schon deshalb, weil er seine Bibel auch als Ehemann einer Jüdin und Stiefvater zweier jüdischer Mädchen las. Eine Aussage wie »Das Heil kommt von den Juden« (Johannes 4,22) konnte er jedenfalls nicht überlesen, wegerklären oder gar völkisch umdeuten.

Jochen Klepper verfügte durchaus über Entschlusskraft und war in der Lage, sich seinen vielfältigen Befindlichkeitsstörungen zum Trotz immer wieder aufzuraffen und Phasen innerer Lähmung zu überwinden; davon zeugt sein über viele Jahre erstaunliches Arbeitspensum. Aber eine forsche Kämpfernatur war er deshalb trotzdem nicht. Seinen mutigsten Schritten, freilich auch vergleichsweise banalen Entscheidungen sind große Bedenken und Skrupel voraus- und nachgegangen. Stellt man seine Selbstzweifel und Versagensängste in Rechnung, das Gefühl, nicht zu genügen und den Lieben vieles schuldig zu bleiben, dazu die neurotischen Züge seines Wesens, dann wird klar: Zum Helden geboren war Jochen Klepper nicht.

Und das war ihm auch bewusst. Ausdrücklich sprach er schon im September 1932 von seinem Widerwillen »gegen ein freiwilliges Gesinnungsmartyrium, zumal ich keine Gesinnung habe, sondern nur einen Glauben, der mich überfällt«. Politische Vorgänge glaubte er nur unter ethischen Gesichtspunkten beurteilen zu dürfen.[214] Das ist durchaus ein brauchbarer Maßstab, wenn auch nicht alleine hinreichend. Gewaltverherrlichung und Kriegstreiberei, die Ausgrenzung und Drangsalierung von Juden, Sozialisten und anderen missliebigen Gruppen lässt sich ohne Weiteres als ethisch fragwürdig und verwerflich erkennen. Jochen Kleppers Opposition gegen den Nationalsozialismus macht sich aber genauso an der Geisteshaltung der Nationalsozialisten fest. Ihre ständige Siegespose ist ihm zuwider, ihre Vereinnahmung von Werten und Errungenschaften vergangener Generationen, ihre quasireligiöse Attitüde. Im Tagebuch kommentiert er die Anmaßung der neuen Machthaber oft nicht ausführlich, oft quittiert er ein entsprechendes Zitat nur mit (wie seine ganze Handschrift zierlichen, aber fett gemeinten) Ausrufezeichen.

LTI

Als Journalist, Schriftsteller und Theologe ist Jochen Klepper ein Mann des Wortes, sollte also sensibel sein für Sprache, für Sprachgebrauch ebenso wie für Sprachmissbrauch. Und das ist er in vielerlei Hinsicht auch. Die *Lingua Tertii Imperii (LTI)*, die »Sprache des Dritten Reiches«, die Victor Klemperer in seinem Dresdener Quasi-Hausarrest minutiös dokumentiert und analysiert hat, ist Jochen Klepper verhasst. Vokabeln wie »fanatisch«, »Strafexpedition«, »Staatsakt«, zusammengesetzte Hauptwörter wie »Gräuelpropaganda«, »Weltjudentum«, »Herrenrasse«, umgedeutete Begriffe wie »Schau« (im Sinn des englischen *show*), Adjektive wie »nordisch«, »rassisch«, »völkisch«, überhaupt alles, was im nationalsozialistischen Staat inflationär gebraucht wird – all das fehlt auffällig in Jochen Kleppers eigener Rede, in seinem eigenen Schreiben. Wenn er einen *LTI*-Begriff in den Mund nimmt, dann mit Sarkasmus. Er enthält sich völlig der Binnensprache der »Parteigenossen« (PG), ihrer Abkürzungswut und -flut. Es ist ja nicht seine Sprache, er ist ja eben nicht binnen, sondern steht außerhalb dieser Gesinnungs- und Sprachgemeinschaft.

Freilich ist Jochen Klepper vorrangig Anwender von Sprache und eben kein Sprachwissenschaftler wie Klemperer. Er ist zwar wachsam gegenüber der nationalsozialistischen Sprachverdrehung und Sprachverhunzung. Aber die totale propagandistische Gleichschaltung der Medien durch die Nationalsozialisten hat er nicht restlos durchschaut. Die Zeitungen, die im Dritten Reich noch erscheinen, liest er nicht analytisch, sondern mitunter fast gläubig, so scheint es.

Das wird vor allem an Tagebuchnotizen zu außenpolitischen Vorgängen deutlich. Jochen Klepper ist Abonnent der *Deutschen Allgemeinen Zeitung*, die sich als sehr konservatives Blatt zumindest einen Rest von redaktioneller Eigenständigkeit bewahren konnte. Aber natürlich wird auch die DAZ vom Propagandaministerium an ganz kurzer Leine geführt. Jochen Klepper hinterfragt die Berichterstattung nicht, weder auf ihre intendierte Absicht hin, noch fällt ihm auf, was auffällig fehlt an Themen, Stichworten, Hintergrund, Zusammenhang, Vorgeschichte. Manchmal ergänzt er intuitiv, was er dank seiner humanistischen Bildung und dank seines weiten Horizontes weiß. Er macht sich nicht bewusst, dass Dreiviertel der Deutschen diesen Horizont und diese Bildung nicht haben, dass sie von Goebbels' Propagandamaschinerie dumm gehalten und nach Belieben mit Halbwissen und Falschinformationen gespeist werden.

Für einen Intellektuellen bleibt Jochen Klepper lange Zeit erschreckend arglos, was die NS-Propaganda und ihre Ziele angeht. Erst die Sudetenkrise 1938 wird ihm die Augen öffnen für die offenkundige Tatsache: Hier zieht jemand zentral die Fäden der Berichterstattung und rührt ganz bewusst die Kriegstrommel.[215] Antijüdische und antikirchliche Propaganda hat er dagegen von Anfang an durchschaut. Im Nachlass Jochen Kleppers findet sich eine Sammlung von Zeitungsausschnitten zur NS-Rassenpolitik aus den Jahren 1935–39. In den Tagebüchern registriert er regelmäßig antijüdische Maßnahmen, ihre propagandistische Vor- und Nachbereitung durch Reden und Kommentare. Er sieht sich hineingenommen ins Schicksal der Juden. Jeder Schlag, der auf Hanni, ihre Töchter und ihre Verwandtschaft zielt, trifft auch ihn. Wo »Juden unerwünscht« steht, da ist auch er nicht willkommen. Nicht einmal in seiner Kirche – und das schmerzt ihn am meisten.

Leiden an der Kirche

Noch am 2. September 1933 hat er ins Tagebuch notiert: »Ich habe noch nie so viele und schöne Glocken gehört wie bei uns in Südende. Das half, rasch heimisch zu werden. Je mehr ich mich geistig als ein Emigrant im Vaterlande fühlen muss, desto heftiger und inständiger wünsche ich dieses Heimischwerden.« Nur drei Tage später hat die Evangelische Kirche der Altpreußischen Union den Arierparagrafen eingeführt mit dem unmissverständlichen »§ 1 Absatz 2: Wer nichtarischer Abstammung oder mit einer Person nichtarischer Abstammung verheiratet ist, darf nicht als Geistlicher oder Beamter der allgemeinen kirchlichen Verwaltung berufen werden.« Das war quasi die Exkommunikation getaufter evangelischer Christen jüdischer Abstammung, zunächst beschränkt auf kirchliche Amtsträger und ihre Angehörigen.

Und das war eine Hauptforderung im Programm der »Glaubensbewegung Deutsche Christen« (DC), jener NSDAP-nahen Kirchenpartei, die mittlerweile ein Drittel der evangelischen Pfarrerschaft hinter sich versammelte. Dank generalstabsmäßiger Organisation und ausdrücklicher Empfehlung durch Adolf Hitler konnten die »Deutschen Christen« bei den Kirchenwahlen im Juli 1933 fast überall im Reich etwa zwei Drittel der Presbyteriums- und Gemeinderatssitze erobern. DC-Leute dominieren inzwischen auch die Kirchenleitung von 24 der 29 evangelischen Landeskirchen.

Die »Deutschen Christen« erwarten das Heil eher von Hitler als von Jesus Christus; sie haben auch mit Nachdruck die Gründung einer zentralen, einheitlichen »Reichskirche« betrieben, die nach dem Führerprinzip organisiert ist und in der Christen jüdischer Herkunft keinen Platz haben.

Aber mit der Einführung des Arierparagrafen in der Kirche ist nach Überzeugung anfangs nur einiger, bald vieler evangelischer Theologen der *Status Confessionis* eingetreten, der Bekenntnisnotstand. Berliner Pfarrer haben bereits am 6. September 1933 den Pfarrernotbund gegründet, angeregt durch Dietrich Bonhoeffer, zu der Zeit Pfarrer der St. Matthäus-Gemeinde Tiergarten. Das Büro des Bundes wurde bei Pfarrer Martin Niemöller in Dahlem angesiedelt, keine fünf Kilometer Luftlinie von der Wohnung der Kleppers in Südende entfernt. Daseinszweck des Bundes war zunächst nur, die Aufhebung des Arierparagrafen zu erreichen und den jüdischstämmigen Pfarrern der Altpreußischen Union beizuspringen. Manchen – wirklich nur einzelnen – Theologen wie Bonhoeffer (übrigens auch Jochen Kleppers Lehrer Ernst Lohmeyer) ging es aber um weit mehr als das. Sie kämpften gegen die völkische Umdeutung des Evangeliums und die »Entjudung« der Bibel durch die »Deutschen Christen«. Innerhalb kürzester Zeit haben sich Tausende Pfarrer dem Bund angeschlossen, während den »Deutschen Christen« die Mitglieder davonliefen. Jochen Klepper konstatierte am 27. November 1933: »Die Kirchenspaltungen nach der mit politischen Mitteln gewaltsam herbeigeführten neuen Reformation, die Luther feiert und das Alte Testament und Paulus auslöschen oder modifizieren will, werden immer heftiger. Das ist ein gutes Zeichen. […] Noch ist das Wichtigste nicht durch Hektik und Fanatismus verloren.«

Ein halbes Jahr später auf der Bekenntnissynode von Barmen hat sich die »Bekennende Kirche« (BK) formiert und in der »Barmer Theologischen Erklärung« den Allmachtsanspruch des Staates und das Pseudo-Christentum der »Deutschen Christen« zurückgewiesen. Jochen Klepper hat das im Tagebuch mit den Worten kommentiert: »Um den Pfarrer-Notbund, der sich gegen die gewaltsame Revolutions-Reformation wehrt, gruppieren sich Theologenkreise mit erstaunlichem Mut. Sie wagen es trotz aller Drohungen gegen die ›Reaktion‹ sogar mit einer eigenen Zeitschrift ›Junge Kirche‹, die wir jetzt auch mithalten.«[216] Dass sein theologischer Mentor Rudolf Hermann die innerkirchliche Opposition unterstützte, hat ihn in seiner spontanen Sympathie für die BK noch bestärkt.

Jenseits von DC und BK

Die zweite Bekenntnissynode im Oktober 1934 ist praktisch völlig an Jochen Klepper vorbeigegangen. Von der Einsetzung des »Reichsbruderrates« als alternative Kirchenleitung und der faktischen Spaltung der evangelischen Kirche hat er wohl erst mit etwas Abstand zum Tod und zur Beerdigung seines Vaters richtig Notiz genommen. Von den »Deutschen Christen« ist er innerlich Lichtjahre entfernt (»Sie taufen im Namen des Volkes, sie reichen im Abendmahl das Brot als Leib der Erde und den Wein als Saft der Erde; sie verkünden das Johannesevangelium und setzen ›Volk‹ für ›Wort‹«).[217] Aber mit der Bekennenden Kirche ist er deshalb noch längst nicht in allen Punkten einig, bei aller Nähe in zentralen theologischen Fragen.

Und was Jochen Klepper von der BK so wenig wie von den DC erwarten kann, das ist Verständnis für seine familiäre Situation. Die Bekennende Kirche macht sich zwar für getaufte Juden und Christen jüdischer Abstammung stark, aber das ist bereits der kleinste gemeinsame Nenner. Die BK als Ganzes hat es peinlich vermieden, allgemein für die Juden Partei zu ergreifen oder gar antijüdische Maßnahmen oder Verordnungen des Staates zu kritisieren. Unter den leitenden Leuten der BK sind erklärte Antisemiten wie Otto Dibelius; auch ein Martin Niemöller ist nicht frei von völkischen Vorstellungen und antisemitischen Vorurteilen. Nicht wenige Mitglieder der BK gehören zugleich der NSDAP an und teilen ihre Ziele – auch das Ziel der restlosen »Arisierung« Deutschlands. Ein Dietrich Bonhoeffer ist innerhalb der Bekennenden Kirche anfangs ziemlich allein mit seiner Aussage »Wer nicht für die Juden schreit, darf nicht gregorianisch singen«.[218] Und noch weniger BK-Mitglieder würden seine Forderung unterschreiben, dass die Kirche nicht nur »die Opfer unter dem Rad verbinden«, sondern »dem Rad in die Speichen fallen« muss, falls der Staat »ein Zuviel oder ein Zuwenig an Ordnung und Recht« ausübt.[219]

So viel erwartet ein Jochen Klepper gar nicht von der Kirche – »seiner« Kirche. Er wäre schon zufrieden, wenn er unter der Kanzel das bekäme, was er von einem Gottesdienst und einer evangelischen Predigt erwartet: Bestätigung und Korrektur der eigenen Gedanken,[220] Zuspruch und Anspruch aus dem biblischen Wort heraus. Genau das hat er schon vor dem Aufkommen der DC, vor der Sammlung der BK schmerzlich vermisst, und das hat sich durch den Kirchenkampf nicht wesentlich geändert. Sein Mantra nach Gottesdienstbesuchen in den Jahren 1932, 33, 34 lautete: Wieder in der Predigt völlig leer ausgegangen – wieder nur Steine statt Brot erhalten. »Wie mir sonntags die Kirche fehlt, kann ich gar nicht sagen. Doch man kann sich nicht immer der gleichen Enttäuschung aussetzen«, hat er im Juni 1934 notiert. Und auch ein Dreivierteljahr später sah es noch nicht besser aus: »Mit der Kirche am Sonntag ist es wie mit der groß organisierten Winterhilfe und der Not: man braucht dringend einen Zentner Kartoffeln und bekommt ein Päckchen Pfefferkuchen. Was soll ich denn in der Kirche, wenn ich eine politisch schöne, anständige, mutige Geste für Exegese hinnehmen muss?«[221] Kein Wunder, dass Jochen Klepper in diesen Monaten lieber auf den Kirchenbesuch verzichtet und ersatzweise in Luthers Schriften gelesen hat.[222]

Überwindung

Wenn nötig dem Rad in die Speichen fallen, die Konfrontation mit dem Staat suchen – das liegt Jochen Klepper fern. Vom 13. Kapitel des Römerbriefes ausgehend, betrachtet er den Staat – auch den nationalsozialistischen Staat – als von Gott eingesetzte Autorität. Sein Leiden an diesem Staat und unter dessen Maßnahmen versucht er als geistliche Herausforderung zu begreifen, als Prüfung, an der sich sein Glaube bewähren muss und vor der er nicht fliehen darf. Ein Luther-Zitat weist ihm in dieser Frage den Weg: »Christus lässt das Übel still liegen, dass es den Menschen drücke, und nimmt es nicht hinweg; braucht aber eine andere Kunst und macht die Person anders, und *reißt die Person vom Übel, nicht das Übel von der Person.*«[223] In den Tagebüchern hält er sich diesen letzten Teil des Zitats wieder und wieder vor.

Ein wahres Wort, sicher, aber es verdammt ihn nicht zur Passivität. Auch Luther muss sich an den einschlägigen Stellen im Neuen Testament messen lassen, und da heißt es z. B.: »Meidet das Böse in jeder Gestalt« (1. Thessalonicher 5,22); »Hasst das Böse, hängt dem Guten an« (Römer 12,9); »Lass dich nicht vom Bösen überwinden, sondern überwinde das Böse mit Gutem« (Römer 12,21). Überwindung heißt eben nicht geduldig und ergeben den Kopf hinhalten. Überwindung wird

Jochen Klepper »mehr und mehr als ein Kernstück des Glaubenslebens« erscheinen: »Die Überwindung steht in feindseligstem Gegensatz zum Sich-Abfinden.«[224]

Folglich versucht sich Jochen Klepper eben nicht passiv zu verhalten. Er sucht seine Chancen, er verhandelt mit Behörden, versucht sich Freiräume zu erkämpfen und zu erhalten, auch um den Preis weiterer Demütigungen durch NS-Bürokraten. Natürlich ist er nicht begeistert über Gängelei und Willkür, natürlich quält es ihn, wenn er mit ansehen muss, wie seiner Frau und den Töchtern Schritt für Schritt alles verleidet, vergällt, verwehrt und schließlich verboten wird. Natürlich klagt er das Freunden, Briefpartnern und dem Tagebuch, natürlich trübt das seine Tage. Aber auch wenn der resignative, leidende Tonfall vieler seiner Tagebuchnotizen das Gegenteil suggeriert – Jochen Klepper gibt nicht auf. Im Gegenteil: Er plant für die Zukunft.

»Der Vater« ist noch nicht in Ansätzen fertig, da drängt sich ihm bereits unwiderstehlich das nächste große Thema auf: Katharina von Bora. Das Lutherische Pfarrhaus. »Das ewige Haus«.[225] Arbeit für Jahre. Und in der Warteschlange hinter diesem neuen Mammutprojekt reiht sich bereits der nächste Romanstoff mit einer prominenten Hauptfigur ein: Agnes, die Tochter Ottos des Großen und Äbtissin von Quedlinburg.[226]

Der Hausbau in Südende hat nicht nur einen unmittelbaren praktischen Nutzen; Jochen Klepper versteht ihn auch zeichenhaft. Die Familie ist gewillt, allen Zumutungen standzuhalten und in Deutschland auszuharren. Wer baut, will bleiben, hat nicht vor, allfälligem Druck zu weichen. Jochen Klepper sieht im Bauvorhaben eine Parallele zum Propheten Jeremia: Der musste im ausgehenden 7. Jahrhundert vor Christus angesichts der drohenden Einnahme Jerusalems durch die Babylonier für gutes Geld einen Acker kaufen (Jeremia 32). Er musste eine Investition in die Zukunft tätigen ohne jede Aussicht auf baldigen Ertrag, allein auf Gottes Versprechen hin, dass das Land und seine Wirtschaft eines fernen Tages wieder aufblühen würde. Das heißt in Jochen Kleppers Gegenwart übersetzt: Die Tyrannei (insbesondere die Verfolgung der Juden) kann nicht ewig dauern, da sei Gott vor. Eines Tages wird man wieder freiere Luft atmen und sich an die Öffentlichkeit trauen können. Einen Haken hat die Sache allerdings, und den kennt Jochen Klepper als bibelkundiger Theologe natürlich: Zwischen Jeremias Ackerkauf und der Erfüllung der damit verbundenen Verheißung lagen rund fünfzig Jahre. Der Prophet hat das selbst nicht mehr erlebt. Die innere Freiheit, den Hausbau zu wagen, gerade hier, in der Hauptstadt des Reiches, das inzwischen so fest gefügt scheint, hat nichts mit der Aussicht auf baldige Entlastung zu tun. Der Bau ist ein trotziges Zeichen.

Eine weitere bedeutungsvolle Geste: Jochen Klepper übernimmt im Mai 1937 die Patenschaft für Kurt und Eva-Juliane Meschkes drittes Kind, die Tochter Monika. Drei Jahre vorher, als Eva-Juliane Meschke mit ihrem Erstgeborenen Michael bei ihren Eltern in Berlin war, hat Jochen Klepper noch sehr mit der Enttäuschung gehadert, dass ihm selbst die leibliche Vaterschaft versagt blieb.[227] Der Schmerz ist inzwischen leidlich verwunden. Umso intensiver nimmt er nun am Leben der wachsenden Familie teil, speziell an der Entwicklung der Kinder. Das Pfarrhaus der Meschkes im westpommerschen Schillersdorf[228] liefert ihm außerdem Anschauungsmaterial für den geplanten Katharina-Bora-Roman.

Geistliches Zuhause

Jochen Kleppers Suche nach kirchlicher Beheimatung endet vorerst im benachbarten Stadtteil Mariendorf. Die Südender Kirche ist eine Filialgemeinde der evangelischen Kirche Mariendorf.[229] Eine seltsame Ironie liegt darin, dass die neu errichtete »Martin-Luther-Gedächtniskirche« in Mariendorf einer der ersten (und letzten) völkisch-nationalistischen Sakralbauten ist. Der Neubau ist zwar schon in den Zwanziger Jahren geplant worden, aber die Grundsteinlegung ist bereits unter den Vorzeichen des »nationalen Aufbruchs« erfolgt. Im Mai 1934 hat der Erste Pfarrer Franz Karl Rieger – nach eigenem Bekunden kein DC-Mann! – beim Richtfest erklärt, man habe »mit dem Kirchenbau auch die freudige Mitarbeit am neuen Staatsbau bekunden« wollen. Im Anschluss an die Festansprache sang die »in treuer Arbeits-, Glaubens- und Volksgemeinschaft vereinte Gemeinde« die Nationalhymne und das »Horst-Wessel-Lied« (!) – so stand es anschließend im *Berliner Lokal-Anzeiger* zu lesen.[230]

Der Tonfall des Artikels passt zur äußeren Wirkung des neu errichteten Gebäudes (Gotteshaus mag man diese Trutzburg mit Wehrturm eigentlich nicht nennen). Der Innenraum der Kirche ist entsprechend gestaltet. Über dem Altar hängt kein Schmerzensmann am Kreuz, sondern schwebt ein heldisch-nordischer Kraftprotz, ein sehniger, durchtrainierter Christus in Siegerpose. Im Schnitzwerk an der Kanzel und am Tauftisch finden sich wehrhafte deutsche Männer in Uniform und züchtige deutsche Frauen. Beim Eintritt in die Vorhalle durchs Hauptportal schaut einen von der einen Seite fest bis grimmig der vormalige Reichspräsident Paul von Hindenburg an – von der anderen der »Führer«. Der Triumphbogen über dem Altarraum ist mit mehr als 800 Terrakottakacheln verziert, die bunt gemischt christliche, völkische, germanische, heidnische Symbole tragen: Christusmonogramm, Reichsadler, Dornenkrone, SA-Mann, Lutherrose, Faust mit dem Hammer, Abendmahlskelch, Putte mit Panflöte – und immer wieder das Hakenkreuz. Jochen Kleppers Eindruck bei seinem ersten Besuch der Kirche im Januar 1936: »Ein Hallenschwimmbad mit einer Kino-Orgel […] Und wenn sie die ganze Geschichte verfälschen: diese gottlosen Kirchen werden eindeutige Dokumente sein.«

Die dritte Pfarrstelle für die Gemeinde Südende ist ausdrücklich für einen DC-Pfarrer ausgeschrieben worden. So hat Jochen Klepper (und immer öfter auch Hanni und die Mädchen, insbesondere Renate) bald die Wahl zwischen Pest oder Cholera: Ein glühender Nationalsozialist auf der Kanzel – oder ein nationalsozialistisches Bauwerk, aber eine ordentliche Predigt? Dann doch lieber Letzteres. Der zweite Mariendorfer Pfarrer Max Kurzreiter ist ganz in Ordnung (»So gut und so schroff«, meint Renate); der Besuch seiner Gottesdienste lohnt sich, findet auch der so oft enttäuschte Jochen Klepper.[231] Und man muss sich dazu nicht immer der zweifelhaften NS-Baukunst aussetzen; Kurzreiter predigt auch in der alten Mariendorfer Dorfkirche.

Nachbarschaft der Mächtigen

Südende ist nicht irgendeine Wohngegend im Berlin der 1930er-Jahre; es ist ein gesuchtes Wohnquartier. Neben vergleichsweise wenigen Alteingesessenen leben hier viele Intellektuelle, mittlere und höhere Beamte, Leute aus dem Kulturbetrieb. Und Funktionäre der NSDAP und ihrer Organisationen. Es war bereits die Rede von Admiral Canaris und seiner Familie, mit der die Kleppers einige Monate Tür an Tür lebten – offenbar ohne dass es zu wirklicher Bekanntschaft gekommen ist. Nachweislich aber pflegt Canaris die Nachbarschaft zu Reinhard Heydrich, SS-Gruppenführer und Leiter des spätestens seit der »Nacht der langen Messer« berüchtigten SS-eigenen »Sicherheitsdienstes« (SD). Heydrich wohnt ein paar Häuser weiter in der Doellestraße. Im Dienst sind die beiden Männer erbitterte Rivalen, aber in der Freizeit musiziert Heydrich ganz gern mit Erika Canaris (er spielt Geige), während der Abwehrchef am heimischen Herd seine Kochkünste unter Beweis stellt. Zwei Vertreter des Regimes, davon zumindest einer (Heydrich) Repräsentant der gewalttätigsten und rücksichtslosesten Gliederungen dieses Regimes in nächster Nachbarschaft – aber zumindest hier in Südende umgibt sie kein Schrecken, hier gehorchen sie den gutbürgerlichen Konventionen und pflegen eine täuschende idyllische Friedlichkeit. Wo man singt, da lass dich ruhig nieder? Einer wie Reinhard Heydrich lässt an diesem Diktum zweifeln. Es gibt durchaus böse Menschen, die Lieder haben (und Musikalität und Kunstsinn). Jochen Klepper hat leider keine Sensoren für die Ambivalenz derartiger Jekyll-und-Hide-Naturen. Mitunter lässt er sich von anerzogener Höflichkeit und Wahrung der Form täuschen. Und nicht immer ist Hanni zur Stelle – die ist in dieser Hinsicht sensibler, hat ein empfindliches Organ für Doppelzüngigkeit und ungute Schwingungen, aber auch für das Gegenteil, für Herzensgüte und Aufrichtigkeit.

Das neue Haus ist für die Kleppers eine Art Fluchtburg und gleichzeitig ihre Eingangspforte in die Gesellschaft. Sie pflegen nur wenig gesellschaftlichen Umgang, einmal abgesehen vom Besuch von Konzerten und ganz gelegentlich Theateraufführungen. Zu Hause in der Karlstraße empfangen sie dafür regelmäßig Gäste. Manchmal gehen Freunde, gute Bekannte, Standeskollegen in solcher Frequenz ein und aus, dass es den nervlich wie körperlich angeschlagenen Eheleuten schon fast wieder zu viel wird. Hanni Klepper hat während der schweren Geburt des Friedrich-Wilhelm-Romans noch tapfer durchgehalten. Ein Aufenthalt bei ihrer Nürnberger Verwandtschaft im Februar 1937 sollte ihr eigentlich Erholung bringen. Aber kurz darauf bekommt sie rheumatische Beschwerden in beiden Armen, ist buchstäblich gelähmt (ein klassisches psychosomatisches Krankheitsbild), schleppt sich von einem Spezialisten zum anderen. Und Jochen

Klepper? Der plagt sich eigentlich permanent mit seinem alten Leiden herum – Schlaflosigkeit und Erschöpfungserscheinungen, und wenn er mal Ruhe findet, dann wird er von Angstträumen heimgesucht.

Freunde

Trotzdem oder gerade deswegen zehren Hanni und er von den Freundschaften, die sie pflegen. Es ist eine überschaubare Zahl von wirklich herzlichen, innigen Verbindungen: Am persönlichsten und engsten ist noch die Freundschaft mit den Meschkes; daran haben alle Familienmitglieder Anteil, auch Brigitte und Renate. Diese Freundschaft ist wirklich strapazierfähig, sie verträgt es sogar, dass Jochen Klepper einmal die Fassung verliert und ausfällig wird. In jeder anderen Beziehung hat er sich fast zwanghaft unter Kontrolle. Einzig im Umgang mit Juliane und Kurt Meschke erlaubt er es sich unwillkürlich, Schwäche, Wut, bittere Enttäuschung zu zeigen. Die engsten Freunde – und nur sie – kennen an Jochen Klepper »gewisse untergründige Spannungen, die auch zu seiner eigenen Natur gehörten [...] Plötzliche Umschläge aus anderen Schichten seines Temperamentes, unberechenbare Ausbrüche elementarer Kräfte«.[232] Die Meschkes können das einordnen und nehmen es ihm nicht übel, weil sie wissen: er leidet selbst am meisten darunter, und gewöhnlich ist er der sanftmütigste Mensch – ein Muster der Selbstbeherrschung.

Daneben gib es eine pflegeleichte Freundschaft der Kleppers mit Werner und Toni Milch. Der jüdische Literaturhistoriker und seine Frau kommen aus Hannis Bekanntenkreis und leben seit der »Arisierung« der Breslauer Universität und der »Schlesischen Funkstunde«, wo Werner Milch zuletzt angestellt war, im Riesengebirge im Luftkurort Wolfshau.[233] Judenfeindliche Maßnahmen bekommt die Familie Milch zumeist noch eher zu spüren als die in »privilegierter Ehe« (*LTI*!) lebende Hanni mit ihren Töchtern. Die gleichermaßen erlittenen Zumutungen schweißen die beiden Familien in Solidarität zusammen, man nimmt Anteil am Schicksal der jeweils anderen. Die Freundschaft mit Rosi und Martin Darge, mit Edith und Hans Nowak läuft auf kleinerer Flamme als die mit dem Ehepaar Milch, hält aber aus denselben Gründen den stärksten Anfechtungen stand.

Die tiefste und respektvollste Männerfreundschaft, das größte innere Einverständnis verbindet Jochen Klepper mit Reinhold Schneider. Umso größer ist der Schmerz, als Schneider nach einem Aufenthalt in Rom zu erkennen gibt, dass er Potsdam und die Hauptstadt nicht mehr erträgt. Er will in den Schwarzwald übersiedeln. Die Kleppers versuchen ihm den Abschied leicht zu machen, geben ihm zur Ausstattung seiner Einsiedelei ein paar wertvolle Stilmöbel mit. Der enge Briefkontakt bleibt, aber das ist nicht mehr dasselbe wie der persönliche, mündliche Austausch unter vier Augen oder im Beisein von Hanni, die wohl bei manchem Gespräch als Katalysatorin gedient hat. Der Draht zu Kurt Ihlenfeld wird im Gegenzug noch ein wenig besser, verständnisvoller, aber nie so innig und persönlich wie die Beziehung zu Schneider. Auch das Verhältnis zu Harald Braun, dem Vorgesetzten im Berliner Rundfunk und Vorläufer Ihlenfelds beim *Eckart*, ist zwar »wärmer und enger denn je«,[234] hat seine eigene Qualität, kommt aber nicht an den Gleichklang und das tiefe geistige Einverständnis mit Schneider heran.

Dafür springt ein anderer in die Bresche: Harald von Koenigswald, ein Literat und Preuße durch und durch, Jahrgang 1906. Jochen Klepper kennt ihn aus seiner Tätigkeit für den Berliner Rundfunk (»neben und nach Reinhold Schneider der einzige, der sich mir aus meiner Funkzeit eingeprägt hatte«[235]). Auf die Veröffentlichung des »Vaters« hin hat Harald von Koenigswald den Kontakt zu Jochen Klepper wieder aufgefrischt und das Seine zur Verbreitung des Buches beigetragen. Er lebt mit seiner ebenfalls adligen Frau in Bornim bei Potsdam, ist also auch physisch in Reichweite. Das Paar hat »drei bezaubernde Kinder«[236] – Bewunderung, ein wenig Neid, ein wenig Schmerz klingt aus dem Tagebucheintrag nach Jochen Kleppers erstem Besuch in Bornim. Harald von Koenigswald wird einer seiner wenigen Duzfreunde. Man nimmt Anteil am Ergehen der Familie des anderen und versteht sich auf vielen, wenngleich nicht auf allen Gebieten (Jochen Kleppers tiefe, schriftbezogene Frömmigkeit teilt von Koenigswald nicht). Der blaublütige Preuße ist eher Chronist des Adels als bekennender Monarchist. Auch darin trifft er sich mit Jochen Klepper.

Einsam wird es um das Ehepaar Klepper also nicht, es gibt immer Weggefährten, die mitfiebern und -bangen, die sich für die Kleppers verwenden, für sie bürgen, ihren Weg aufmerksam verfolgen und begleiten. Es gibt Hanni Kleppers

Freundeskreis in Breslau (Bea Westheim, Ilse Freund), zu dem sie telefonisch und brieflich Kontakt pflegt. Es gibt den Schriftsteller Gerhart Pohl, einen gemeinsamen Bekannten mit Milchs, der in deren direkter Nachbarschaft in Wolfshau lebt und mit Jochen Klepper das Schicksal des stigmatisierten Autors teilt. Es gibt Leute wie Harald Poelchau, die sich in regelmäßigen Abständen melden und erkundigen, Es gibt freilich Phasen, da verordnen sich die Kleppers selbst den Rückzug ins Eremitendasein. Da ertragen sie keine anderen Menschen um sich. Sie verzichten dankend oder bedauernd auf Gesellschaft. Die Anlässe für derartige Phasen der Entsagung häufen sich, seit die Nürnberger Rassegesetze verkündet worden sind. Die wirklich bedeutsamen Beziehungen und Freundschaften überleben auch solche Zeiten der Funkstille und Konzentration auf das Wesentlichste – die Ehe, die Kinder, das Haus, das jeweils nächste Buch.

Der Revers

Jochen Kleppers Mitgliedschaft in der Reichsschrifttumskammer war eigentlich nur Mittel zum Zweck der Ausübung seiner schriftstellerischen Tätigkeit, aber sie hatte einen – ideellen – Preis: Jochen Klepper musste den Loyalitätsrevers des »Reichsverbandes Deutscher Schriftsteller« unterschreiben und erklärte sich damit »vorbehaltlos bereit, jederzeit für das deutsche Schrifttum im Sinne der nationalen Regierung einzutreten und den Anordnungen des Reichsführers R. D. S. in allen den R. D. S. betreffenden Angelegenheiten Folge zu leisten«. Sprich: Er musste sich der Willkür des Regimes unterwerfen, wenn er in Zukunft überhaupt noch irgendetwas publizieren wollte. Eine Garantie, dass man dann auch publizieren darf, war das noch lange nicht, wie das Schicksal Erich Kästners, Theodor Heuss' und Elisabeth Langgässers zeigt.

Jochen Klepper hat die Unterschrift geleistet, und das war, wie er im Tagebuch vermerkt hat, »keine Phrase. Das Volk, dessen Sprache ich schreibe, gehört auf Gedeih und Verderb, wie man immer sagt, in mein Leben und in mein Wesen. Auch wenn es in großer Geschlossenheit Wege geht, die für einen selbst nicht beschreitbar sind«.[237] Unterschrift mit Vorbehalt. Seine Loyalität zum »Reichsführer R. D. S.« wird freilich nie eingefordert. Kaum dass »Der Vater« erschienen ist und den Weg in die Auslagen der Buchhändler gefunden hat, zweifelt die Reichsschrifttumskammer an, dass Jochen Klepper der Mitgliedschaft würdig ist. Anfang März schickt ihm die Kammer einen vierseitigen »politisch-rassischen« Fragebogen zu. Er füllt ihn wahrheitsgemäß und vollständig aus, sein gesamtes Vorleben und seine familiären Verhältnisse sind ja ohnehin aktenkundig. Am 27. März 1937 – Karsamstag, wie passend! – erhält er per Einschreiben die schon länger erwartete Nachricht vom Ausschluss, datiert vom 25. März. Begründung: »... da Sie nicht geeignet sind, durch schriftstellerische Veröffentlichungen auf die geistige und kulturelle Entwicklung der Nation Einfluss zu nehmen.« Und damit auch kein Zweifel bleibt, was der »Eignung« entgegensteht, enthält das Schreiben links neben der Grußformel und Unterschrift die maschinengetippte »Bemerkung: *Ehefrau ist Jüdin.*« – Das Etikett »jüdisch versippt« (*LTI*!) erspart Jochen Klepper und Schriftstellern in vergleichbarer Situation wenigstens eines: Von ihnen wird niemand eine poetische Huldigung an das Regime erwarten, niemand bestellt bei ihnen ein Geburtstagsgedicht auf den »Führer«, wie es beispielsweise ihrer renommierten Kollegin Gertrud von le Fort widerfährt (sie lehnt ab und wird dafür von den NS-Kulturbehörden geächtet).

Im Visier

Von Reinhold Schneider hat Jochen Klepper Gelassenheit im Hinblick auf die Reichsschrifttumskammer gelernt. Das bei jeder Kleinigkeit erforderliche Ringen um eine Abdruckerlaubnis, all die Einschränkungen und Erschwernisse der schriftstellerischen Arbeit bis hin zum Publikationsverbot – das adelt die betroffenen Schriftsteller mehr, als es ein großzügiges Entgegenkommen der Kammer tun würde. »Verschwiegen zu werden ist heute das Beste, was einem widerfahren kann«, ist Jochen Klepper schon 1934 klar geworden.[238] Trotzdem bemüht er sich in den folgenden Monaten mit aller Kraft um eine Ausnahmegenehmigung. Er bittet persönliche Freunde wie die Meschkes und Reinhold Schneider, ihre Verbindungen zu nutzen (jede wohlwollende, ja selbst jede kritische Würdigung des neuen Buches, jede Erwähnung des »Vaters« in welchem Zusammenhang auch immer kann sich als hilfreich erweisen). Er mobilisiert Kurt Ihlenfeld und Harald Braun, der mittlerweile ins Filmfach gewechselt ist (anders als die Literatur genießt der Film die großzügige Förderung von Goebbels' Propagandaministerium.) Auch die DVA legt sich für ihren Autor ins Zeug und lässt ihre Beziehungen spielen, im eigenen Interesse. Jochen Kleppers Beschwerde gegen den Bescheid der Kammer hat aufschiebende Wirkung, er darf also vorerst weiter publizieren. Das teilt man ihm aber erst Anfang Juni mit, so lange bleibt er darüber im Ungewissen.[239]

Die Personalie Klepper beschäftigt im Frühjahr und Sommer 1937 eine ganze Reihe von Behörden und Dienststellen, eine Heerschar von Beamten, Zuträgern, Beratern, Sachbearbeitern und Stenotypistinnen des Regimes. Es passt auf keine Kuhhaut, wer da alles mit dem Berufsverbot bzw. der Publikationserlaubnis für Jochen Klepper befasst ist: Die Reichsschrifttumskammer, als da wären die Abteilungen I und III, das Referat IIC (»Soziale Betreuung«) und IID (»Schriftstellerkartei, Personalkartei, Pseudonymkartei, Kartei der Sondergenehmigungen«). Der Präsident der Reichskulturkammer Hans Hinkel und verschiedene Subalterne. Die Reichsschrifttumsstelle, ein bloßes Anhängsel der Abteilung VIII des Propagandaministeriums. Die Geheime Staatspolizei (in dem Zusammenhang taucht erstmals die Anschrift Prinz-Albrecht-Straße 8 auf, Sitz des Gestapo-Amtes). Selbst die Staatsanwaltschaft Glogau wird behelligt wegen eines Strafregisterauszuges.

Metzner, Linhard, Theile, Wolter, Klein, Diehl, Loebell, Ihde, Johst – hinter diesen Namen verbergen sich teils brave, dienstbeflissene Beamte, teils eitle Karrieristen, teils »Märzgefallene«, die weniger aus Überzeugung, eher aus Nützlichkeitserwägungen nach der »Machtergreifung« der NSDAP beigetreten sind. Kleinere und größere Rädchen im Apparat der Kulturbürokratie, der gegenüber den Weimarer Verhältnissen vor allem zu einem Zweck enorm aufgebläht worden ist: um zu kontrollieren und auf Linie zu bringen. Weniger um zu ermöglichen, als vielmehr um zu erschweren. Das gelingt den diversen Dienststellen auch deshalb gut, weil sie untereinander konkurrieren und sich gegenseitig an Linientreue und Übererfüllung ihrer politischen Vorgaben zu übertrumpfen versuchen. Außerdem vertreten sie einander widerstreitende Interessen. Den einen erscheint es eher opportun und im nationalen Interesse, einen wie Jochen Klepper weiter seine Arbeit machen zu lassen, vor allem, wenn so etwas dabei herauskommt wie

»Der Vater«. Die anderen setzen den Schwerpunkt anders, halten *nur* den »Vater« für literarisch wertvoll.[240] Ansonsten berufen sie sich auf Gutachten, wonach der »Kahn der fröhlichen Leute« »untragbar für die Jetztzeit« ist und einem vor dem Machtwechsel modischen »System-Marxismus« huldigt.[241] Deshalb senken sie den Daumen.

Janusköpfig

Aktuell geht es ja um den »Vater«, und der entfaltet im Hinblick auf das nationalsozialistische Regime in Deutschland eine zwiespältige Wirkung. Das Buch findet viel Anklang und kaum Widerspruch, wird bis in die höchsten Kreise von Partei und Regierungsapparat gern gelesen, taugt offenbar auch als Geschenk für stramme Militärs und linientreue Politiker wie den Reichsinnenminister Wilhelm Frick. In charakterlich einwandfreien, dem Nationalsozialismus gegenüber reservierten Offizieren, Soldaten, Entscheidungsträgern stärkt das Buch den Glauben an das Gute. Es verhindert oder verzögert zumindest die Desillusionierung und die Einsicht in die wahren, verbrecherischen Absichten des Regimes. Insofern hat »Der Vater« das Regime in gewisser Hinsicht stabilisiert und, wie vom Propagandaministerium erhofft, die »nationale Sache« befördert. Noch vier Jahre später während des Balkan- und Russlandfeldzuges wird Jochen Klepper auf Soldaten und Offiziere treffen, die an dem Roman ihr soldatisches Selbstverständnis geschärft haben und vielleicht auch deshalb fest der Überzeugung sind, dass sie eine ehrenhafte Sache vertreten. Selbst wo Zweifel an der Ehrenhaftigkeit der Kriegsziele keimen, da wollen diese Soldaten wenigstens an und für sich ehrenhaft bleiben.

Vielen anderen Lesern öffnet das Buch die Augen für den diabolischen Charakter des Regimes; viele schärfen an diesem Roman ihren Blick für die Vermessenheit des Anspruchs der Nationalsozialisten, legitime Erben der großen Preußenkönige zu sein. Viele hören den Tenor des Buches: Herrschen und Handeln in Verantwortung vor Gott, und nur so! Insofern hat das Buch wie schon »Der Kahn der fröhlichen Leute« durchaus eine subversive Dimension. Aber die Systemkritik ist hier eben nicht so offensichtlich wie in den »aufklärerisch-didaktischen«[242] Werken, die deutsche Literaten im Exil geschaffen haben. Die »Kritik, nicht Verherrlichung des Heutigen«[243] ist so gut chiffriert, dass die Aufpasser und Zensoren die Subversion nur wittern, aber den Code nicht knacken können. Und wenn sie solche Mühe haben, etwas Zweifelhaftes an dem Roman zu entdecken, dann kann die Gefahr für das System nicht gar so groß sein. Andererseits: Wer durch Bibelkenntnis oder durch eine positive Identifikation mit Preußen oder beides gewissermaßen schon initiiert ist, dem kann bei der Lektüre des »Vaters« ein Licht aufgehen.

Getäuscht

Jochen Kleppers Erfahrungen mit den Behörden und Dienststellen haben eine sachliche Dimension (Schreiberlaubnis ja oder nein). Daneben aber auch eine emotionale Dimension (eine Achterbahnfahrt mit ganz vereinzelten kurzen Glücksmomenten und unverhältnismäßig vielen niederschmetternden, beängstigenden Eindrücken). Und, nicht zu vernachlässigen: eine personale Dimension. Seine Gegenüber, die Beamten und Funktionäre der Reichsschrifttumskammer und des Propagandaministeriums, sind keine gesichtslosen Automaten, sondern Menschen. Manche sind arrogant, manche verschanzen sich hinter ihren Schreibtischen, manche lassen Jochen Klepper ihre Macht spüren, so begrenzt sie sein mag, und kosten dieses Gefühl aus. Er begegnet bei den Amtsterminen, zu denen er bestellt wird, aber auch jovialen Naturen und Leuten von einem gewissen charakterlichen Format, die sich verständnisvoll bis fürsorglich geben. Den Apparat, die Behörde, erlebt Jochen Klepper als seelen- und gefühllos. Einzelne seiner Ansprechpartner aber konterkarieren diesen Eindruck. Und der gehetzte, um seine berufliche Existenz und um seine Familie besorgte Autor spricht auf jeden Funken Menschlichkeit an.

Da ist Alfred Richard Meyer (*1882): ein versierter und origineller Lyriker und Erzähler, den schönen Seiten des Lebens zugewandt, kein fanatischer Nazi. Rätselhaft, wie ein solcher Mann als Sachbearbeiter in der Reichsschrifttumskammer landen konnte. Jochen Klepper kennt ihn unter seinem Pseudonym »Munkepunke« aus der Berliner Funk-Stunden-Zeit; Meyer dagegen scheint sich nicht an ihn zu erinnern. Jochen Klepper gegenüber legt Meyer bei den persönlichen Treffen in der Kammer und bei Telefonaten ein väterlich-erzieherisches Verhalten an den Tag. Er gibt Bedauern vor, erteilt gute Ratschläge. Besorgtes Stirnrunzeln. Schonung, Fristverlängerung, gnädig gewährte kleine Freiheiten im Tausch gegen Wohlverhalten. Bürokratische Akte, hinter einer Maske von Verbindlichkeit und guten Umgangsformen getarnt. Jochen Klepper ist noch dankbar dafür, empfindet das Selbstverständliche als unverdiente Zuwendung. Schon nach dem ersten Treffen mit Meyer registriert er im Tagebuch ausdrücklich die »maßvolle, Vertrauen erweckende Atmosphäre«. Weiter: »Gemäß meinen Vereinbarungen mit A. R. Meyer habe ich sogleich nach meiner Heimkehr alle meine überblickbaren Pläne der Kammer angegeben; da ist klar genug zu ersehen, was von mir zu erwarten ist. Ich unterwerfe mich da jeder Kontrolle.« Von wegen Meyer will ihm Brücken bauen: Der »Munkepunke« hält sich sklavisch an den Dienstweg. Keine Spur von besonderem Wohlwollen. Eher unbeabsichtigt verschafft Meyer Jochen Klepper eine trügerische Erleichterung, wiegt ihn in falscher Sicherheit, wie man dem zugehörigen Tagebucheintrag entnehmen kann. »Nicht meine Ehe, nicht meine politische Vergangenheit standen zur Diskussion«, ist Jochen Kleppers Eindruck. »Hanni hatte ich zwischen Kammer und DVA angerufen. Als ich heimkam, war so rührend ihre Äußerung: ›Ich bin also nicht mehr der Grund.‹«[244] Wenn Jochen Klepper wüsste, dass A. R. Meyer einen großen Teil der monatelangen Gängeleien und Verzögerungen zu verantworten hat, wer weiß, ob er auch dann noch Hochachtung vor und Dankbarkeit für Meyer empfinden könnte. So aber wird er auch im Rückblick noch von der »schönen Zeit des so leichten Zusammenarbeitens« mit »seinem« Referenten in der Reichsschrifttumskammer sprechen.[245]

Zwischenzeitlich ist die Causa Klepper ein Fall fürs Propagandaministerium geworden und hängt damit eine Etage höher. Dafür hat Jochen Klepper selbst gesorgt. In einem Brief an Propagandaminister Joseph Goebbels hat er seinen Fall geschildert, die Behinderungen und Verzögerungen seitens der Kammer beklagt und Goebbels um Intervention gebeten. So weit, so harmlos. Sein persönlicher Sündenfall – jedenfalls empfindet er es so – ist der »Deutsche Gruß«. Den hat er bisher peinlich vermieden. Aber hier hat er ihn auf Anraten seiner im Kulturapparat verbliebenen Gewährsleute widerwillig benutzt. »Den Brief an Goebbels musste ich mit ›Heil Hitler‹ unterzeichnen. Ich habe nun das Letzte auf mich genommen«, hat er ins Tagebuch notiert.[246]

Der Brief entwickelt die erhoffte Wirkung, die Gängelei durch die Reichsschrifttums- und Reichskulturkammer endet binnen weniger Wochen. Und der »Deutsche Gruß«? Der kostet beim zweiten, dritten, vierten Mal keine so große Überwindung mehr. Jochen Klepper verwendet ihn weiter ausschließlich in Schreiben an Dienststellen und Ministeriale. Wenn's nur hilft, Unbill von der Familie abzuwenden, die berufliche Existenz und das Auskommen zu sichern.

Ein weißer Rabe und seine Wirkung

Jochen Kleppers Ansprechpartner im Ministerium wird Dr. Hugo Koch, Jahrgang 1911. Der hessische Germanist und Studienassessor ist 1936 vom Schuldienst zum Propagandaministerium abgeordnet worden und seitdem im Hauptreferat I zuständig für das Referat 2 (Deutsche Nationalbibliographie und »Buchverbotswesen« – da schrillt schon wieder der LTI-Alarm!). Koch verhält sich ihm gegenüber korrekt, signalisiert ihm von Anfang an »große Wärme und wirkliches Interesse«,[247] gibt auch manches von sich persönlich preis und erweist ihm Respekt.[248] Anders als bei A. R. Meyer täuscht sich Jochen Klepper also nicht, wenn er Hugo Koch zu den »Anständigen und Hilfsbereiten« zählt. Aber ist der verständnisvolle Herr Koch wirklich das Beste, was ihm passieren kann?

Zweifellos stärkt Koch Jochen Kleppers Vertrauen auf so etwas wie Inseln der Rechtstreue, des Anstands, der Korrektheit. In den ersten Jahren der Diktatur konnte man darauf tatsächlich noch hoffen. Da gab es in deutschen Behörden neben Duckmäusertum und willfähriger Einordnung ins NS-System durchaus noch Ehrgefühl und Rechtssinn. Es gab selbst in der gleichgeschalteten Justiz noch aufrechte Beamte, die der Aushöhlung und Beugung des Rechts nicht die Hand reichten. Das gilt vor allem für die Zivilkammern. Aber der Spielraum der Aufrechten schwindet. Und perfiderweise ist der nationalsozialistische Staat inzwischen gar nicht mehr darauf angewiesen, das Recht zu brechen. Er erlässt Gesetze, die zwar natürlichem Rechtsempfinden Hohn sprechen. Aber formaljuristisch sind antijüdische Verordnungen und Maßnahmen, die Verfügung von

»Schutzhaft« für Kommunisten und Sozialisten, ja selbst das Gesetz »zur Verhütung erbkranken Nachwuchses« mit seiner menschenverachtenden Wirkung (135 000 Zwangssterilisationen allein in den Jahren 1934/35) nicht anfechtbar. Die schiere Bosheit tarnt sich mit dem Mantel der Legalität.

Ein Ehrenmann wie Hugo Koch nährt die Illusion, das Regime und seine Politik sei jedenfalls nicht nur schlecht oder kritikwürdig. »Selten habe ich mich zu einem Menschen so hingezogen gefühlt wie nun gerade zu dem, der mich politisch überwacht«, notiert Jochen Klepper ins Tagebuch.[249] Koch gegenüber entwickelt er regelrecht Schuldgefühle, gibt sich in der Folge mehr als nur korrekt, neigt zur Übererfüllung behördlicher Auflagen und überschreitet bisweilen die Grenze zur Unterwürfigkeit. Auch angesichts der bedenklichsten Nachrichten über neue Zumutungen an die Juden und an die Kirchen zwingt er sich, immer nach der anderen Seite der Medaille zu suchen. Er wird sich und anderen vorhalten, man müsse dankbar sein für das bzw. angesichts dessen, »was noch möglich ist« bzw. »wie viel der Staat uns noch lässt«.[250] Er lehnt alles strikt ab, was man auch nur ansatzweise als Insubordination deuten könnte. Publikationsverbote unterlaufen durch die Weitergabe handgeschriebener Kopien von Gedichten? Für Jochen Klepper undenkbar. Menschen auf illegalen Wegen außer Landes schleusen? Kommt für ihn nicht in Frage. Tricksen, täuschen, Papiere frisieren, um Menschen zu schützen? Nicht mit ihm. Hände aus den Taschen, Karten auf den Tisch, dem misstrauischen Staat keinen Anlass zu genauerer Untersuchung liefern – das ist Jochen Kleppers Taktik, seine guten Erfahrungen mit Koch scheinen ihn darin zu bestätigen, und auch Hanni bestärkt ihn in dieser Haltung.

Werner Bergengruen wird zweieinhalb Jahrzehnte später »die Verbindung aus Klarsicht und Selbstvernebelung« bei Jochen Klepper als absonderlichen und befremdlichen Zug herausstellen und ein hartes Urteil über den Schriftstellerkollegen fällen. Er diagnostiziert an Jochen und Hanni Klepper eine Haltung, die er »Klepperothymie« nennt – »mit all ihrer moralischen Sauberkeit, die doch so unsauber sein kann, das Böse nicht nur geschehen zu lassen, sondern auch gut zu heißen«.[251] Dem harten Urteil liegt wohl hauptsächlich die Lektüre der 1956 veröffentlichten Tagebücher zu Grunde. Davor gab es nur eine persönliche Begegnung mit Jochen Klepper bei Kurt Ihlenfeld in Steglitz[252] und einen Besuch des

Ehepaares Bergengruen bei den Kleppers in Südende,[253] den Bergengruen im Abstand von zweieinhalb Jahrzehnten wesentlich kritischer in Erinnerung hat als Jochen in seinem Tagebucheintrag unmittelbar danach. Werner Bergengruens Einschätzung ist von Belang, weil seine familiäre Situation der der Kleppers ähnelte. Seine Frau Charlotte, geborene Hensel, war »Dreivierteljüdin« im Sinn der Nürnberger Rassegesetze, das Paar hatte vier Kinder, die freilich anders als Brigitte und Renate Stein nicht als »Volljuden« galten.

Wenigstens eine kritische Entscheidung ist Werner Bergengruen erspart geblieben: Den soldatischen Gehorsamseid auf Hitler musste er nicht leisten. Der deutschbaltische Schriftsteller, Jahrgang 1892, wurde nicht mehr zum Militärdienst herangezogen. Jochen Klepper dagegen muss sich seit der Wiedereinführung der Wehrpflicht mit einer möglichen Einberufung auseinandersetzen. Er kann sich nicht an den Gedanken gewöhnen, »in diesem Heer dienen zu müssen und in die entsetzliche Rüstungspsychose Europas mit hineingerissen zu sein … Der Eid!«[254]

Der Tagebucheintrag vom 7. Juli 1936 belegt, dass Jochen Klepper sich der Problematik des Soldateneides bewusst ist. Seine Beschäftigung mit dem Soldatenkönig hat insofern auf seine Einstellung abgefärbt, als er sich »Preußentum ohne Soldatentum« nicht denken kann. Insofern darf seiner Ansicht nach auch »das Verhältnis zwischen Mann und Waffe« nicht erlöschen. Damit ist ein weiterer innerer Konflikt vorprogrammiert, denn er sieht den Krieg unabwendbar heraufziehen. Im Sommer 1936 hat er die »Olympischen Sonette« geschrieben, und in einem dieser Gedichte sah er ein Heer von Todgeweihten durch das Brandenburger Tor marschieren.[255] »Unablässig wächst das Heer, durchdringt alles, wird Maßstab, Macht und Zweck«, hat er im Mai 1937 ins Tagebuch notiert.[256] Wenige Tage später nach der öffentlichen Beschwörung der »Achse Rom/Berlin« hat er geschrieben: »Spanien erscheint mehr und mehr als die tragische Ouvertüre des eigentlichen Dramas.«[257]

Drei Jahre später wird er sich genötigt gesehen, den Eid abzulegen, davon überzeugt, dass er Frau und Tochter so besser schützen kann.

Kompromisse und Opposition

Zweifellos ist Jochen Klepper Kompromisse mit dem neuen Staat eingegangen. Teils genötigt und erpresst, teils aus einer innerlich empfundenen religiösen Verpflichtung heraus, über die er in den Tagebüchern zum Teil ausführlich Rechenschaft gegeben hat. Reinhold Schneider wird später schreiben: »Das ist der Fluch des Zeitalters, dass man der falschen Macht innerhalb ihres Bannkreises nicht begegnen kann ohne Bündnisse mit ihr.«[258] Ricarda Huch wird die notwendige Ergänzung dazu liefern und wird davor warnen, »über unseren Leiden unsere Schuld zu vergessen. [...] Wir haben Menschen zur Regierung kommen lassen, denen wir misstrauen mussten. Wir sahen bald Gewalttaten geschehen, die uns Grauen einflößen mussten. [...] Wenn wir sagen, eine Räuberbande habe uns überfallen, uns vergewaltigt, und uns gezwungen, ihre Untaten mitzutun, so wird man lachen: Können viele Millionen sich nicht einer Räuberbande erwehren?«[259]

Jochen Klepper war von seiner persönlichen Veranlagung her nicht so wehrhaft, dass er die »Räuberbande« offen bekämpft hätte. Seine Opposition gegen die in seinen Augen vor allem gottlose Regierung[260] hat sich anders geäußert. Zum Beispiel im Ausloten aller Möglichkeiten zum Nutzen anderer. Er hat vielfach kollegiale Hilfe erfahren, als es um seine Publikationserlaubnis ging; er setzt sich seinerseits für andere ein, etwa für Gerhart Pohl, den Schriftstellerkollegen aus Wolfshau, der wie er selbst von der DVA betreut wird und den ebenfalls der Bannstrahl der Reichsschrifttumskammer getroffen hat. Jochen Klepper übt aber auch Opposition, indem er den eigenen Fluchtreflexen widersteht. Die Versuchung, den Verhältnissen zu entfliehen und ein ruhiges Plätzchen zu suchen, wo man unbehelligt sein Leben fristen kann – diese Versuchung hat er erstmals 1932 abgewehrt. Damals lockte Südfrankreich. Seit 1935 kommt das Ansinnen regelmäßig von Hannis Nürnberger Verwandtschaft. Onkel Ludwig drängt vor allem darauf, die Kinder außer Landes zu bringen. (Er hat schon im März 1933 seine Erfahrungen mit den Nationalsozialisten gemacht; man hat ihm als Funktionär der Nürnberger Ärzteschaft von heute auf morgen Hausverbot erteilt und ihn so aus dem Amt gedrängt.[261]) Aber in Jochen Klepper begehrt etwas dagegen auf. »Wir können und können darin kein Heil für sie erblicken, so bedroht ihre Zukunft in Deutschland auch scheint. Denke ich an das Bleiben der Kinder im Lande, so regt sich der Glaube in mir, denke ich an ihre Auswanderung, so schweigt alles«, hat er Anfang 1936 notiert.²⁶² Ende 1937 hat sich die Lage so verschärft, dass zumindest Hanni die Auswanderung der Töchter nach dem Abitur erwägt, aber Jochen Klepper kann den Gedanken immer noch nicht mitdenken. »Immer ist in mir dies unbegründbare, starre, vielleicht unverantwortliche ›Nein‹, weil ich dem Glauben nichts gewiesen sehe als das Haus«, schreibt er.²⁶³

Die Stellung halten, den Platz behaupten – dafür ist in Jochen Kleppers Denken das Haus das stärkste Symbol. Genau dieses Haus im Berliner Stadtteil Südende, Karlstraße 6, wird nun behördlicherseits in Frage gestellt. Der »Architekt des Führers« Albert Speer hat am 18. Januar 1938 Pläne für eine grundlegende Umgestaltung der Hauptstadt vorgelegt. Für die monumentale Nord-Süd-Achse von »Germania« (so soll Berlin zukünftig heißen) werden ganze Stadtviertel weichen müssen, und Südende liegt genau auf dieser Achse. Ein entsprechendes Enteignungsgesetz ist am 1. Februar erlassen worden. Jochen Klepper begreift das nicht als Wink des Himmels, dass jetzt womöglich etwas anderes dran ist. Er schüttelt auch Reinhold Schneiders Rat ab, der aus dem Schwarzwald geschrieben hat, »dass wir nur im ›Ewigen Haus‹ zu Hause sind. [...] Eine eigentliche Heimat gibt es nicht mehr für uns; es wäre verlorene Mühe, sie zu suchen.«²⁶⁴ Dem setzt Jochen Klepper die Überzeugung entgegen: »Nicht aus Berlin fliehen heißt wieder bauen.« So begeben sich die Kleppers erneut auf Grundstückssuche. Eine schicksalhafte Weichenstellung. Sie steht, so anfechtbar sie ist, eher für den aufrechten als für den gebeugten Gang Jochen Kleppers im totalitären Staat.

Eine Generation später wird der Paderborner Literaturgeschichtler und katholische Liederdichter Friedrich Kienecker in seinem Aufsatz *Reinhold Schneider und Jochen Klepper* schreiben: »Wer aus Gesinnung emigrierte, nahm ein schweres Schicksal auf sich: den Verlust der Heimat, schwerste Behinderungen in allen Lebensvollzügen, nahezu vollständige Unmöglichkeit, im eigensten Kulturkreis oder auch nur auf ihn zu wirken. [...] Wer aus gleicher Gesinnung im Vaterland und bei seinem Volk blieb, in das er hineingeboren war und für das er sich gerade auch, indem er nicht emigrierte, verantwortlich wusste, nahm zumindest ein kaum geringeres Leiden und sicher ein größeres Risiko auf sich; sein Opfer war gewiss von anderer Natur als das des Exils – und auch anders als das der aktiven Widerstandskämpfer. Aber er besaß und nutzte Möglichkeiten, den Verängstigten, Verfolgten, Terrorisierten, Gedemütigten, Verzweifelten mit-leidend, ermutigend und tröstend zur Seite zu sein.«[265]

Jochen Klepper hatte in der Tat Möglichkeiten zu trösten und zu ermutigen, das hat er in den Jahren von 1937 an geradezu als sein Amt verstanden. Das Hauptmittel, das ihm dafür zu Gebot stand, war – die Poesie.

9. Poesie als Freiraum

Alle Grenzen meiner Tage
biege, Gott, in Deinen Kreis,
dass ich nur noch Worte sage,
die ich von Dir kommen weiß![266]

Rund tausend Druckseiten umfasst »Der Vater«, Jochen Kleppers einziger vollendeter Roman. Zweihundert Seiten umfasst »Der Kahn der fröhlichen Leute«, Jochen Kleppers Novelle, in der man den Erzähler zur Abwechslung vor allem von der heiteren Seite kennenlernt. Die gesammelten Gedichte aus seiner Feder – die passen großzügig verteilt auf knapp neunzig Druckseiten. Dreiundsechzig Gedichte, wenn man einmal absieht von den noch nicht druckreifen Frühwerken aus der Schulzeit, den »Liedern der Nacht« und den in Rilkescher Manier verfassten Huldigungen an die Natur. Mehr Werke in gebundener Sprache sind von ihm nicht erhalten. Freilich reicht mitunter schon ein Vierzeiler aus dem schmalen lyrischen Oeuvre, um zu erkennen: Diese Kunst hat Jochen Klepper wirklich beherrscht.

Talent dazu hat er also schon als Jugendlicher gezeigt. Darin geübt hat er sich in den frühen Breslauer Jahren. Zweifellos hat sein Lehrer Ernst Lohmeyer ihm geholfen, zu reflektieren, was er da tat, wenn er dichtete. Lohmeyer hat in seinem programmatischen Artikel »Dichtung und Weltanschauung«, 1924 erschienen in der schlesischen Kultur- und Theaterzeitschrift *Der Ostwart*, über die wesentliche Aufgabe eines Dichters geschrieben: Er muss »ein gotterfülltes Wort laut werden lassen« in einer gottlosen, sich von Gott verlassen fühlenden Welt.[267] Das könnte geradezu als Wahlspruch über Jochen Kleppers dichterischem Schaffen stehen; dazu hat er sich herausgefordert gesehen, und das hat er spätestens 1932 als »die natürlich entwickelte Richtung des Talents« erkannt. Aber leicht gemacht hat er es sich damit nicht. »Nie darf ich leugnen, dass mir nichts so herrlich erscheint wie die religiöse Wirkung der Dichtung«, hat er in den Einträgen zum Auftakt seines Tagebuches im September 1932 vermerkt – so, als müsse er sich dafür schämen.[268] Gerade die Leichtigkeit, mit der ihm manche Gedichte zufallen, ist ihm nicht geheuer. Ein Bündel Gedichte hat er im Juli 1933 einem Brief an Kurt und Eva-Juliane Meschke beigepackt, »auch die alten«, und hat ihnen einige davon persönlich zugeeignet.[269] Darunter Kleinodien wie dieses:

> *Mein Herz hat einen Schlag getan –*
> *nur wie ein Fisch die Flosse regt,*
> *ein Gras im Winde sich bewegt,*
> *ein Vogel seine Schwingen hebt –*
> *und alles Leben war gelebt,*
> *und alle Ewigkeit brach an.*[270]

Zwei Wochen später, im nächsten Brief, relativiert er den Wert des Geschenks: »Den religiösen Gedichten stehe ich nicht sehr freundlich gegenüber […] Die Gedichte schreibe ich im Widerspruch mit mir, auch widerwillig, gar nicht ›hingerissen‹, sondern mühsam. Sie sind ein ständiges, literarisch verfälschtes Entdecken von Bibelstellen. Aber davon kann ich bis jetzt nun einmal nicht los, dass alles Schreiben für mich Bibel-Exegese ist. Wahrscheinlich wird sich Gott den größten Teil aller Exegese verbitten und ihr den Wert eines Steckenpferdes zuweisen.«[271]

Zwiespältige Gefühle dem eigenen Schaffen gegenüber, das ist und bleibt ein so unverständliches wie prägendes Merkmal des Dichters Jochen Klepper. Jahre später wird er in seinem Aufsatz *Das göttliche Wort und der menschliche Lobgesang* eine Inflation des Wortes beklagen, »gerade auch in der geistlichen Dichtung«. Er wird Psalm 17,4 zitieren in der Luther-Übersetzung von 1912: »Ich bewahre mich in dem Wort deiner Lippen vor Menschenwerk«, und er wird den Vers so kommentieren: »Dieses Wort greift tief ins innerste Gefüge christlicher Dichtung. Es fegt alles davon, was sich an Pseudo-Wortschöpfungen und modischen Wortverbindungen und -Erfindungen, am Wortgeklingel und am aufgebauschten Beiwerk berauscht.« Davon nimmt er seine eigenen Werke natürlich nicht aus. Immer wieder ficht ihn die Sorge an, dass auch die am besten gelungenen Gedichte letztlich nur »Stroh und Stoppeln« (Jesaja 5,24) sein könnten.

Jochen Klepper hat sich als Erzähler wie als Poet an das göttliche Wort, an die göttliche Anrede gebunden. Dem Tagebuch hat er am 18. April 1933 anvertraut: »Wenn Gott mich nicht anredet, kann ich vom Leben nichts aussprechen. Dort allein liegen die Geheimnisse der Produktivität. Es heißt nicht: Was soll ich jetzt schreiben?

Es heißt:

Herr, wann wirst du wieder reden?
Herr, wann wird der Garten Eden
wieder erste Früchte bringen,
die kein Säender ersann?
Herr, wann wirst du wieder reden,
dass ich Menschen, dass ich Dingen
erste Namen geben kann?«

Namen verleihen – dazu hat er im selben Tagebucheintrag weiter ausgeführt:

»Eine unausgesetzte Taufe ist das Schreiben. Namen geben, Namen geben allen Dingen, die schon ihren Namen tragen und immer von neuem getauft sein wollen, bis sie ihren ewigen Namen tragen.

Namen geben den Eltern und Kindern, Namen geben der Landschaft, den Sternen, Namen geben den Leiden und Kämpfen, Namen den Lastern, Namen der Güte –

Nicht Pläne entwerfen!

Nicht Ideen haben!

Nicht Gestalten schaffen!

Taufen – das ist es. Das ist die ganze Dichtung!

Und in dem allen die eigene Taufe begreifen!

Das: ›Ich habe dich bei deinem Namen gerufen, du bist mein.‹[272] So zu den Dingen und Menschen sprechen, ist die Dichtung.«

Ein protestantischer Dichter wollte er sein, nichts anderes.[273] Das ist zunächst einmal keine formale, sondern eine inhaltliche Zuordnung, und die hat er immer wieder überprüft und präzisiert. Im bereits zitierten Brief an Meschkes im Juli 1933 zum Beispiel: »Protestantische Literatur schreibt nicht von der Buße, sie macht sie durch; sie sehnt sich nach der Vergebung, ohne von ihr zu berichten; nur im Bereiche der Vergebung kann sie überhaupt geschrieben werden, nur durch den Anspruch auf Vergebung kann sie gewagt sein.«[274] Den Anfang protestantischer Dichtung hat er dort vermutet, »wo die Dichtung von der Offenbarung der Schrift und der Geschichte, vom Handeln Gottes an den Menschen, zerschmettert wird, wo die Dichtung vor der Offenbarung kapituliert, wo die Dichtung an der Offenbarung sich reibt«.[275] Damit hat er natürlich einen enormen Anspruch formuliert – an sich selbst und an seine Standeskollegen, vor allem an die aus dem Eckart-Kreis.

Noch ein halbes Jahr später hat er sich selbst »ein Übermaß an Religiosität« bescheinigt, das es zu beruhigen und ernüchtern galt, einen »kranken Punkt«, den er nicht heilen konnte: »Ich habe einen tiefen Widerwillen gegen die Schönheit religiöser Dichtungen. Das, was ich ersehne, muss ich negieren, ehe es entsteht!«[276]

Wenn dieser Dichter vom Dichten und von Dichtung spricht, dann von Sprachklang, von Satzmelodien und Satzrhythmen. Er assoziiert Sprache mit Musik, die Anordnung der Worte und das Satzgefüge mit Johann Sebastian Bachs mathematischer Klarheit in der »Kunst der Fuge«.[277] Dichten gleich Komponieren. Gebundene Sprache, Versmaß, Hebungen und Senkungen in genau festgelegter Abfolge – der Dichter unterwirft sich denkbar strengen Regeln, begibt sich freiwillig aller anderen Möglichkeiten, wie er dasselbe sprachlich zum Ausdruck bringen könnte, aber natürlich nicht zum Spaß. Das enge Korsett poetischer Regeln legt er nur an, weil er im Tausch etwas Kostbares gewinnen kann: ein Mehr an Wirkung, Bedeutung, Vielschichtigkeit, Gestalt. »Sprachkürze gibt Denkweite«, hat

Jean Paul[278] einmal gesagt, einer der vielen Pfarrerssöhne unter den deutschen Dichtern. Jochen Kleppers Lyrik ist ein Beweis dafür. Auch seine Prosa hat oft einen lyrischen Klang. »Der Vater« liest sich in einzelnen Passagen wie ein antikes Versepos: »Alles war ihm Gleichnis und Verkündigung...« – »Über den Worten des Psalms kam dem König die Nacht...« – »Seltsam war das Grabmal, das der König seinem Propheten und Evangelisten setzte.« Man ist versucht, mitzuzählen und den Versfuß zu ermitteln, wenn man sich nicht einfach von den melodischen Sätzen mitnehmen lässt.

Auch in Briefen an Freunde schlägt Jochen Klepper manchmal einen Ton mit Schwebungen, Ober- und Untertönen an und beschwört eine Vorstellung, die großartiger ist als das, was er ursprünglich vorgefunden hat. Zum Beispiel, wenn er das festlich geschmückte Haus in Südende zur Weihnachtszeit beschreibt. Die Worte entnimmt er zum Teil eins zu eins dem Tagebuch: »Die diesmal besonders reichlichen Lichter«, eine »tiefgrüne, zarte, ebenmäßige Tanne«, »goldene Nüsse, Silberglöckchen, rote Äpfel, [...] der große Stern, die alte kleine Madonna, der Wachs- und der Rauschgoldengel und der friedvolle, klare Schleier des Silberlamettas!« Und als sich die Familie nach Mitternacht »mit dem fernen Geläut einer Christnachtsglocke« müde und zufrieden schlafen legt, da liegt das Haus »zart in seinem Schmuck und nach all dem munteren Treiben so friedvoll und geordnet zur heiligen Nacht in der tiefen, tiefen Dunkelheit«.[279] Eva-Juliane Meschke wird sich später erinnern, wie sie bei einem Besuch in der Klepperschen Weihnachtsstube um den Jahreswechsel 1938/39 ein »Gefühl der Stummheit« beschlichen hat: »Was ich sah, entsprach nicht der Schönheit seiner Darstellung. Aber diese wurde durch die Enttäuschung des Sichtbaren nicht entkräftet.«[280] Kompliment für den Sprachschöpfer: Seine sprachliche Kreation – Gebrauchsprosa in diesem Fall – war eindrucksvoller als die Wirklichkeit.

Ein Dichter führt keine Selbstgespräche, sondern braucht Adressaten. Auch das privateste Gedicht wird in einem gewissen Sinn erst wirklich, wenn andere davon Kenntnis bekommen. Jochen Klepper hat sich das früh klar gemacht und hat überlegt, für wen er eigentlich da sein wollte. Besser gesagt: sollte. Im Herbst 1933 ist ihm aufgegangen, dass es nicht in sein Belieben gestellt war, für wen er schrieb, wenn er sich schon als protestantischer Dichter betrachtete. »Die Überwältigung durch die in der eigenen Geschichte vorgehende Anrede Gottes: das ist mir die ›Literatur‹. Und in dem die ›Anrede‹ nach Ausdruck verlangt, wird aus der privaten Entrissenheit die Einordnung in die Gemeinde: dauerndes Hören und Reden von Gott unter den Menschen. Nicht Kloster. Sondern irdisches Leben erlöster Sünder.«[281]

Noch nicht so klar war ihm da, was seine Rolle genau sein könnte. Der Ort des Dichters in der Gemeinde war jedenfalls nicht die Kanzel, auch wenn Jochen Klepper zumindest eine Parallelität gesehen hat. »Solange noch der leiseste Unterschied ist zwischen Predigtschreiben und Bücherschreiben, kann es ganz und gar nichts werden«, hat er im Sommer 1934 dem Tagebuch anvertraut. Vermutlich hat ihm Kurt Ihlenfeld den entscheidenden Hinweis gegeben, welchen Ort sein »Hören und Reden von Gott unter den Menschen« in der Gemeinde haben könnte. Er hat Jochen Klepper Anfang 1935 eingeladen, etwas zu einer kleinen Anthologie kirchlicher Gedichte im Eckart-Verlag beizusteuern.[282] Und hat ihm wohl in dem Zusammenhang vorgeschlagen, sich auch mal an singbare Texte zu wagen.[283]

Den ersten »Versuch eines Kirchenliedes« hat Jochen Klepper am 18. Juni 1935 unternommen. Unter dem Titel »Du bist als Stern uns aufgegangen« entstand ein Lied zum Kirchenjahr[284] mit sieben Strophen, zu singen auf die Melodie von »Ich will dich lieben, meine Stärke«. Jener 18. Juni war ein Dienstag, Jochen Klepper war noch bei Ullstein beschäftigt, steckte bis zum Scheitel in der Arbeit an seinem Friedrich-Wilhelm-Roman, hatte den Bau des Hauses in Südende zu beaufsichtigen – aber irgendwo dazwischen oder danach blieb noch Zeit für einen Ausflug in die Poesie. Ein unbeschwerter Moment. Und auch das Lied atmet keinen bittern Ernst, eher eine gemessene Würde. Die letzte Strophe fasst den Gang durchs Kirchenjahr zusammen:

Durch Stern und Krippe, Kreuz und Taube,
durch Fels und Wolke, Brot und Wein
dringt unaufhörlich unser Glaube
nur tiefer in dein Wort hinein.
Kein Jahr von unsrer Zeit verflieht,
das dich nicht kommen sieht.

Das Lied fand Eingang in Kurt Ihlenfelds kleine Anthologie »Geistliche Gedichte«, zusammen mit einigen der frühen Gedichte, und verbreitete sich langsam, aber stetig.[285]

Ergebnis des zweiten Versuchs Anfang Juli 1935 war das Lied »Die Menschenjahre dieser Erde«.[286] Es spricht von Gottes unergründlichem Walten in der Welt, von den »Ängsten unseres Handelns«, meditiert Wohl und Wehe, Fülle und Leere. Die Strophenfolge erscheint nicht ganz stimmig; Jochen Klepper hat hier offenbar noch experimentiert. Die Verse passen zwar auf die Melodie des Liedes »O dass ich tausend Zungen hätte«, es holpert nichts, die Reime sind sauber, aber richtig rund ist es nicht. Das geht noch besser. Die zweite Strophe ist in dieser Hinsicht verheißungsvoll:

Wir wissen nicht den Sinn, das Ende.
Doch der Beginn ist offenbar.
Nichts ist, was nicht in deine Hände
am ersten Tag beschlossen war,
und leben wir vom Ursprung her,
bedrückt uns keine Zukunft mehr.

In den folgenden fünfzehn Monaten war Jochen Klepper zeitweise recht wenig zum Singen zumute. Erzwungener Abschied vom Ullstein-Verlag, neue Existenzängste, die Nürnberger Rassegesetze, die intensive, aber auch fordernde Arbeit am Roman, als Lichtblick zwischendurch der Einzug im eigenen Haus in der Karlstraße – und der intensive Austausch mit Reinhold Schneider. Der größte poetische Ertrag des Jahres 1935 waren zweifellos die Reinhold Schneider gewidmeten »Königsgedichte«, und die sind zwar metrisch gesetzt in klassischen Blankversen, man könnte sie auch singen, aber das widerspricht dem Charakter dieser prophetisch-wuchtigen Gedichte. Einzelne Strophen vielleicht – die sind gesungen vorstellbar:

> *Gott, lass uns deiner Ordnung nicht entrinnen.*
> *Bekenne dich doch noch zu unserer Zeit.*
> *Lass uns am späten Abend noch beginnen.*
> *Die große Stunde ist uns noch zu weit.*[287]

Das Jahr 1936 hat Jochen Klepper fast vollständig der Prosa gewidmet, dem »Vater«, mit einer großen und einer kleinen Ausnahme. Die große zuerst: Die Olympischen Sommerspiele in Berlin vom 1. bis 16. August und der vorausgehende »Großputz«, mit dem das Deutsche Reich sich den internationalen Besuchern und der Weltpresse als gastfreundliches, schmuckes Musterland präsentieren wollte (ohne hässliche Verbotsschilder und ohne judenfeindliches Gegeifer in den Medien) – das hat Jochen Klepper zum Anlass genommen für eines seiner poetisch ambitioniertesten Werke. Die »Olympischen Sonette«,[288] eine Serie von sieben Gedichten in der denkbar strengsten Form. Jeweils zwei Quartette und zwei Terzette aus fünfhebigen Jamben. Und der inhaltliche Anspruch ist noch höher: Da hat Jochen Klepper nämlich bewusst den Bogen geschlagen vom 2. August 1914, dem Tag der Generalmobilmachung im Deutschen Reich und dem Beginn der Kampfhandlungen gegen Russland, zum Beginn der olympischen Wettkämpfe am 2. August 1936 im Olympiapark Westend und in der Deutschlandhalle am Messegelände.

Jochen Kleppers Olympiaroute war ein Gang durch Berlins prunkvolle Mitte. Vom Brandenburger Tor ostwärts über den Pariser Platz, dann die Allee »Unter den Linden« entlang bis zur Humboldt-Universität. Ein paar Schritte nach rechts über den Opernplatz zur St.-Hedwigs-Kathedrale. Von dort wieder zurück zur Oper. Dann nach Osten »Unter den Linden« weiter zum Schloss auf der Spreeinsel. Von dort nach Norden am Dom und am Lustgarten vorbei zum Alten Museum, dann nach links auf die Bodestraße. Den Kupfergraben überqueren und noch einmal links zur letzten Station, dem Zeughaus. Etwas mehr als drei Kilometer Fußmarsch, wenn man den Rückweg zum Brandenburger Tor einrechnet, etwa viereinhalb Kilometer. Keine olympische Lauf- oder Gehdistanz. Jochen Klepper ist diesen Weg am Abend des 2. August 1936 tatsächlich abgeschritten, mit den Mädchen zusammen, und hat anschließend ins Tagebuch notiert: »Dieser abendliche Gang Unter den Linden war doch der ungeheuerlichste Weg, den ich mich je gegangen zu sein entsinnen kann.«

Das *Brandenburger Tor* in seinem Rücken war ihm ein Sinnbild für den Abschied ohne Wiederkehr. Er sah vor seinem geistigen Auge die Ungezählten, die im August 1914 mit Hurra dieses Tor durchschritten hatten und ins Feld gezogen waren. Die sechs dorischen Säulenpaare haben ein langes Gedächtnis, sie »harren noch heut der Heimfahrt aus den Schlachten«. Vergeblich. Nun waren die Durchfahrten des Tores zur Eröffnung der Sommerspiele festlich illuminiert, als ob sie sich »dem Einzug weiten« wollten. Aber wessen Einzug? Jochen Klepper sah keine jungen Sportler, vielmehr ahnte er »verhundertfachten« Tod.

Vor ihm weitet sich der *Pariser Platz* und wimmelt von Menschen aus aller Herren Länder. Die Flaggen der Nationen, die Sportler nach Berlin entsandt haben, flattern über dem Platz und künden vom »Freudenfest der Völker«. Der olympische Friede ist ausgerufen, »und alles Volk ist allem Volk gewogen«. Natürlich nur sechzehn Tage lang.

Fahnen, Fahnentuch – das ist das Leitmotiv in den Olympischen Sonetten. »Zwei Banner« haben sich vor dem Portal der *Hedwigskirche* ineinander verschlungen »und wehn als Trauertuch um die Laterne«. Die Kathedrale, Sitz des katholischen Bischofs von Berlin, ist nach dem Vorbild des Pantheon in Rom kreisrund erbaut und von einer mächtigen Kuppel gekrönt. Sie steht bescheiden einen Block zurückgesetzt von der Prachtstraße »Unter den Linden« in der südöstlichen Ecke des Opernplatzes, fast versteckt, »allem Glanz abgewendet«. Sie ist »gewölbt ums Kreuz, errichtet, um zu mahnen«. Im letzten Terzett hat Jochen Klepper die Frage gestellt: »Die Menschen rufen. Aber wer verkündet?« Das war nicht buchstäblich gemeint; an der Hedwigskirche war seit 1932 Bernhard Lichtenberg als Dompfarrer tätig, und der war für seine klaren, quasi-evangelischen

Predigten bekannt. Nur, wen erreichen sie? »Der Engel kam. Die Menschen bleiben ferne.«

Der Opernplatz, der sich vor der Kirche öffnet, hat am 10. Mai 1933 die Scheiterhaufen gesehen, auf denen eine fanatisierte Studentenschaft tonnenweise Bücher missliebiger und verfemter Autoren verbrannt hat. Nichts erinnert mehr daran. Dafür leuchtet an der Knobelsdorffschen *Oper* ein riesenhaftes purpurrotes Tuch und bauscht sich im Wind. »Der Vorhang selber ist der Komödiant.« Es ist unerheblich, was drinnen für ein Stück gegeben wird (zu dem Zeitpunkt vermutlich immer noch Eduard Künneckes Operette »Die große Sünderin«). »Die Tragödie spielt im Säulentor [...] Groß tritt die Hybris in die Nacht hervor.«

Das *Olympische Feuer vor dem Schloss* hat Jochen Klepper mehr Eindruck gemacht als die hochsommerliche Nacht. »Denn wer sah Größres als die Flammenschale, vor der sich aller Länder Fahnen neigen?« Auf dem Platz zwischen Schloss und Lustgarten erhebt sich im Sommer 1936 eine mächtige, fünf Meter hohe Mauer, aus der schräg in zwei Reihen gestaffelt Fahnenmasten hervorragen. Die Fahnen daran neigen sich tatsächlich vor der ehernen Schale mit dem olympischen Feuer, die auf einem übermannshohen leuchtend hellen Steinsockel thront. Manche der Fahnen zeigen Kreuz und Krone, aber der Sinn dieser Symbole ist in Vergessenheit geraten. »Nur ungeweihte, bunte Tücher wehen.«

Im sechsten Sonett blickt man durch Jochen Kleppers Augen zurück auf die Spreeinsel mit *Museum und Brücke*, Dom und Schloss.

> *Das Ufer trennt uns von dem Schloss und Dome*
> *und denen, die dort laute Feiern halten.*
> *Der Fluss ist Styx, sein Raunen Trauerode!*

Die Spree als Fluss der Unterwelt, als Grenze zum Hades. Und der Berliner Dom und das hell erleuchtete Stadtschloss, wo das Regime einen Staatsempfang für die zu den Wettkämpfen angereisten gekrönten und ungekrönten Häupter europäischer Nationen gibt, liegt jenseits davon – also bereits im Totenreich!

Schließlich das *Zeughaus*, der älteste Bau »Unter den Linden«, vom Vater des »Vaters« in Auftrag gegeben und begonnen, unter Friedrich Wilhelm I. im Jahr

1730 vollendet. Schon für sich genommen ist der Bau ein Sinnbild für mehr Schein als Sein. Die prachtvolle Südfassade täuscht über den nüchternen Zweck hinweg: Es ist eben »nur« ein riesenhaftes Lagerhaus. Hat die längste Zeit über als Preußens größtes Waffenarsenal gedient. Inzwischen war es eine Art Kriegsmuseum. Blutbesudelte, zerfetzte Regimentsfahnen erinnern an ebenso glorreiche wie verlustreiche Schlachten, vor allem an die Befreiungskriege gegen Napoleon.

Sie, die einst brausend in die Zukunft wehten,
sind wie das Schweißtuch eines Todgeweihten
und allen Schwüren dieser Welt entnommen.

Jochen Klepper hat in den Olympischen Sonetten geradezu seherische Qualitäten offenbart. Hinter der inszenierten Fröhlichkeit der Sommerspiele, hinter den bunten Fassaden und potemkinschen Dörfern, die das Regime hat errichten lassen, ahnte er den heraufziehenden Krieg. Den Klang der Olympiaglocke zum Abschluss der Spiele am 16. August haben die Kleppers auf dem turbulenten, luxuriösen Kurfürstendamm aus den Lautsprechern gehört, und er hat Hanni zugeraunt: »Wäre es nicht pathetisch, könnte man nur sagen: Es ist vielleicht die Totenglocke Europas.«[289] In den Sonetten hat die Totenglocke schon zwei Wochen früher geläutet.

Noch einmal hat Jochen Klepper in diesem Jahr das Erzählen sein gelassen und stattdessen gedichtet. Notgedrungen. Die Korrektur des »Vaters« war in eine kritische Phase gekommen; der Verlag hatte die Bremse angezogen, um Satz und Druck des Buches nicht zu gefährden. Hatte damit die allerschlimmsten Befürchtungen des Autors geschürt – von wegen der »immer klarer werdenden Mängel, die meine Schuld sind«, und die er nun nicht mehr beheben durfte. Dazu die bedrückenden Nachrichten vom Bürgerkrieg in Spanien und der nach dem friedlichen Intermezzo der Olympischen Spiele umso hemmungslosere Judenhass im nationalsozialistischen Deutschland. Wie ist Jochen Klepper diesem beklemmenden Gefühl beigekommen? Er hat ein Weihnachtslied verfasst. Genauer: Ein »Abendmahlslied zu Weihnachten«.[290] Das Lied setzt einen Kontrapunkt zum Riefenstahlschen[291] und Brekerschen[292] Übermenschentum, wie es im

Olympiajahr zelebriert worden ist. Die Weihnachtsbotschaft gilt nicht in erster Linie den idealtypischen, durchtrainierten, entschlossen dreinschauenden Männern und Frauen, die für die Kamera und den Steinmetz posieren. Sie gilt den Leidenden, den Schuldbewussten, den Hoffnungslosen, den Elenden, den Ärmsten, heißt es in den ersten beiden Strophen. Und in der dritten:

> *Die Feier ward zu bunt und heiter,*
> *mit der die Welt dein Fest begeht.*
> *Mach uns doch für die Nacht bereiter,*
> *in der dein Stern am Himmel steht.*
> *Und über deiner Krippe schon*
> *zeig uns dein Kreuz, du Menschensohn.*

Mit dem »Abendmahlslied zu Weihnachten« war Jochen Klepper schon ganz nah dran an der klaren, konsequenten Form, die alle seine späteren geistlichen Gedichte auszeichnen wird. Die letzten Retuschen am Roman, der Verkaufsstart, die Aufregung um den Ausschluss aus der Reichsschrifttumskammer, die Sorgen um Hannis Gesundheit haben Jochen Klepper in den folgenden Monaten noch gebremst. Aber im Hinterkopf hat er das Projekt Kirchenlieder unablässig weiter verfolgt. Am 26. April 1937 hat er dem Tagebuch bekannt: »Beinahe peinigend ist das Bedürfnis, wenn auch aufs einfachste, unkünstlerischste, Klavier spielen zu dürfen – und als sei das meine einzig mögliche Entspannung, mein Ausgleich, meine Erholung; als brauchte ich den Klang der alten Kirchenlieder, um endlich die Texte meiner Kirchenlieder fürs ganze Kirchenjahr schreiben zu können. Denn in Bach bin ich geborgen und gegründet wie in Luther; daran ist gar kein Zweifel.«

Seinen Stil hat er natürlich an seinem dichterischen Alter Ego Reinhold Schneider geschult, aber genauso an Rudolf Alexander Schröder. Der fünfundzwanzig Jahre ältere, anerkannte Lyriker und Übersetzer war zu der Zeit gewissermaßen die Zentralsonne im Eckart-Kreis und sicher einer der prominentesten Kandidaten, wenn man einen protestantischen Schriftsteller nach Jochen Kleppers Idealvorstellung suchte. Zwar ist Schröder nicht groß als Erzähler in Erscheinung getreten, aber er hat sich bereits um das evangelische Kirchenlied verdient gemacht. Bewundernd hat Jochen Klepper im Juni 1937 im Tagebuch vermerkt: »R. A. Schröder ist für mich der letzte große Lyriker, der Beherrscher aller Formen, der letzte Meister – ohne Schüler. Um die Dichtung steht es verzweifelt.«[293]

Jochen Klepper hat sich Gedanken gemacht über die rechte innere Haltung des protestantischen (Lieder-)Dichters, und dabei haben ihm auch Zufallsentdeckungen geholfen. »Welch ein Wort: ›Es ist nicht so wichtig, mit den Menschen über Gott, als mit Gott über die Menschen zu reden!‹«, hat er am 24. Juni notiert. »Ich fand das Wort in einer Geschichte des Pfarrhauses, und solche Worte werfen das Steuer herum!«

Eine auch nicht ganz unwesentliche Frage: Was hat der protestantische Dichter denn überhaupt zu sagen? Was sind tragfähige Inhalte, zumal fürs geistliche Lied, für den Gemeindegesang, für die Feier und das gemeinsame Buchstabieren des Glaubens im Gottesdienst? Im Lauf des Jahres 1937 ist es Jochen Klepper immer klarer geworden, dass es zumindest ihm auf die Rückbindung an die Bibel ankommt. Auf das reformatorische Prinzip *sola scriptura* – »Allein die Schrift«. Für seine geistlichen Lieder wird dieses Prinzip wegweisend. Er bezieht es aber durchaus auch auf die Prosa. Am 22. August hat er ins Tagebuch eingetragen: »Immer wieder sehe ich, dass ich mit aller dichterischen Autorität, die sich nicht von der kirchlichen Verkündigung herleitet, nichts beginnen kann. Was ist alles Wort, das sich nicht gründet aufs Johannes-Evangelium? Was sind alle Bücher, die nicht erschüttert Recht, Weihe und Notwendigkeit erfahren von dem einen Buche her, das allein das Amt des Buches so groß macht?«

Einen letzten Impuls hat er noch gebraucht, und den hat ihm die »Reichskirchenmusikfestwoche« vom 7. bis 14. Oktober 1937 geliefert. Kurt Ihlenfeld hatte gehörigen Anteil an der Mammutveranstaltung, er hatte sie mit dem Grunewalder Kantor Prof. Wolfgang Reimann zusammen organisiert. Die Federführung hatte der Oberkonsistorialrat und Musikdezernent der Deutschen Evangelischen Kirche Oskar Söhngen. Das zweihundert Seiten starke Programmheft hat Jochen Klepper zweifellos abgeschreckt, aber einzelne Programmpunkte hat er interessiert verfolgt: zum Beispiel die Choralmotette »Nun bitten wir den Heiligen Geist« von Johann Nepomuk David, vom Thomanerchor vorgetragen (»Herrliche Einzeleindrücke – das Ganze noch so fremd, der Kirche so fern«[294]). Man fragte ihn nach seinen Liedern, bezog sich auf das »Eckart«-Bändchen »Geistliche Gedichte«. Kurzerhand ließ Kurt Ihlenfeld noch rasch ein Heftchen mit den drei bereits vorliegenden Kirchenliedern und einigen seiner geistlichen Gedichte drucken. Die Broschüre mit dem Titel »Jochen Klepper. Du bist als Stern uns aufgegangen« lag am fünften Tag der Kirchenmusikwoche vor und verkaufte sich wie geschnitten Brot. Kein Wunder: Ihlenfeld und Dr. Friedrich Haufe von der Leipziger Thomasschule referierten vor vollem Haus zu den Themen »Christlicher Geist und deutsche Dichtung in der Gegenwart« und »Das neue Kirchenlied« und nahmen natürlich – so groß war die Auswahl an christlichen Dichtern der Gegenwart ja nicht – auch auf Jochen Klepper Bezug. Der saß im Auditorium und wusste nicht, wie ihm geschah. »Zum ersten Mal sah ich, so anonym und so völlig zufällig, wie Menschen sich meinen Namen notierten, meinen neuen kleinen Sonderdruck in der Nebenausstellung kauften; auch war ›Der Vater‹ mehrfach ausgestellt [...] Es war, als wäre mir, in diesen rein kirchlichen Betrachtungen dieses Vormittags, fast zu frühe Ersehntes, Erbetenes gewährt.«[295] Dabei war er im Vorfeld der Veranstaltung noch ziemlich irritiert gewesen, weil er offiziell im Programm nicht vorkam. »Das ist doppelt deprimierend, nachdem ich gerade Ihlenfelds und R. A. Schröders Urteil über meine Texte kenne. Hier, hier vor allem sind die, zu denen ich gehöre, und von ihnen werde ich am verletzendsten ausgeschaltet«, hatte er noch am 4. Oktober dem Tagebuch geklagt. Was er nicht wusste: Der notorische Antisemitismus Oskar Söhngens und sein Ehrgeiz, die Kirchenmusik »judenrein« zu halten, schlug auf die Programmgestaltung durch. Neben Jochen Klepper als »jüdisch versippten« Autor traf Söhngens Bannstrahl auch den Komponisten Günther Raphael, der nach NS-Lesart als Halbjude galt.

Insgesamt war die Bilanz des Reichskirchenmusikfestes zwiespältig, die hier gefeierte »neue Kirchenmusik« war sehr traditionell und zementierte eher das Althergebrachte. Die politische Einnordung der Kirchenmusiker auf das nationalsozialistische Regime durch Oskar Söhngen kompromittierte letztlich die ganze Veranstaltung. Söhngen hatte am 12. Oktober eine Ergebenheitsadresse an die Reichskanzlei geschickt mit dem folgenden Wortlaut: »Die in Berlin zum Fest der deutschen Kirchenmusik versammelten Kirchenmusiker aus allen Teilen

Deutschlands grüßen ehrfürchtig den Führer und Schöpfer des Dritten Reiches und geloben treue Gefolgschaft beim Neuaufbau der deutschen Kultur.« Eine große Mehrheit der Teilnehmer schwamm in seinem Kielwasser. Entsprechend hat Jochen Klepper die Veranstaltung mit gemischten Gefühlen erlebt. »Noch nie habe ich so unmittelbar, so deutlich Gottes Gericht über Gottes-Dienst gesehen, wie in diesen Tagen des unerwarteten, ungeheuerlichen Kirchenmusikfest-Getriebes«[296] – das war die eine Seite der Medaille. Andererseits hat er im weiteren Verlauf erstmals die ersehnte Anerkennung als Dichter der Kirche bekommen – vom Podium herab, aber auch von einzelnen Teilnehmern.[297]

Das hat gewirkt. Das hat Kräfte frei gesetzt. Keine zehn Tage nach dem Kirchenmusikfest hat Jochen Klepper bereits das »Neujahrslied« gedichtet: »Der du die Zeit in Händen hast, Herr, nimm auch dieses Jahres Last und wandle sie in Segen...«,[298] ein Lied, das seinen Weg durch die Zeit machen und 1950 Einzug ins Evangelische Kirchengesangbuch halten wird. Die letzte Strophe ist schon für sich genommen ein Schmuckstück geistlicher Dichtung:

> *Der du allein der Ewge heißt*
> *und Anfang, Ziel und Mitte weißt*
> *im Fluge unserer Zeiten:*
> *Bleib du uns gnädig zugewandt*
> *und führe uns an deiner Hand,*
> *damit wir sicher schreiten.*

– Noch einmal zehn Tage später ist das Lied »Es ist geschehen, Gott, es ist von dir vollbracht«[299] fertig, ein Lied, das so recht zum Sterbe- und Trauermonat November passt. Ein sehr persönliches Lied. Es spiegelt Jochen Kleppers Erfahrungen der Lebensmüdigkeit und Erschöpfung wider, die paulinische Sehnsucht nicht nach dem Tod, sondern nach dem Himmel (»Ich habe Lust, aus der Welt zu scheiden und bei Christus zu sein«, Philipper 1,23). Eva-Juliane Meschke hat darin zu Recht Parallelen zur barocken Dichtung eines Johann Christian Günther entdeckt – »das heftig pulsierende Lebensgefühl [...], das sich noch einmal an der

Nähe von Tod und Kreuz entzündet, die Art, sich dem Leiden und den ›letzten Dingen‹ zu stellen.«[300]

Und weil einmal keinmal ist, hat Jochen Klepper wenige Tage später noch ein Lied zum letzten Sonntag des Kirchenjahres nachgeschoben: »Mein Gott, ich will von hinnen gehen«.[301] Hier ist der Tonfall ungleich lebensbejahender, bei gleicher Zukunftshoffnung:

Nicht, dass ich nicht zu danken wüsste
für das, was du mir hier beschert.
Nicht, dass ich nicht geduldig büßte,
solang es dein Gericht begehrt.
Doch das, wonach mein Herz so brennt,
ist, dass mich nichts mehr von dir trennt.

Turbulente Wochen folgten, Wochen intensivster Anspannung. Auseinandersetzungen mit der Reichsschrifttumskammer, weil Ihlenfeld die drei neuen Lieder nach Möglichkeit sofort unters Volk bringen wollte, die Kammer freilich (in Gestalt von A. R. Meyer) hatte alle Zeit der Welt, hat ungerührt verzögert und blockiert. Was Jochen Klepper letztlich am 13. Dezember zu seinem Brief an Goebbels veranlasst hat, ein Schritt, der ihm enorme Überwindung abverlangte. Keine Umstände, die der dichterischen Inspiration zuträglich sind. Danach hat sich die Schreibblockade gelöst. Er hatte ja in der Ämtersache alles versucht, es lag jetzt nicht mehr an ihm, also konnte es nun Weihnachten werden. Zwischen dem 17. und 20. Dezember sind nicht weniger als drei Weihnachtslieder entstanden.

Ein Wort aus Luthers Weihnachtspredigt von 1528 hat Jochen Klepper angeregt zu dem Lied »Sieh nicht an, was du selber bist«. Tags darauf entstand »Die Nacht ist vorgedrungen«, angelehnt an Verse aus dem Römerbrief (»Die Nacht ist vorgerückt, der Tag aber nahe herbeigekommen«[302]) und aus dem 1. Buch der Könige (»Der Herr hat gesagt, er wolle im Dunkel wohnen«[303]). Noch einmal zwei Tage später lag das »Weihnachts-Kyrie« vor mit dem Titel »Du Kind, zu dieser heilgen Zeit«.

Jochen Klepper hat in seinen Weihnachtsliedern die Menschwerdung Gottes, die Inkarnation und vor allem den Zweck dieses himmlischen Rettungsunternehmens meditiert, wie das vor ihm in deutscher Sprache nur Paul Gerhardt getan hat. Kein süßes Jesulein, kein holder Knabe im lockigen Haar findet sich in seinen weihnachtlichen Versen. Dafür weist er immer wieder hin auf den unlösbaren Zusammenhang zwischen Krippe und Kreuz. Zum Beispiel im »Weihnachts-Kyrie«:

Die Welt ist heut voll Freudenhall.
Du aber liegst im armen Stall.
Dein Urteilsspruch ist längst gefällt,
das Kreuz ist dir schon aufgestellt.
Kyrie eleison!

Eva-Juliane Meschke gegenüber hat Jochen Klepper wiederholt erklärt, »welcher inneren Voraussetzungen es bedurfte, damit er Lieder schreiben konnte. Er musste im Vertrauen auf einen letzten Halt leben und in der Ergebung der dritten Vater-unser-Bitte sein«.[304] – »Dein Wille geschehe wie im Himmel, so auf Erden«: Das innere Einverständnis mit dieser Bitte hat er sich immer wieder selbst abringen müssen. Auch im neuen Jahr, das im Grunde verheißungsvoll begonnen hat. Die *Deutsche Allgemeine Zeitung* hat in ihrer Neujahrsausgabe auf Seite 7 das »Neujahrslied« abgedruckt. Der DAZ-Redakteur Hans Eberhard Friedrich hat sich einen Tag vor Weihnachten herzlich und persönlich bei Jochen Klepper dafür bedankt, unter anderem mit den Worten: »Eine wirkliche Freude erfüllt mich darüber, dass ich *Sie* kenne, der so glauben und so singen kann.«[305]

Und so beginnt das neue Jahr, wie das alte geendet hat: mit Kirchenliedern. Weihnachten war nur der Auftakt – Jochen Klepper hat ja vor, Lieder für den ganzen Jahreskreis zu schreiben. »Kirchenlieder und immer wieder nur ein großes Buch: dahin verdichten sich alle meine Wünsche«, trägt er am 11. Januar ins Tagebuch ein. 1938 wird in der Tat sein Jahr der Kirchenlieder, auch wenn das zu dem Zeitpunkt noch nicht absehbar ist. Erst einmal gibt es einen Nackenschlag. A. R. Meyer hat ihn in die Reichsschrifttumskammer einbestellt und sich unmissverständlich zu seinen eingereichten Manuskripten geäußert. »Man wendet sich – ›beratend, nicht eingreifend‹ – gegen meine geistlichen Gedichte. Und nun wurde es ganz klar ausgesprochen: ›gegen die knechtische Haltung, wie sie der neue Geist bekämpft, der Gestalt Christi gegenüber‹.« Das zielt auf das »Neujahrslied«, mit den in der Zwischenzeit entstandenen neuen Liedern hat sich Meyer noch nicht befasst. Er hat die Veröffentlichung nicht verboten, aber er hat Jochen Klepper einmal mehr eingeschüchtert. So sehr, dass dieser Kurt Ihlenfeld bittet, die Weihnachtslieder erst einmal zurückzuhalten und noch nicht, wie geplant, umgehend im *Eckart* abzudrucken. Andererseits: »Nun ist die Sache nicht mehr meine, sondern Christi Sache.« Das befreit ihn zumindest innerlich.

Die nächsten Monate gehören zu den produktivsten in Jochen Kleppers schriftstellerischer Laufbahn. Und das trotz widrigster äußerer Umstände: Das Regime zieht der »Bekennenden Kirche« gegenüber die Daumenschrauben an, so wird Pfarrer Martin Niemöller am 2. März ins Konzentrationslager Sachsenhausen überführt als »Persönlicher Gefangener des Führers«. Hanni und die Töchter sind fast im Wochentakt mit neuen Zumutungen, neuen Ausbrüchen von Judenhass konfrontiert. Die angekündigte Enteignung des Hauses macht Sorgen, die Kleppers müssen einen anderen Platz zum Leben suchen und erwägen zwischendurch selbst so bizarre Varianten wie »zurück nach Beuthen« oder eine Übersiedelung in die Herrnhuter Gemeinschaftssiedlung Gnadenfrei im Eulengebirge. Außerdem liegt Kriegsgefahr in der Luft.

Zugleich ist 1938 aber auch das Jahr, in dem Jochen Klepper den Ertrag der jahrelangen Arbeit am »Vater« genießt. Er erfährt Zuspruch und Lob von allen Seiten. Wildfremde Menschen stellen sich ihm vor und geben sich als begeisterte Leser zu erkennen. Namhafte Kollegen, Mitglieder des Establishments aus allen nur denkbaren Kreisen, selbst aus der Industrie, melden sich in Südende zum Besuch an (Rudolf Alexander Schröder Mitte Februar) oder laden die Kleppers zu sich ein (so die Prinzessin Hermine von Preußen, die zweite Frau des Kaisers. Am 31. März ist das Ehepaar Klepper bei ihr zu Gast im Alten Palais Unter den Linden, »wir die einzigen Bürgerlichen«[306]). »Der Vater« verkauft sich praktisch von selbst. Als Nebenprodukt des Romans stellt Jochen Klepper eine Auswahl von Briefen und Bildern des Soldatenkönigs zusammen; die DVA wird das Buch unter dem Titel »*In tormentis pinxit*«[307] rechtzeitig zum 250. Geburtstag des Königs im August auf den Markt bringen. Noch eine Frucht des »Vaters«: Kurt Ihlenfeld will für den Eckart-Verlag ein Bändchen über das Verhältnis Friedrich Wilhelms I. zu den Vätern des Pietismus und über seine Frömmigkeit haben. »Der Soldatenkönig und die Stillen im Lande« wird ebenfalls im Sommer 1938 in Druck gehen. Davor, dazwischen, danach schreibt Jochen Klepper Lieder.

Am Palmsonntag ist das »Abendmahl der Männer«[308] fertig, nach einem Vers aus dem 1. Timotheusbrief: »So will ich nun, dass die Männer beten an allen Orten und aufheben heilige Hände ohne Zorn und Zweifel.«[309]

Mitten in der Karwoche entsteht Jochen Kleppers »Morgenlied« über Verse aus dem Buch des Propheten Jesaja: »Er weckt mich alle Morgen, er weckt mir das Ohr, dass ich höre wie ein Jünger.«[310]

Ein »Gründonnerstags-Kyrie« bekommt am Karfreitag den letzten Schliff. Es ist eigentlich ein Lied zur Stiftung des Heiligen Mahls und beginnt ganz beschaulich:

Heut bin ich meines Heilands Gast
zu Brot und Wein und Osterlamm…

Aber daraus wird eine vielschichtige, spannungsreiche Erzählung in zehn Strophen, denn während Jesus mit seinen Jüngern das letzte Abendmahl feiert, wird im Garten Gethsemane schon der Baum fürs Kreuz gefällt. Neun mal fleht der Dichter den Herrn um sein Erbarmen an. In der letzten Strophe allerdings, da schlägt er einen kühnen Bogen vom Gründonnerstag zur Wiederkunft Jesu am Ende der Zeiten, zum großen Freudenmahl. Da hat alle Finsternis ein Ende, da grünt auf einmal der Pfahl des Kreuzes, und da wandelt sich das Kyrie eleison zum Hosianna.

Kurt Ihlenfeld gehört zu den Ersten, die die neuen Lieder zu Gesicht bekommen, und ist sehr angetan. Er plant einen eigenen Klepper-Gedichtband in einer Auflage von 2000 Exemplaren, und wenn es dort nichts wird, dann wäre auch Kurt Pagel und die DVA interessiert.

Am Mittwoch nach Ostern denkt Jochen Klepper bereits an Pfingsten und dichtet das Lied »Komm, heilige Taube«. Dann überfällt ihn wieder der Alltag und nimmt alle seine Sinne in Beschlag:

Da kommt aus heiterem Himmel am 26. April die »Verordnung zur Anmeldung des Vermögens von Juden«; demnach mussten Vermögen über 5 000 Mark angemeldet werden (natürlich nicht aus Menschenfreundlichkeit. Lies § 7: »Der Beauftragte für den Vierjahresplan kann die Maßnahmen treffen, die notwendig sind, um den Einsatz des anmeldepflichtigen Vermögens im Einklang mit den Belangen der deutschen Wirtschaft sicherzustellen«, das heißt: die Beraubung und Ausplünderung der Juden von Amts wegen wird hier unverhohlen angekündigt).

Da muss für Renate eine Lehrstelle gefunden werden. Die Kleppers haben sie genau wie Brigitte im Februar von der Schule genommen, nachdem ihnen die Klassenlehrer klar gemacht haben, dass den Mädchen kein noch so hoher Abschluss nützen wird. Brigitte besucht jetzt die jüdische Handelsschule, aber was für Aussichten hat »Renerle«? Hanni ruft jede Schneiderin an, die sie kennt, klappert alle Bekannten in der Modebranche ab, angefangen bei der befreundeten großen Modeschöpferin Elise Topell, an der Jochen Klepper seinerzeit gedanklich Maß genommen hat für seine Vorstellung von der »Großen Directrice«. Auch er lässt in dieser Sache alte Drähte aus der Zeit spielen, in der er noch für den Moderoman recherchiert hat, und erlebt, was er nur allzu gut aus anderen Zusammenhängen kennt: Hoffnungsschimmer und bittere Enttäuschungen und Furchterregendes im atemlosen Wechsel.

Da branden die Nachrichten aus dem erst vor Wochen besetzten (NS-amtlich »angeschlossenen«) Österreich heran, die Meldungen von der schändlichen Behandlung der Juden dort. »Österreich erlebt nun fünf Jahre Nationalsozialismus konzentriert in wenigen Wochen.«[311]

Da streichen schon seit Wochen Bedienstete der Reichsbahn durch Südende und vermessen die Grundstücke, als würden sie bereits ihnen gehören. Der monströse Schatten »Germanias« und des geplanten gigantischen Südbahnhofes legt sich über die Siedlung. Hanni hat auf ihren Streifzügen ein schönes Baugrundstück im äußersten Südwesten Berlins, in Nikolassee, entdeckt. Das einzig akzeptable Grundstück unter Dutzenden. Die Kleppers sehen sich genötigt, den Kauf rasch zu vollziehen. Die Reichsbahn schafft Fakten, legt bei den Eigentümern in Südende bereits Geld auf den Tisch, aber die angebotenen Entschädigungssummen sind natürlich lächerlich gering. Die Kleppers werden auf jeden Fall 4 000 bis 5 000 Mark Verlust machen, ein kleines Vermögen. Für den Neubau müssen sie eine Hypothek aufnehmen.

Zu alledem muss auch noch für Jochen Kleppers schwer erkrankte, stark abgemagerte Mutter ein Pflegeplatz organisiert werden. Ein auslaugendes Programm. Und doch schafft es Jochen Klepper unter solchen Umständen, sein »Abendlied« zu schreiben. »Ich liege, Herr, in deiner Hut«[312] – elf kurze, vierzeilige Strophen, unterfüttert mit den Erfahrungen einer viele Jahre langen Schlafstörungs- und Albtraumkarriere und ganz akuter Erschöpfungszustände. Gerade deshalb ist das Lied von einer solchen Wertschätzung des tiefen, friedlichen, erholsamen Schlafes geprägt. Wer sonst könnte die Nachtruhe so preisen und in solchen Worten als göttliches Geschenk würdigen?

Einen Monat später, zu Pfingsten 1938, entsteht das »Mittagslied«.[313]

Der Tag ist seiner Höhe nah.
Nun blick zum Höchsten auf,
der schützend auf dich nieder sah
an jedes Tages Lauf…

Jochen Klepper bekennt dem Tagebuch, dass ihm gar nicht feiertäglich zumute ist. Aber »nach neuen Kirchenliedern ist immer wieder der Friede, der im Herzen immer herrscht, auch in den Sinnen und Nerven«.[314] Das Verfassen geistlicher Gedichte verschafft ihm innerlich Luft, ereignet sich in einem Freiraum, den niemand einengen oder beschneiden kann.

Noch einmal zwei Wochen später entsteht das »Silvesterlied«[315] nach einem Vers aus dem Buch des Propheten Jesaja: »Ja, ich will euch tragen bis ins Alter und bis ihr grau werdet.«[316] Fehlt noch das »Geburtstagslied« und das »Reformationslied«, damit die Sammlung für das geplante Gedichtbändchen im Eckart-Verlag komplett ist. In Kurt Ihlenfelds Wohnung in Steglitz werden die Manuskripte daraufhin gesichtet, ob sie auch dem Anspruch genügen, den Martin Luther im Hinblick auf geistliche Lieder formuliert und den Jochen Klepper als Motto des Bändchens gewählt hat: »Es liegt daran, dass der Haufe Gottes oder Gottes Volk ein Wort oder Lied annehme oder für unrecht erkenne. St. Ambrosius hat viel schöner Hymnen gemacht, heißen Kirchengesang darum, dass sie die Kirche angenommen hat und braucht, als hätte sie dieselben gemacht und wären ihre Lieder. – »Kyrie« soll das Buch heißen. Ihlenfeld will die Startauflage mehr als verdoppeln; nun sollen gleich 5 000 Exemplare gedruckt werden.

Noch vor Kurt Ihlenfeld und dem Rest der Welt hat Hanni Klepper die Wirkung der geistlichen Gedichte und Lieder zu spüren bekommen. Sie tippt und vervielfältigt die Manuskripte, sie ist den Gedanken immer als Erste ausgesetzt gewesen, und sie gehen ihr nicht nur gefühlsmäßig ans Herz. Offensichtlich haben ihr auch und gerade die Gedichte einen Zugang zum Glauben ihres Mannes eröffnet. Jochen Klepper registriert es beglückt. Die Eheleute rücken innerlich noch enger zusammen. »Alles, was wir erleben, macht uns nur noch einiger miteinander und inniger zueinander.«[317] Acht Jahre lang hat Jochen Klepper sich danach gesehnt, auch seinen Glauben mit Hanni teilen zu können. Nun erlebt er »dieses zerrissene und bedrohte Jahr« auch in dieser Hinsicht als »ein solches Geschenk«.

Bis zur Auslieferung des »Kyrie« gehen nur wenige Wochen ins Land, aber was passiert in dieser kurzen Zeit alles: Renate hat tatsächlich eine Schneiderlehre in Aussicht, muss aber vorher ein Haushaltspflichtjahr absolvieren (das ist seit Februar 1938 für alle Schulabgängerinnen bis zum 25. Lebensjahr verpflichtend angeordnet, auch für Abiturientinnen; alternativ ist auch ein halbes Jahr »Reichsarbeitsdienst« möglich – aber nur für »arische« Mädchen). Familie Milch in Wolfshau nimmt Renate für dieses Pflichtjahr gern auf. Besorgnis erregt allerdings, dass ein paar Kilometer weiter jenseits der Grenze zur Tschechoslowakei bürgerkriegsähnliche Zustände herrschen, künstlich geschürt von den sudetendeutschen Nationalsozialisten, und dass die Wehrmacht im Riesengebirge massiv Truppen zusammenzieht. Die »Arisierung des Geschäftslebens« (*LTI*, in Jochen Kleppers Tagebuch ohne Anführungszeichen) wird gnadenlos durchgezogen. Jüdische Ärzte wissen seit dem 3. August, dass sie ihre Praxen bis zum 1. Oktober auflösen müssen. Die »Arisierung« des Grundbesitzes wird der nächste Schritt sein – Hanni bekommt im August zwar von der Dresdner Bank noch einen Zwischenkredit verlängert und erhöht, aber wenige Tage später lässt die Bank das Geschäft platzen.[318] Damit wackelt die Finanzierung des Hausbaus in Nikolassee wieder. Trotzdem erfolgt am 25. August 1938 in der Teutonenstraße 23 die Grundsteinlegung.

In derselben Woche sorgt die »Namensänderungsverordnung« für Aufregung: »Ab 1.1. müssen alle Juden, ob getauft oder nicht, als zweiten Vornamen den Namen Israel, alle Jüdinnen den zweiten Namen Sara führen. […] Die biblischen, berühmten Namen sind den Juden gesperrt.«[319] Die schlimmste Zumutung für Jochen Klepper ist aber der Gedanke an eine mögliche Zwangsscheidung. Den bringt Dr. Hugo Koch, Jochen Kleppers »weißer Rabe«[320] und zuständiger Referent im Propagandaministerium in einem mehr als einstündigen Gespräch am 2. September auf (»Das wärmste und schwerste Gespräch, das wir je miteinander führten«[321]). Koch deutet »große Erschütterungen« an, weiß von Plänen zur weiteren Verschärfung antisemitischer Maßnahmen, rät dringend dazu, die Kinder außer Landes zu bringen – und selbst auszuwandern. In zwei Punkten widerspricht Jochen Klepper ihm energisch: Auswandern kommt für ihn selbst nicht in Frage. Er sei dann von seinem Volk abgeschnitten und würde kein Wort mehr zu Papier bringen können, erklärt er Koch.[322] Und vor die Alternative »Ehe oder Vaterland« gestellt, würde er sich für die Ehe entscheiden. Da geht er keine Kompromisse ein. Das ist die unüberschreitbare Grenze. Es ist ein Notizzettel Jochen Kleppers zu diesem Gespräch erhalten, darauf steht die Bemerkung »Koch *de seperdione*« (= von der/über die Selbstvernichtung). Eher Suizid als Scheidung? – Den Rat, die Auswanderung der Töchter zu betreiben, nimmt er sich zu Herzen, und darüber wird er sich auch umgehend mit Hanni einig. Die Sache mit der Zwangsscheidung verschweigt er ihr. Der Tagebucheintrag vom Abend dieses 2. September schließt mit den Worten: »Eins weiß ich: Gott ist kein Quäler, wenn auch der Richter und immer der Führer; und über allem der Vater.«

Fast hat es den Eindruck, als lebe Jochen Klepper in diesem Jahr 1938 in parallelen Welten. Die Situation seiner Familie wird immer prekärer, das Regime drosselt den Juden systematisch die Luft ab und ihren »arischen« Ehepartnern gleich mit, wenn sie sich nicht trennen. Aber zur selben Zeit erntet Jochen Klepper als

Schriftsteller Anerkennung und wird als das wahrgenommen, was er immer sein wollte: ein protestantischer Dichter, ein Dichter der Kirche. Der handgreifliche Beweis dafür ist das »Kyrie«. Am 18. September hält er die ersten Exemplare des Gedichtbandes in Händen. Binnen kürzester Frist gelangt das Buch in die Hände vieler Kantoren und Komponisten geistlicher Musik. Fast wöchentlich bekommt Jochen Klepper Tonsätze seiner Lieder zugeschickt. Auch die Theologen nehmen das »Kyrie« ganz überwiegend positiv auf. Erich Stange etwa, inoffiziell immer noch Leiter des Evangelischen Jugendwerkes in Deutschland, würdigt in einem Brief Anfang Oktober »die enge Verbindung zwischen Schriftwort und Dichtung«, lobt, dass die Lieder »durchweg Gebet oder Zuspruch sind. Gerade so steht diese Dichtung im Zentrum der Gemeinde«.[323] Das trifft sich mit Jochen Kleppers eigenem Verständnis von geistlicher Dichtung, das er in den Wochen zuvor in seinem Aufsatz *Das göttliche Wort und der menschliche Lobgesang* entfaltet hat.

Aber grau ist alle Theorie. Entscheidend ist, dass die Lieder und geistlichen Gedichte nicht nur zur Kenntnis genommen, sondern vorgetragen und wirklich gesungen werden. Genau das setzt nun ein. Pfarrer Kurzreiter will Lieder aus dem »Kyrie« in der Mariendorfer Gemeinde einsetzen.[324] Das Telefon steht nicht mehr still vor Anfragen und Dankadressen, der Briefkasten quillt über von Briefen, in denen Jochen Kleppers Leser ihre Erfahrungen mit den Gedichten – und mit dem »Vater« schildern. Noch ein Vierteljahr, dann wird Jochen Klepper realisieren: »Das für mich Unfassliche ist geschehen; das ›Kyrie‹ ist in die Häuser gedrungen.«[325]

Mit dem »Vater« hat Jochen Klepper die gebildeten Kreise für sich eingenommen, mit dem »Kahn der fröhlichen Leute« bewiesen, dass er auch unterhalten kann. Nachhaltige Wirkung in der Breite – die erzielt er erst mit seinen geistlichen Gedichten und Liedern. Die wichtigsten davon sind in dem einen schicksalhaften Jahr 1938 entstanden. Sie bilden auch das Rückgrat der erweiterten, dritten Auflage des »Kyrie« (im Spätsommer 1941) mit insgesamt dreißig Liedern. 25 Auflagen hat das Buch bis heute erlebt, etwa 150 000 Mal wurde es verkauft – für einen Gedichtband phänomenal. Entscheidender ist: Drei der Lieder haben den Weg ins Evangelische Kirchengesangbuch (EKG) gefunden, das zwischen 1950 und 1969 in allen deutschen Landeskirchen eingeführt wurde. »Die Nacht ist vorgedrungen«, »Der du die Zeit in Händen hast«, und das »Mittagslied«. Das Evangelische Gesangbuch (EG, seit 1993) enthält zwölf Lieder aus dem »Kyrie«. In den Liederbüchern der evangelischen Freikirchen und der Gemeinschaftsbewegung (allesamt um die Jahrtausendwende herum eingeführt) sind Klepper-Lieder ähnlich gut vertreten. Zumindest im protestantischen Teil der Christenheit, zumindest zu bestimmten Anlässen im Kirchenjahr (Weihnachten, Jahreswechsel) sind geistliche Gedichte Jochen Kleppers buchstäblich in aller Munde.

10. Sternträger

Hanni Klepper hat an der Seite ihres Mannes einen weiten inneren Weg zurückgelegt. Am Anfang dieses Weges stand die rein verstandesmäßige, zunächst nur oberflächliche Kenntnis des christlichen Glaubens. Er war ihr ähnlich fremd wie der Glaube ihrer Vorfahren. Und es war alles andere als ausgemacht, dass sie sich jemals persönlich mit diesem Glauben würde identifizieren können. Interessiert beobachten ja, den einen oder anderen spannenden Einblick gewinnen – auch ja. Aber es sind ihr auch befremdliche Eindrücke nicht erspart geblieben, abstoßende Erfahrungen mit den menschengemachten Organisationsformen der Christenheit. Jochen Kleppers Treue zur evangelischen Kirche trotz seines Leidens an ihr, trotz seiner Klagen über diese Kirche muss ihr zeitweise rätselhaft erschienen sein. Rätsel machen aber auch neugierig.

Hanni Klepper hat viel über die unterschiedlichen Ausprägungen des christlichen Glaubens erfahren, hat durch ihren Mann die Bekanntschaft mit Menschen gemacht, die diesen Glauben ganz verschieden praktiziert haben. Manche überzeugend und vorbildlich, manche nachlässig oder fragwürdig. Stärker und prägender war aber wohl der Umstand, dass Jochen Klepper seine Tage unter die Losungen der Herrnhuter Brüdergemeine gestellt hat, damit unter Worte aus der hebräischen Bibel; dass er sich abhängig wusste und freiwillig machte vom Gott Israels. Die Rolle des Juden Jesus, des Wanderpredigers aus Nazareth, im Drama der Erlösung der Menschheit – die fand Hanni Klepper in den Gedichten ihres Mannes zum Kirchenjahr erklärt auf ganz undogmatische Weise. Nicht zuletzt hat ihr Jochen Kleppers Hochachtung für die Sakramente (Abendmahl und Taufe) die zentralen und unverfügbaren Geheimnisse des christlichen Glaubens näher gebracht. – Die Mitgliedschaft in der evangelischen Kirche verspricht Hanni Klepper im Herbst 1938 keinerlei Vorteil im Umgang mit den nationalsozialistischen Behörden. Ihre Motive sind auch andere als noch 1935 (da hat sie die Konversion zum zweiten Mal ernsthaft erwogen).[326] Sie will Christin werden aus ganz freien Stücken. Jochen Klepper hat sie nicht gedrängt, nicht bearbeitet, hat vermutlich noch nicht einmal explizit dafür gebetet. Aber er hat sich von Herzen gewünscht, nicht nur das Leben, sondern auch den Glauben mit seiner Frau teilen zu können, soviel verrät das Tagebuch.

Die Taufvorbereitung soll eigentlich am 1. November, am Vorabend von Hanni Kleppers 48. Geburtstag, im Haus der Kleppers in Südende stattfinden, verschiebt sich aber immer wieder. Vermutlich auch deshalb, weil Pfarrer Kurzreiter aus Gesprächen mit Jochen Klepper weiß, dass dessen Frau schon fast alles verinnerlicht hat, was zum christlichen Glaubensbekenntnis gehört. Solche Taufbewerber hat er nur selten.

Die Taufe Hanni Kleppers wird unter einem dunklen Schatten stattfinden. Der Schatten hat sich bereits in den Monaten zuvor zusammen geballt, nur kurz aufgehellt durch das europaweite Aufatmen über das »Münchener Abkommen« und die vorläufige Abwendung des Krieges, der doch schon unausweichlich schien. Aber das war wirklich nur ein Zwischenhoch von wenigen Wochen. Seither verdüstert sich der Himmel wieder. Jüdische Anwälte sollen nach ihren Kanzleien nun auch ihre Wohnungen verlieren, war am 23. Oktober zu erfahren. Wenig später hat Jochen Klepper dem Tagebuch berichtet: »Viele Verhaftungen von jüdischen Polen in Berlin; auch Schülerinnen aus Brigittes Schule wurden aus dem Unterricht abgeholt.« Die Geburtstagsbriefe von jüdischen Verwandten und Bekannten beglückwünschen Hanni Klepper am 2. November vor allem zu dem einen: »dass Hannis Leben noch Hoffnung und Aufbau kennt«.[327]

Pogromnacht

Sieben Tage später dann brennen im Deutschen Reich die Synagogen, und die Feuerwehr steht daneben und löscht nicht. Hasserfüllte Braunhemden und SS

Jochen, Hanni, Brigitte und eine Bekannte von Brigitte (von rechts) vor dem Haus in der Karlstraße

ziehen sengend und plündernd durch die Innenstädte. Angeblich sind das »spontane judenfeindliche Kundgebungen«, die natürliche Reaktion auf die Ermordung des Sekretärs der Deutschen Botschaft in Paris Eduard vom Rath durch den jungen polnischen Juden Herschel Grynszpan. Den Kleppers ist klar, dass die »spontanen Kundgebungen« organisiert waren und das Attentat von Paris den nationalsozialistischen Machthabern wie gerufen kam.

»Was wird man an Maßnahmen wieder aus diesem neuen ›Aufflackern der Volkswut‹ ableiten? Es ist ein neuer, furchtbarer Schlag. Viele glauben, dass es bei der wachsenden Wohnungs- und Geschäftsnot nun an die jüdischen Wohnungen und Läden geht, wie bei den Anwälten und Ärzten, und dass der Gedanke eines Barackenghettos immer näher rückt«, vermerkt Jochen Klepper am 10. November im Tagebuch. Noch tröstet er sich mit dem Eindruck, dass die Plünderungen und Übergriffe sich auf einige wenige Viertel beschränkt haben. Aber die Schreckensnachrichten laufen auch nur scheibchenweise in Südende ein. Ilse Freund meldet sich verzweifelt aus Breslau: Ihr Porzellanwarengeschäft ist demoliert worden, ihr Mann August Freund verhaftet. Toni Milch und Renate schreiben aus Wolfshau: Auch Werner Milch ist weggebracht worden, niemand weiß, wohin. »Man muss sich zwingen, in Ruhe die Dinge abzuwarten.«[328] Die Verhaftungswelle trifft nur Männer, aber nach welchen Kriterien? Das wird erst viele Jahre später aufgedeckt.[329] Onkel Ludwig, der alte Sanitätsrat aus Nürnberg, hat noch einmal Glück gehabt – er hat sich im vierten Stock seines Hauses versteckt, als die Häscher kamen. In der dritten Etage haben sie kehrt gemacht. Die Wohnungen sind verwüstet, aber er ist nach all der Aufregung wohlauf.[330] Das kann man von anderen Nürnberger Juden nicht sagen: In der Stadt der Reichsparteitage sind in der Nacht vom 9. auf den 10. November 1938 viele jüdische Bürger misshandelt, neun erschlagen worden, zehn haben sich selbst das Leben genommen, von sieben weiteren weiß man nicht, ob sie wirklich eines natürlichen Todes gestorben sind.[331]

In der Abendausgabe der DAZ vom 12. November lesen die Kleppers: »Juden dürfen kulturelle Veranstaltungen nicht mehr besuchen. Verordnung von Dr. Goebbels untersagt Zutritt zu Theatern, Kinos, Konzerten, Vorträgen und Ausstellungen.« Noch am selben Tag ergeht die »Verordnung über eine Sühneleistung der Juden deutscher Staatsangehörigkeit«. Eine Milliarde Reichsmark sollen die Juden als »Buße für das Pariser Attentat« aufbringen; jüdische Gewerbetreibende müssen ihre zerstörten Ladengeschäfte unverzüglich auf eigene Kosten instand setzen lassen. Am 14. November schließlich verkündet Goebbels in einer Rede, und Jochen Klepper überträgt es wortgetreu ins Tagebuch: »Die Judenfrage wird in kürzester Frist einer das deutsche Volksempfinden befriedigenden Lösung zugeführt! Das Volk will es so (!!), und wir vollstrecken nur seinen Willen!« – Hanni, »die doch nie weint«, vergießt bittere Tränen, wenn sie an ihre Töchter denkt, »wo das Leben ihnen so furchtbar hart begegnet und so frühe sie auf so schweren Ernst verweist.« Und Jochen Klepper selbst? »Die Nächte sind wieder so schwer. Und dass man ebensoviel Ekel wie Schmerz empfinden muss.«

Für ein wenig Aufhellung sorgt vom 15. November an die neue Haustochter Anni Tiecke, von Toni Milch aus Wolfshau empfohlen. Sie kann nur deshalb angestellt werden, weil die Tobis – neben der UFA Deutschlands zweitgrößte

Traumfabrik – für ein Film-Treatment zum »Vater« angefragt und für die Option auch gleich gezahlt hat. Wie gewonnen, so zerronnen: Am 24. November wird die Höhe der von den Juden zu leistenden Vermögensabgabe bekannt (20 Prozent von allen privaten Vermögen über 5000 Mark), in vier Raten zu zahlen. Schon die erste Rate von rund 2500 Mark zehrt die freien Mittel der Kleppers fast völlig auf, und dabei ist in Nikolassee gerade erst Richtfest gefeiert worden. Aber Anni Tiecke hat sich bereits unersetzlich gemacht.

Den Kleppers ist klar, dass sie mit allen Mitteln die Auswanderung der Mädchen betreiben müssen. Ilse Freund in Breslau packt bereits die Koffer, besorgt Visa für Chile und kümmert sich um die Schiffspassage; das alles in der Hoffnung, dass ihr August endlich aus dem berüchtigten Konzentrationslager »bei Weimar« frei kommt (Buchenwald wird erst zum schrecklichen Begriff). Hanni muss für Ilse auf diversen Behörden und Dienststellen Informationen einholen. Auch Toni Milch in Wolfshau ordnet mit Renates tatkräftiger Hilfe ihre Sachen für eine baldige Ausreise, denn »nur der Auswanderungsnachweis führt bei den Verhafteten zu rascherer Entlassung aus dem Konzentrationslager«, war am 1. Dezember zu erfahren. Am 3. notiert Jochen Klepper die »Bekanntgabe der Judenbann-Bezirke: alle ›kulturellen‹ Institute, alle Bäder, Straßen im Regierungsviertel...« Jüdische Führerscheine werden eingezogen, Fahrzeuge in jüdischem Besitz beschlagnahmt. Am 6. Dezember »wieder neue Judengesetze, alle gegen den Besitz gerichtet [...] Ein selbständiges Disponieren über Geld und Eigentum gibt es für Juden nun überhaupt nicht mehr. Sie können zu Verkäufen gezwungen werden«.

Der »Judenbann« bezieht sich nicht ausdrücklich auf Kirchenkonzerte, also fassen sich Hanni und Jochen Klepper am 11. Dezember ein Herz und gehen zu einer Adventsmusik ehemaliger Domchorsängerknaben in die Mariendorfer Kirche (das NS-Gesamtkunstwerk) und freuen sich an den alten Chorälen und den Orgelpartien von Bach und Händel. »Wir hoffen irdisch nichts mehr; aber wo wir von Gottes Freundlichkeit gesungen und gepredigt hören, wird unser Herz weit; wir wissen, was Qual, Ekel, Müdigkeit, Verzweiflung ist – aber wir können nicht irre werden an Gott als dem Vater, Herrn, Führer und Schöpfer.« Sie warten sehnsüchtig auf Renate.

Die trifft am 15. Dezember, aus Wolfshau kommend, in Berlin ein und wird festlich empfangen »mit Blumen, Torte, Süßigkeiten und dem Adventskranz«. In der Nacht vor ihrer Abreise hat sie noch erlebt, wie Werner Milch schwer gezeichnet aus Sachsenhausen zurückkam. Jochen Klepper ist tief betroffen von dem, was Renate zu berichten hat: »Er will nun die Auswanderung; er, der so fanatisch an Deutschland hängt. Ich habe immer gesagt: der vorletzte, der Deutschland verlässt, ist Werner Milch; die letzten sind Hanni und ich. Der vorletzte geht nun. So schwer war es also im Konzentrationslager.« Und »Renerle«: auch die ist nun fest entschlossen auszuwandern.

Taufe unterm Hakenkreuz

So empfängt Hanni Klepper die Taufe im Bewusstsein der baldigen Trennung von den Kindern. Der vierte Adventssonntag, es ist der 18. Dezember, sieht Hanni und Jochen Klepper mit Anni Tiecke als Taufzeugin nachmittags um halb vier in der völkisch verbrämten Martin-Luther-Gedächtniskirche. Max Kurzreiter gestaltet die Taufe und anschließend die kirchliche Trauung würdig und feierlich, aber nüchtern. »... kein Mensch, keine Musik, nur Gottes Wort. [...] Hanni am Taufstein bei den Adventslichtern war ein ergreifendes Bild. Ihr Taufspruch: 1. Timotheus 6,12 ›Kämpfe den guten Kampf des Glaubens; ergreife das ewige Leben, dazu du auch berufen bist.‹« Bei der anschließenden Einsegnung der Ehe spart sich Kurzreiter die Ansprache und liest stattdessen die Epistel des Sonntags aus dem Philipperbrief (4,4–7). Anschließend lädt der Pfarrer Täufling samt Ehegatten überraschend zum Adventskaffee in seine Wohnung. Und zu Hause in Südende wird noch einmal mit den Mädchen gefeiert.

Die Rosen und Chrysanthemen der Tauffeier werden bis über die Weihnachtstage halten. Kurz, allzu kurz sind die Tage zwischen den Jahren, und richtig still und erholsam sind sie auch nicht. Meschkes kommen kurz zu Besuch; auch sie planen auszuwandern. Und Hanni bringt vom Einkaufsbummel in der Stadt den Eindruck mit, dass den Leuten das Geld recht locker sitzt. Außerdem hat sie von zahlreichen jüdischen Suiziden gehört. Das bestärkt sie in dem Entschluss, ihren Töchtern einen Weg aus Deutschland zu suchen. Erste Schritte ist sie schon gegangen: Anfang Dezember hat sie die sechzehnjährige Renate für einen der Kindertransporte des »Movement for the Care of Children from Germany« nach England angemeldet. Brigitte ist mit ihren achtzehn Jahren schon zu alt; für sie hat Hanni Klepper wenige Tage nach dem Pogrom ihre Cousine Bea Westheim in London aktiviert. Sie soll ihr eine Stelle als Haustochter besorgen, und als das nicht gleich funktioniert hat, hat sie einem Neffen zweiten Grades, der für ein Hilfswerk am Woburn House arbeitet, angetragen, Brigitte als Haushaltshilfe einzustellen. »Einen anderen Weg gibt es nicht für sie. Auch schweren Herzens.«[332]

Wappnen für die Wirklichkeit

Brigitte und Renate Stein: zwei geliebte und behütete, aber nicht verzärtelte Mädchen. Die Erstgeborene etwas eigenwilliger, die Jüngere etwas einnehmender. Beide leidlich fleißige Schülerinnen, beide ganz normale Kinder, wohlerzogen, nicht vorlaut, trotzdem keck. Materiell haben sie nie in Saus und Braus gelebt, aber kurz gehalten wurden sie auch nicht. 1935 beim Einzug in Südende haben sie jeweils ein eigenes, modern eingerichtetes Zimmer bekommen – da waren sie dreizehn und fünfzehn Jahre alt. Ausgedehnte Ferien in Schillersdorf bei Meschkes, allein oder gemeinsam, Wandern und Winterzauber in Wolfshau. Hanni und Jochen Klepper haben sie bestimmt nicht in Watte gepackt, haben aber versucht, sie im gepflegten häuslichen Idyll vor dem Schlimmsten abzuschirmen und für die hässlichen Seiten der Wirklichkeit zu wappnen. Erniedrigende Erfahrungen haben sie ihnen trotzdem nicht ersparen können. »Juden unerwünscht«, »Zutritt für Juden verboten«, und nicht verstehen können, warum. Andere Mädchen zu sich nach Hause einladen und erleben, dass die Klassenkameradinnen nicht wollen, weil man ihnen in der BDM-Gruppe eingeschärft hat, sich von Juden fern zu halten. Immer schlechtere Aussichten für die Zeit nach der Schule – Studium unmöglich, Zukunft verbaut.

Der Abgang von der Schule im Februar 1938 war für beide Mädchen ein tiefer Einschnitt. Brigitte, neuerdings auf der Jüdischen Handelsschule, hat es als ganz ungewohnt empfunden, auf einmal nur unter Juden zu sein. »Fast jeden Tag blieb ein Mädchen weg, und man wusste dann bald, dass sie mit Eltern oder Verwandten ausgewandert war. Es schien wie eine unterdrückte Panik, die ich mit meinem ruhigen, geordneten Zuhause gar nicht vergleichen konnte. Jedenfalls hatte ich nur einen Wunsch, als meine beste Freundin mit ihrer Mutter nach England auswanderte: Das will ich auch!«[333] Hanni Klepper war bei aller Liebe im Hinblick auf ihre Große oft ratlos. Und auch Jochen Klepper hat sie nicht immer verstanden. »Brigitte spricht so kalt von ihrer Emigration«, hat er im Spätsommer 1938 dem Tagebuch anvertraut.[334] Aber nun setzen die Eheleute alle Hebel für sie in Bewegung. Genau wie für die scheinbar unbekümmerte, lebenslustige Renate. Die hat sich als Haustochter bei Milchs in Wolfshau trotz ihrer Jugend als lebenstüchtig und zupackend erwiesen, ist bei allem Temperament feinfühlig und »lieb und ruhig«.[335] Kann man also auch guten Gewissens nach England empfehlen, wenn es nur nicht so weh täte.

Der »Hilfsverein der deutschen Juden« hat seit den Novemberpogromen größte Mühe, die plötzliche Flut von Ausreisebegehren zu bewältigen (im ganzen Jahr 1937 musste er nur einige tausend Anträge bearbeiten, nun innerhalb weniger Monate zehntausende!).[336] Auch Brigittes Anliegen bleibt im Antragsstau stecken. Nächster Versuch: Jochen Klepper bekommt durch einen einstigen Ullstein-Kollegen Kontakt zum »Germany Emergency Committee« der britischen Quäker. Ursula Hirsch, die deutsche Mitarbeiterin dort, bemüht sich ab Mitte Februar um Haushaltsstellen für Brigitte und Renate. Das britische »Home Office« (Innenministerium) signalisiert, dass es der Einreise von Renate nicht zustimmen wird – sie ist zu jung. Außerdem liegt sie gegenwärtig mit Diphterie darnieder. Deshalb verfolgt Ursula Hirsch Brigittes Antrag gesondert.[337] Das geht alles ganz schnell – Brigittes *Permit*, die Einreiseerlaubnis, trifft bereits am 10. März ein, dazu ein Brief vom Britischen Konsulat, dass sie den Pass fürs Visum beschaffen soll. Das Mädchen erfährt nach der Schule bei Tisch davon und ist ganz aus dem Häuschen. Hanni und Jochen Klepper müssen sich zwingen, wehmütige Gedanken zu unterdrücken und sich mit der Tochter zu freuen. Und »Renerle« – der fällt es aus anderen Gründen schwer zu jubeln: sie muss immer noch das Bett hüten. Vom Gedanken an Auswanderung hat sie schon wieder Abstand genommen, sie möchte wenigstens noch einen Sommer im neuen Haus in Nikolassee erleben.[338]

Der Bau macht Fortschritte, aber unter welchen Bedingungen! Die Kleppers müssen um alles drängen und feilschen, bei der Hypothekenbank, beim Notar, bei der Reichsbahn, damit endlich die vereinbarten Gelder fließen. Die zweite Rate der Vermögensabgabe ist fällig, kaum dass die erste mit Mühe aufgebracht wurde. Eine neue Einkommensteuerverordnung frisst gerade den Erfolgreichen und Fleißigen die Haare vom Kopf, zumal wenn sie wie Jochen Klepper in »Mischehe« leben und wie Alleinstehende behandelt werden. Wären da nicht die DVA mit dem stetig fließenden Strom der Tantiemen und die Tobis mit den Filmoptionsgeldern, es wäre nicht zu schaffen. Seit Juli 1938 hat Jochen Klepper kein Gedicht mehr geschrieben, alle Kraft ging in die Tobis-Filmtreatments. Fürs »Ewige Haus« recherchiert und reist er seit zwei Jahren, aber aus der Fülle des Materials ist noch keine einzige Manuskriptseite erwachsen. Die DVA will ihm Luft verschaffen und hat ihm einen großen Zwischenkredit bewilligt, damit er endlich wieder zum Schreiben kommt.

Abschied von der Tochter

Nachdem Brigittes Handelsschuljahr zu Ende ist, bekommt sie Privatstunden in Grafik und Porzellanmalerei; man weiß nicht, wofür sie es noch brauchen kann. Sie verkürzt sich die Zeit bis zur Ausreise in der Gesellschaft zweier junger Männer, eines Brüderpaares, 23 und 26 Jahre alt, die ausgerechnet bei der Gestapo und SS Dienst tun, aber innerlich mit dem System gebrochen haben. Schon in so jungen Jahren so klarsichtig – Jochen Klepper ist beeindruckt.[339]

Zwischendurch hat die Gattin des Kaisers das Ehepaar Klepper zum Frühstück geladen. Eine willkommene Gelegenheit für Hanni, in einem Kreis ausländischer Diplomaten ihre guten Umgangsformen zu zeigen und ihr Französisch anzuwenden. Die anschließende Fahrt im Diplomatenauto mit Stander durch die Mitte Berlins zur Modenschau bei der Topell ist eine besondere Genugtuung für Hanni Klepper, die für die Nationalsozialisten Jüdin und damit Untermensch bleibt, auch wenn sie sich hundertmal taufen ließe. Tags darauf taucht überraschend Käthe Staritz in Südende auf, einst Kommilitonin in Breslau. Sie ist zu einer Tagung in Berlin, verträgt sich auf Anhieb auch mit Hanni und bleibt über Nacht. Die Vikarin leitet mittlerweile in Breslau eine Außenstelle des Berliner »Büros Grüber« für »evangelische Rasseverfolgte«, sprich: sie kümmert sich um »nichtarische« Christen, berät und hilft bei der Auswanderung. Für Jochen Klepper ist das Wiedersehen nach dreizehn Jahren auch deshalb wichtig, weil Käthe Staritz ihm eine völlig verdrängte, schwierige Phase seines Lebens wieder in Erinnerung ruft und eine Lücke in seiner Biografie schließen hilft.[340]

Alte Freunde tauchen wieder auf, andere ziehen weg. Hannis Schwager Ernst Stein hat mit seiner Frau in Montevideo, Uruguay, bereits Fuß gefasst. Milchs und Freunds haben bereits alles abgewickelt und sitzen auf gepackten Koffern. Familie Meschke ist, nicht ganz unerwartet, Ende Februar nach Schweden ausgereist. Kurt Meschke hat an der Internatsschule Viggbyholm bei Stockholm eine Stelle als Lehrer in Aussicht, kommt aber Mitte März noch einmal persönlich in Südende vorbei. Ansonsten: Anrufe im Viertelstundentakt, wichtige Besorgungen für Brigittes Ausreise, fürs neue Haus, kräftezehrende Einladungen zu Kollegen und Freunden (die meisten sagt Jochen Klepper bedauernd ab), Dutzende von Briefen sind zu schreiben. Noch mehr Besuche. Rudolf Hermann mit Frau, eine Nichte Hannis aus Nürnberg vor ihrer Ausreise nach England. Elise Topell quartiert sich über Ostern bei den Kleppers ein; nach dem Tod ihres Vaters ist sie sehr anlehnungsbedürftig. Rings um das Kleppersche Haus in Südende fallen die Bäume, wird im großen Stil abgebrochen. Die Tobis hat die Filmrechte am »Vater« erworben – das bringt Jochen Klepper die ungeheure Summe von 13 500 Mark ein. Er schickt die Damen erst mal zum Einkaufen. Selbst wenn die erhöhte Einkommensteuer die Hälfte des Geldes aufzehrt, ist die Familie ihre Finanzsorgen vorerst los.

Auf Brigittes Wunsch machen die Eltern mit ihr einen letzten Ausflug nach Potsdam, wo die Obstbäume der Russenkolonie in voller Blüte stehen. Die Schwestern toben sich noch einmal auf dem Wannsee aus. Jochen Klepper hat Renate ein Boot geschenkt; zwar ist den Mädchen der Aufenthalt im Strandbad nicht gestattet, aber sich »auf« dem Wasser zu bewegen, das ist nicht ausdrücklich verboten (so sophistisch kann der ansonsten überkorrekte Mann argumentieren, wenn es um seine Stieftöchter geht). Am 6. Mai geben die Kleppers ein Abschiedsessen für Brigitte im Kempinski; das Gepäck ist bereits nach England unterwegs. Am 9. Mai

Das Haus in Berlin-Nikolassee

reist sie in Begleitung von Hanni nach Hamburg und besteigt noch am selben Tag ein Schiff.

»Es ist ein so tiefer Eingriff, und es *musste* jetzt noch nicht sein«, schreibt ein gequälter Jochen Klepper über diesen Abschied. »Gott sei Dank, dass wir Renerle noch haben.«[341] Wenig später wird er sich eingestehen müssen: Doch, es *musste* sein, und was für eine Tragik, dass Renate nicht mit ausgereist ist; dass er ihre Auswanderung nicht mit demselben Nachdruck betrieben hat wie die Brigittes.

Im neuen Haus

Am 24. Mai 1939, einen Monat später als geplant, ziehen die Kleppers mit Renate und Haustochter Anni von Südende nach Nikolassee, Teutonenstraße 23. Das neue Haus liegt ähnlich wie das alte ruhig, aber verkehrsgünstig; es sind nur ein

Jochen Klepper vor dem Haus in Nikolassee, 1939

paar hundert Meter Fußweg bis zur S-Bahn- und Fernbahnhaltestelle der Wannseebahn. Von dort nur drei Stationen bis Potsdam, und auch nur eine gute halbe Stunde bis in die Mitte der Reichshauptstadt. Die Avus-Rennstrecke, neuerdings in die Reichsautobahn integriert, ist ebenfalls ein paar hundert Meter entfernt, der Lärm stört nicht. Ein paar Meter nach Osten und Süden, dann steht man in der Rehwiese, ein Naherholungsgebiet direkt vor der Haustür. Nach Westen jenseits der Autobahn, auch nur einen Kilometer Luftlinie entfernt, lockt der Wannsee. Und das Haus ist quasi in den gewachsenen Baumbestand des früher deutlich größeren, parkähnlichen Grundstücks hineingebaut, als ob es schon ewig da stünde (wenn nur die Handwerker endlich ihre Gerätschaften und ihr Material entfernt hätten). Die Umgebung ist also noch idyllischer, das neue Heim erscheint dem politischen Berlin, der Machtzentrale des totalitären Regimes, noch weiter entrückt als in Südende. Aber der Schein trügt. »Die Einkreisung des privaten Lebens durch die gleichberechtigten Mächte Staat und Partei geschieht heute nach einem Einzug sehr rasch und gründlich: Volksfürsorge, Luftschutz, Ortsgruppen-Block und -Zelle; der Obmann, ein alter, ehemaliger Buchhändler, suchte mich heute eine halbe Stunde auf [...] Auf Diskretion darf man bei dieser Umklammerung von den verschiedensten Stellen her kaum hoffen«, notiert Jochen Klepper bereits am 30. Mai ins Tagebuch.

Mit Renate hat er sofort nach dem Einzug vereinbart: »Völlige Wannseefreiheit gegen zweimal in der Woche Englisch (woran sich ein französischer Konversationskursus schließen wird), zweimal Schneidern, zweimal Kochen.«[342] Die Nachbarschaft ist ähnlich zusammengesetzt wie in Südende. Die neuen Zentralen der Inneren und Äußeren Mission sind hier, eine Reihe Theologen wohnen im Viertel, der Bildhauer Gerhard Marcks und – eine seltsame Ironie – der »Architekt des Führers« Albert Speer, der Schöpfer der »Germania«-Pläne, die letztlich erst zur Enteignung in Südende und zum Umzug nach Nikolassee geführt haben. Das Obergeschoss des Hauses haben die Kleppers an den Vizepräsidenten der Deutschen Forschungsgemeinschaft Carl Zimmermann und seine Frau vermietet. Ein solventes Ehepaar, aber das Verhältnis wird sehr förmlich und anstrengend.

Die direkten Nachbarn sind angenehmer: Der Arzt und bekennende Katholik Dr. Curt Panick und seine Familie auf der einen, die Familie Wilhelm von Moltke (jüngerer Bruder von Helmuth James Graf von Moltke) auf der anderen Seite.

Im rückwärtigen »Gärtnerhaus«, das zu Panicks Grundstück gehört, zieht fast zeitgleich mit ihnen Dr. Hans Karbe ein, Kunsthistoriker, Filmjournalist und Redakteur des 1938 erstmals erschienenen Unterhaltungsblatts *Stern* im Ullstein-Verlag. Man kennt sich schon über die gemeinsame Freundin Elise Topell. Mit ihm verstehen sich die Kleppers bestens, trotz seines so ganz anderen journalistischen Ansatzes. Jochen Klepper findet den *Stern* zwar »schamlos«, ist auch von seiner Persönlichkeit her völlig anders gestrickt als Karbe. Trotzdem wird Hans Karbe einer seiner ganz wenigen Duzfreunde. Karbe selbst wird die Beziehung später so charakterisieren: »Da waren zwei Männer *eng* befreundet, die in gewisser Weise *gar nicht* für eine Freundschaft miteinander bestimmt waren.«[343]

Fehlt noch die Kirchengemeinde Nikolassee mit ihrem Pfarrer Dr. Karl Wiese und seinem jungen Vikar, Pastor Karl Lilge. Alles kleiner und zahlenmäßig übersichtlicher als in Mariendorf bei Kurzreiter, aber ähnlich verbindlich, und so kann Jochen Klepper nach wenigen Wochen in Nikolassee schreiben: »Die Ortsgemeinde, wo mir noch eine begegnet, wird mir immer als von Gott gewiesen erscheinen. Noch habe ich immer eine finden dürfen.«[344]

Das Haus und seine nächste Umgebung, nicht nur im geografischen, sondern auch im sozialen Sinn: Das ist die Bühne für den letzten großen Akt im Leben und Wirken Jochen Kleppers. Das Haus will und muss gefüllt werden mit Atmosphäre, Klang, Blumenduft und -Pracht. Die erlesene Einrichtung, der neue Schreibtisch, das Klavier, das man sich endlich gönnen kann, die Gäste, die sich auch hier wieder in großer Zahl einstellen – alles wird dem Hausherrn zum Symbol, alles vermischt sich mit dem Thema vom »Ewigen Haus«, das ihn abwechselnd begeistert und belastet. Zunächst setzt es kreative Kräfte frei.

Neuer Antrieb

»Endlich wieder geschrieben!«, jubelt Jochen Klepper am 5. Juni im Tagebuch. Nach fast einem Jahr wieder ein Lied, wenn auch »nur« die Nachdichtung des steinalten, Ambrosius von Mailand[345] zugeschriebenen, Hymnus *Iam lucis orto sidere*. Bei Jochen Klepper wird daraus das Morgenlied »Schon bricht des Tages Glanz hervor«.[346] Einige Wochen später werden ihm gleich zwei geistliche Gedichte an einem Tag geschenkt: das »Trostlied am Abend«[347] und das Gedicht »Baum der Erkenntnis des Guten und Bösen«,[348] eine Meditation über Bäume (die er in Nikolassee ja täglich vor Augen hat) mit der aus tiefster Seele aufsteigenden Bitte:

Gott gib, dass mich die Axt nicht schlägt
und mein Leben Früchte trägt…

Aber auch mit der Erkenntnis:

Gott schafft nichts vergebens!

Die Arbeit am Manuskript des neuen Romans hat Jochen Klepper endlich aufgenommen, zitternd und zagend, denn: »Wie oft habe ich im alten Hause geglaubt, es sei der Beginn, und durfte nicht über der Arbeit bleiben!«[349] Seine Vorsicht ist berechtigt, das »Ewige Haus« sperrt sich dagegen, Gestalt anzunehmen. Fürs erste Kapitel wird er ein ganzes Jahr brauchen. Das liegt nicht nur an ihm, das liegt ganz sicher am Stoff, aber auch an der Sorge um Hanni und Renate – und am Weltgeschehen.

Brigitte hat ihren 19. Geburtstag am Pfingstsonntag in London verbracht, ihr geht es gut. Milchs haben das Land am 7. Juni verlassen, nicht ohne vorher in Nikolassee vorbeizuschauen. Sie sind über die Schweiz nach England weitergereist. Freunds sind auf dem HAPAG-Dampfer *Rakotis* mit Zwischenstopp Lissabon nach Santiago de Chile unterwegs. Zwischendrin war Generalsuperintendent Otto Dibelius im Haus der Kleppers zu Besuch. Er braucht für die Bekennende Kirche neue Lieder und wirbt um Jochen Kleppers Mitarbeit. Wenig später, besonders dreist, hat sich Oberkonsistorialrat Oskar Söhngen angesagt, der 1937 noch Jochen Kleppers Auftritt beim Kirchenmusikfest verhindert hat. Er bittet um neue Trau- und Tauflieder.[350] Der Dichter fühlt sich von dem Ansinnen geschmeichelt, über Söhngens beschämende Rolle bei der »Entjudung der Kirchenmusik« ist er nicht im Bild.

Es ist ein herrlicher Sommer, gut für den noch nicht ganz durchgetrockneten Neubau. Aber die Kriegsgefahr: In Spandau hat Jochen Klepper schon Mitte Juli »Militär, Militär« beobachtet. Viele Männer bekommen den Einberufungsbefehl. Die Propaganda kocht das Thema Danzig und Ostkorridor hoch, die Presse berichtet von angeblichen antideutschen Ausschreitungen in Polen. Drohungen, Ultimaten, hektische Diplomatie, Bündnisschwüre. Luftschutzübungen, ein Appell des Oberbefehlshabers des Heeres an die deutsche Rüstungsindustrie zu verstärkten Anstrengungen. Noch ist es nur ein Nervenkrieg. Am 21. August der Paukenschlag: Nichtangriffspakt mit Moskau, im Tagebuch mit den Worten kommentiert: »Es ist die abenteuerlichste Schlagzeile, die man sich vorstellen kann. Der Teufel und Beelzebub schließen ein Friedensabkommen.«[351] Kurz darauf allgemeine Mobilmachung in Polen, im Deutschen Reich nur verdeckt. Bezugsscheinpflicht für eine Reihe von Verbrauchsgütern vom 28. August an. Die Menschen sind niedergeschlagen, keine Spur von Euphorie wie im August 1914.

Krieg

1. September: Der Krieg ist da. Die Herrnhuter Losung des Tages lautet: »Suchet den Herrn, solange er zu finden ist; rufet ihn an, solange er nahe ist« (Jesaja 55,6). Für Renate ist mit dem Kriegsausbruch der Weg nach England endgültig versperrt. Hanni sieht so elend aus wie nach der Pogromnacht im November. Depression auch unter den zahlreichen Gästen der folgenden Tage. Die Eheleute sind sich einig: »Wir können nicht aus Bitterkeit gegen das Dritte Reich Deutschland den Untergang wünschen [...] Wir können auch in dieser von außen so bedrohten Stunde nicht hoffen auf Rebellion und Putsch.«[352] Sie haben bereits einen Krieg miterlebt, sein unrühmliches Ende, seine katastrophalen Folgen besonders für Schlesien, und glauben deshalb auf einen deutschen Sieg hoffen zu müssen. Aber sie machen sich noch Illusionen über die Folgen, die dieser neue Krieg für die Juden haben wird. Braucht man jetzt nicht jeden Mann, jede Hand zum Zupacken? Zweihundert Kilometer südlich von Nikolassee in Dresden kommen der ehemalige Frontkämpfer Victor Klemperer und seine Frau Eva zu einer ganz anderen Bewertung: »Entweder Hitler schließt in acht Tagen siegreich Frieden – dann gehen wir zugrunde. Oder der Krieg fängt jetzt erst an und dauert lange – dann gehen wir auch zugrunde.«[353] So klarsichtig sind die Kleppers nicht. Das ländliche Idyll in Nikolassee, die nette Nachbarschaft, wenn man mal vom Blockwart absieht, der gefährdete, aber immer noch vorhandene Wohlstand, die Sicherheit des eigenen Hauses hat ihren Blick für die Wirklichkeit getrübt.

Was ist diese Wirklichkeit? Hitler siegt erst einmal. Frieden schließt er nicht. Post von Brigitte aus England kommt nur noch unzuverlässig ins Land, bis sich Meschkes im neutralen Schweden anbieten, als Verteilstation zu dienen. Man muss sich trotzdem überlegen, was man schreibt – selbst die Post von und nach Schweden wird oft geöffnet. Juden unterliegen seit dem 1. September einem abendlichen Ausgehverbot. Die Bezugsscheine für Lebensmittel und Verbrauchsgüter, anfangs ohne Ansehen der Person zugeteilt, werden für Juden schon nach wenigen

Wochen gekürzt. Am 23. September taucht ein Polizist in der Teutonenstraße auf, will bei den Kleppers ein eventuell vorhandenes Radiogerät entschädigungslos einziehen – irrtümlich ist der Haushalt in der »Volkskartei« von Nikolassee als »nichtarisch« eingetragen. Und wer gehofft hat, dass das Regime nun anderes zu tun hätte, als die Kirchen zu gängeln, der irrt. Der Buß- und Bettag wird abgeschafft – angeblich aus Luftschutzgründen (zu viel Glockenläuten könnte feindlichen Bombern die Orientierung erleichtern). Die kirchlichen Verlage werden ins Ghetto verbannt.

Zum Schweigen verurteilt?

Dietrich Bonhoeffer, der Leiter des Predigerseminars der Bekennenden Kirche (es wird seit der zwangsweisen Schließung des Seminars Finkenwalde illegal in Groß Schlönwitz betrieben), hat schon 1932 in seinen Vorlesungen über »das Wesen des Christentums« an der Berliner Universität angedeutet, dass es beim christlichen Glauben auch um das Bewahren unverfügbarer Geheimnisse geht.

Diesen Gedanken hat Bonhoeffer in der Auseinandersetzung mit den Nationalsozialisten und ihrer quasireligiösen Attitüde weiterentwickelt. 1944 in der Haft wird er die Idee von der »Arkandisziplin« ausformulieren. Bonhoeffer will »die Geheimnisse des christlichen Glaubens vor Profanierung geschützt« wissen.[354] Er träumt von einer neuen Sprache, »vielleicht ganz unreligiös, aber befreiend und erlösend, wie die Sprache Jesu, dass sich die Menschen über sie entsetzen und doch von ihrer Gewalt überwunden werden«. Solange es diese neue kraftvolle Sprache noch nicht gibt, »wird die Sache der Christen eine stille und verborgene sein, aber es wird Menschen geben, die beten und das Gerechte tun und auf Gottes Zeit warten«.

Unter der Diktatur hat Bonhoeffer die Kirche weithin zum Schweigen verurteilt gesehen, aber er hat den Tag herbeigesehnt, »an dem wieder Menschen berufen werden, das Wort Gottes so auszusprechen, dass sich die Welt darunter verändert und erneuert«.[355]

Das kann man als eine Art Arbeitsplatzbeschreibung für einen Dichter der Kirche wie Jochen Klepper lesen: Unter der Diktatur und erst recht jetzt im

Krieg ist er zu all dem berufen. Zum Hüten des geistlichen Schatzes der Kirche in Form von Liedern und Gedichten, zur Suche nach einer neuen Sprache für das Wort Gottes und zum Ausrichten dieses Wortes; aber genauso dazu berufen, das Gerechte zu tun. Und was ist das Tun des Gerechten in diesen Zeiten? Anderen zu ihrem Recht verhelfen. Ihnen beispringen. Sie in Schutz nehmen, sich für sie verwenden. Ihnen Hilfe besorgen. An erster Stelle stehen bei Jochen Klepper natürlich die Bemühungen um eine Ausreisemöglichkeit für die geliebte Stieftochter. Jede erdenkliche materielle und immaterielle Hilfe für die Verwandten und für Freunde – auch das ist Ehrensache. Aber darin kann sich das Tun des Gerechten natürlich nicht erschöpfen.

Hanni und Jochen Klepper sehen in diesen und den folgenden Monaten so viel Not, werden von verschiedensten Seiten um Hilfe angegangen, und sie unternehmen frag- und klaglos Samariterdienste ebenso wie Anwaltschaften, auch für scheinbar aussichtslose Sachen. Da ist die begabte, aber völlig verarmte Grafikerin Edith Telschow. Jochen Klepper hat sie durch Harald von Koenigswald kennengelernt. Sonst wimmelt er mittlerweile jede Anfrage nach Artikeln und Beiträgen ab, aber Edith Telschow verhilft er durch einen Artikel in der *Neuen Schau* zu öffentlicher Aufmerksamkeit, und auch finanziell unterstützt er sie.[356] Für die ihm gänzlich unbekannte norddeutsche Künstlerfamilie Mennicke und deren halb verhungerte Kinder wirbt er beim Hamburger Superintendenten Dr. Theo Knolle um Unterstützung (und rennt damit offene Türen ein);[357] im persönlichen Freundeskreis suchen Hanni und er Paten, die sich für die Familie finanziell engagieren wollen. Für den jungen jüdischen Tischler Wienskowitz und seine Familie fahnden die Kleppers nach einer Ausreisemöglichkeit, lassen über Meschkes in Schweden und über Freunds in Chile sondieren, was geht. In diesem Fall geht nichts. Das Ehepaar bleibt in Deutschland und bleibt mit den Kleppers befreundet bis zum bitteren Ende.[358] – Daneben nutzt Jochen Klepper sein gutes Verhältnis zu Dr. Koch im Propagandaministerium (um nicht zu sagen: er strapaziert es), um andere Schriftsteller zu unterstützen. Neben seinem Freund und Kollegen Gerhart Pohl zum Beispiel den Philosophen Friedrich Alfred Schmid-Noerr. Heinrich Berl, einen Bekannten Reinhold Schneiders. Werner Bergengruen, als der 1940 in Schwierigkeiten gerät. Seinen Mentor und väterlichen Freund Rudolf

Hermann, der mit seiner Schrift »Glaube und Krieg« bei den Behörden Probleme bekommt. Und den Philosophen Prof. Max Dessoir, der ebenfalls aus der Reichsschriftumskammer ausgeschlossen worden ist. Mit Kochs Hilfe kann Dessoirs Buch »Die Kunst der Rede« dann trotzdem erscheinen.[359]

Hoffen und Bangen

Am 8. November hat ein noch unbekannter Täter im Münchener Bürgerbräukeller ein Attentat auf Hitler versucht. Sieben Tote, sechzig Verletzte, der »Führer« unversehrt. Wird man es wieder den Juden anhängen? Kleppers bangen um Reni, die ausgerechnet an diesem und am nächsten Tag auswärts übernachtet, bei neu gewonnenen Freunden aus dem Film- und Theatermilieu: Curt Goetz junior, Peter Körner, Sohn des Reichstheaterkammerpräsidenten. Harald Poelchau ist mit Frau am 12. zu Besuch, er weiß von einem Bekannten aus dem Rassepolitischen Amt, dass Juden aus Österreich zur Zwangsarbeit in die Gegend um Lublin verbracht werden. Gerüchteweise ist von »Ausmerzung der Juden aus Deutschland und Enteignung ihres restlichen Vermögens und Eigentums« die Rede. Der Krieg macht Pause.

Meschkes bemühen sich, für Reni in Schweden einen Platz zu finden; melden aber Ende November: keine Aussicht auf Erfolg.[360] Curt Goetz jr., seine Mutter und Schwester sondieren beim Attaché der Schweizer Botschaft, wie eine Einwanderungserlaubnis für Reni zu bekommen ist – der Vater Curt Goetz ist ja mittlerweile Schweizer Staatsbürger und hat seinen Besitz dort.[361] Beziehungen scheinen alles zu sein. Auch der Orgelbauer Schulze, ein Schweizer, der in Spandau im Johannesstift lehrt, und seine Frau setzen sich für Renate ein. Sie wollen das Mädchen im Haushalt des Züricher Kirchenmusikers Walter Tappolet unterbringen, sind aber skeptisch, ob der Schweizer Gesandte in Berlin die nötigen Vollmachten für die Erteilung der Einreisegenehmigung hat. Walter Tappolet hat im Februar einige Lieder aus dem »Kyrie« für das Kirchengesangbuch der Evangelisch-reformierten Gemeinden empfohlen. Im Juli haben die Kleppers – auch Renate – Tappolet und seine Frau persönlich kennengelernt, sie waren in Nikolassee zu

Besuch. So signalisieren die Tappolets Ende 1939, dass sie Renate gerne bei sich aufnehmen wollen. Aber da sind diesmal Schweizer Bürokraten vor.

Die Lage der Juden im Deutschen Reich hat sich unterdessen weiter verschärft. Am Nikolaustag ist die »Reichskleiderkarte« ausgegeben worden, allerdings nicht an Juden. Sie erhalten keine Kleider, keine Wäsche, keine Schuhsohlen, kein Nähzeug mehr. Auf die Lebensmittelkarten von Juden ist neuerdings ein rotes »J« aufgedruckt, sie dürfen nur zu bestimmten Zeiten einkaufen, keine Schokolade, keinen Reis; die Butter- und Fleischrationen sind gekürzt.

Jochen Klepper ist sich nicht zu stolz, bei Ministerialrat Hinkel um eine Ausnahmeregelung für seine Frau zu betteln. Begründung: Das soll ihm, Jochen Klepper, zu »erträglicheren Bedingungen« für die Fortführung seiner schriftstellerischen Arbeit verhelfen.[362] Soviel ist ihm inzwischen klar, dass er von den meisten nationalsozialistischen Funktionären keinerlei Mitleid für das Ergehen einer jüdischen Frau erwarten kann. Er muss sich selbst ins Spiel bringen, um etwas für die Seinen zu erreichen. Bescheidenheit ist kontraproduktiv.

Am 17. Dezember wird bekannt, dass die Juden noch eine fünfte Kontributionsrate zahlen sollen, weil sie angeblich die eine Milliarde »Sühneleistung« noch nicht aufgebracht haben. Auch das ist buchstäblich ein Schlag ins Kontor.

Die wenigen Lieder, die Jochen Klepper in den ersten Monaten des Krieges schreibt, sind so tröstlich wie schwermütig. Sie hüten ganz viel Arkanum im Bonhoefferschen Sinn. Stellvertretend die dritte Strophe des Liedes »Zuflucht ist bei dem alten Gott« zur Jahreswende:

> *Ward dir auch härtester Kampf auferlegt,*
> *traf dich auch Leid, wie noch keiner es trägt,*
> *und Jammer, den noch niemand gestillt –*
> *Gott hält die Arme dir offen.*
> *Gott heilt, die er schlägt.*

Auch das »Weihnachtslied im Kriege« birgt verschlüsselte, nicht jedem ohne Weiteres verständliche Wahrheiten. Es ist antithetisch aufgebaut und randvoll mit Theologie. Die Weihnachtsbotschaft kommt auf leisen Sohlen durch die Hintertür. Zur Jahreswende schließlich entsteht ein Lied zum Heldengedenktag, eine von Jochen Kleppers anfechtbarsten Arbeiten. Nicht aus innerem Antrieb heraus entstanden, sondern als Freundschaftsdienst für einen begeisterten »Kyrie«-Leser. »Wie fielen die Helden im Streit!« – da wird das stellvertretende Sühneopfer Jesu mit dem selbstlosen Einsatz des Soldaten im Feld auf eine Ebene gebracht.

Jedenfalls kann man das Lied so hören. Eine irreführende und theologisch unhaltbare Vorstellung, die mit dem von Adolf Hitler entfesselten Krieg rein gar nichts zu tun hat. Aber vielleicht hat sie zu tun mit der aufmerksamen Lektüre der Todesanzeigen in den ersten Kriegswochen, mit Jochen Kleppers Feststellung, dass im Polenfeldzug »so auffallend viele Pastoren und Pastorensöhne« gefallen sind.

Fluchtpunkt Schweiz

Das Kriegsjahr 1940 beginnt erstaunlich friedlich, Schneefall, gefolgt von strengem Frost. Kleppers schicken Renate nach Wolfshau in die Ferien; nachdem Milchs weg sind, bleibt dort noch Gerhart Pohl und sein Holzhaus »Waldwinkel« als Anlaufstelle. Das Kind lernt dort Skilaufen, kommt braungebrannt und munter wieder. Das macht Jochen Klepper schmerzlich bewusst, dass er sich wieder intensiver um Renis Ausreise bemühen muss. Tappolets Haus steht ihr offen, aber der erste Anlauf über die Schweizer Botschaft in Berlin ist versandet. Er aktiviert Professor Denoir, dessen Neffe als Sekretär beim Schweizer Bundesrat arbeitet. Der Neffe allerdings hält die Schweiz ohnehin schon für überfremdet.[363]

Reni stellt im Familienkreis die berechtigte Frage: »Was wird nach einem Sieg aus den Juden?« Ende Januar ist in der Presse von Umsiedlungsplänen für »volksfremde Bevölkerungsteile« die Rede. Jochen Klepper notiert ins Tagebuch: »Am schwersten trage ich an der Angst um Renerle.« Und wie bekämpft er die Angst? Indem er ein Osterlied[364] schreibt. »Siehe, das ist Gottes Lamm, das der Erde Sünde trug…«. Der Sieg, den er hier besingt, ist kein militärischer, aber er ist endgültig. Das Heldentum des Auferstandenen, der eben noch Opferlamm war, ist so gar nicht heldisch im Sinn der nationalsozialistischen Weltanschauung.

Nach dem Irrweg des Liedes zum Heldengedenktag ist der Dichter der Kirche wieder ganz bei der Sache.

In Sachen Reni sind die Kleppers nun unermüdlich aktiv. Das Mädchen lässt sich bei der amerikanischen Botschaft eine Wartenummer für die Einreise in die USA geben; das mag helfen, die Schweizer Behörden zu überzeugen, dass es nur um einen übergangsweisen Aufenthalt geht. Walter Tappolet beantragt selbst bei der eidgenössischen Fremdenpolizei die Erlaubnis, Renate zur Unterstützung seiner hilfsbedürftigen Frau in den Haushalt aufzunehmen. Die Schweizer »Evangelische Flüchtlingshilfe« in Gestalt des Pfarrers Erwin Julius Schloss vertritt Renates Anliegen ebenfalls. Aber die Fremdenpolizei scheint zu mauern.

Zwischendurch bleibt den Kleppers schier das Herz stehen: Am 14. März steht in der Teutonenstraße plötzlich SS vor der Tür, zwei Angehörige der berüchtigten Totenkopfverbände (KZ-Personal und »Judenangelegenheiten«), und fragen nach Renate. Zum Glück ist Jochen Klepper da und kann sich mit seinem Pass als »Arier« ausweisen. Auf seine Nachfrage hin sagen ihm die Männer: »Nein, sie haben für Ihre Stieftochter nichts zu befürchten.«[365] Wirklich beruhigen kann ihn diese Auskunft nicht. Was, wenn er nicht zu Hause gewesen wäre?

Der alte Staatssekretär von Kühlmann, Diplomat der Kaiserzeit mit weitreichenden Verbindungen, verschafft Jochen Klepper eine persönliche Begegnung mit Professor Carl Jakob Burckhardt, dem Hohen Kommissar des Völkerbundes für Danzig und Präsident des Internationalen Roten Kreuzes. Burckhardt ist »Vater«-Leser, versteht sich mit Jochen Klepper sofort und sagt seine Hilfe zu. Der Schweizer Botschafter Hans Frölicher ist zurückhaltender, er sieht sich nicht befugt, etwas zu entscheiden; auf das Wort von Burckhardt hin will er die Einreise Renates aber gut heißen. Pastor Heinrich Grüber von der »Hilfsstelle für evangelische Rasseverfolgte« lässt seine Kontakte ebenfalls spielen, obwohl Renate Stein kein Kirchenmitglied ist (Grübers Dienst ist eigentlich auf die »nichtarischen« Christen beschränkt).

Kostbare Zeit verrinnt. Bis die Kleppers durch aufwendige Recherche herausfinden, dass der Antrag Walter Tappolets irgendwo im Apparat hängen geblieben ist, ist es April geworden. Neben der Fremdenpolizei, der Schweizer Botschaft in Berlin, diversen kirchlichen Stellen und dem Neffen Denoirs beim Schweizer

Bundesrat ist inzwischen auch das »Amt für Industrie und Gewerbe« und das Züricher Frauenarbeitsamt mit der Sache Renate Stein befasst, es geht schließlich um ihre Anstellung als Haushaltshilfe, Ordnung muss sein. Professor Burckhardt hat den Eindruck, »dass die Angelegenheit dilatorisch behandelt«, sprich: absichtlich verzögert wird.[366] Glaubt aber auch nicht mehr tun zu können, als er schon getan hat, und empfiehlt erneut, Frölicher einzuschalten. Jochen Klepper ist tief enttäuscht, er hat sich von der Fürsprache des allseits respektierten Mannes mehr erhofft. – Am 10. Mai trifft der ablehnende Bescheid der eidgenössischen Fremdenpolizei in Nikolassee ein. »Die Einreise in die Schweiz ohne ausdrückliche Bewilligung der eidgenössischen Fremdenpolizei in Bern ist untersagt. Begründung: Der Kanton Zürich verweigert den nachgesuchten Aufenthalt. – Ueberfremdung. – Belastung des Arbeitsmarktes. – Die Wiederausreise ist nicht gesichert.«[367] Jochen und Hanni Klepper nehmen die Nachricht gefasst auf; sie kennen das emotionale Auf und Ab inzwischen allzu gut. »Aber Renate war sehr betroffen und muss erst langsam ihr Gleichgewicht wiederfinden. Sie hatte zu fest gehofft«,[368] schreiben sie an Walter Tappolet, der bereits vom Schweizerischen Hilfsverein erfahren hat, dass es aussichtslos ist, den Bescheid anzufechten. – Am selben Tag, an dem sich für Renate Stein die Tür in die Schweiz geschlossen hat, beginnt der Feldzug im Westen mit dem Einmarsch der Wehrmacht in Belgien und den Niederlanden.

Euthanasie

Das Drama um die Ausreise seiner Stieftochter, »des« Kindes, seines Kindes, ist fraglos die größte, aber nicht die einzige ernste Sorge Jochen Kleppers in diesen Wochen. Die Deportationsgerüchte haben sich bestätigt, in Lublin ist ein Ghetto eingerichtet worden, als erstes hat es 1200 Juden aus Stettin getroffen.[369] Und nun ist ein neues Schrecknis am Horizont aufgetaucht: das Euthanasieprogramm der Nationalsozialisten. »Krüppel, Schwachsinnige, Jugendliche und Senile, die als unheilbar gelten, werden aus den Unterbringungsanstalten herausgezogen, nach unbekannten Orten gebracht – nach einiger Zeit erhalten die Angehörigen die Urne mit der Asche; der Patient wäre gestorben und einer Infektionsgefahr wegen eingeäschert worden«, hat ihm sein Nachbar von gegenüber, ein leitender Mann der Inneren Mission, unter dem Siegel der Verschwiegenheit mitgeteilt.[370] Eine alarmierende Nachricht auch deshalb, weil Jochen Kleppers Mutter aufgrund ihres Zustandes zu der Zeit in einer Nervenheilanstalt untergebracht ist. Das mörderische, nach innen gerichtete Vorgehen der Regierung entsetzt ihn, aber er betrachtet es strikt getrennt von der Außenpolitik, sprich: vom Krieg. Er betet auch weiterhin nicht um den Sturz des Regimes, sondern darum, dass sich die »Obrigkeit« – auch und gerade Hitler – von innen her wandeln möge.[371]

Auf Jochen Kleppers Schaffenskraft haben all diese Vorgänge und Eindrücke eine verheerende Wirkung. Vom »Ewigen Haus« ist mit Mühe das Fundament fertig – sprich das erste Kapitel. Ganz vereinzelt bringt er Lieder zu Papier: das Hochzeitslied,[372] das Konfirmationslied,[373] das Tauflied[374] für Söhngen. Das Himmelfahrtslied »Gott fährt mit Jauchzen auf«.[375] Am 13. Mai, noch unter dem Eindruck des Schweizer Ablehnungsbescheids, schreibt er ein Bußtagslied.[376] »Wir taten Unrecht, fielen tief und haben uns von dir gewandt...« – Als ob er selbst Buße tun müsse für sein Zaudern und Klammern. »Gott, wirst du uns die Gnade nehmen? Herr, Herr, wes müssen wir uns schämen?«

Zusätzliche Kraft gekostet hat ihn die Auseinandersetzung um seine programmatische Schrift »Die Besonderheit des christlichen Romans«. Der Aufsatz ist noch 1939 entstanden und im Frühjahr 1940 in der Zeitschrift *Zeitwende* erschienen und hat ihm viel Kritik eingetragen, auch von wohlmeinenden Gesprächspartnern und Freunden wie Gerhart Pohl. Sich verteidigen müssen, mit anderen um Wahrheiten ringen – das hat Jochen Klepper nie geübt, solche Kämpfe hat er bisher zumeist mit sich und in sich selbst ausgetragen. Sein Versuch, von seinem persönlichen Weg als Erzähler Empfehlungen für andere christliche Autoren abzuleiten, ist in Ehren gescheitert. Auf ihn selbst bezogen stimmt jedes Wort. Er hat ja jeden künstlerischen Anspruch nach und nach preisgegeben, er kümmert sich um keine anderen Stoffe mehr als um Historisches, er hat die Rückbindung an das biblische Wort für sich selbst zur Norm erhoben. Er hält die »Autonomie der Kunst« für ein Trugbild. Er selbst und vielleicht noch ein Reinhold Schneider kann das alles unterschreiben. Andere können und wollen es nicht.

Aber der Streit um eine Theorie des christlichen Erzählens interessiert im Sommer 1940 niemanden mehr. Deutschland ist im Siegestaumel trotz täglich wachsenden Blutzolls, Hitler schreitet von Triumph zu Triumph. Im Tagebuch vermerkt Jochen Klepper: »Hitler ist in der Tat der Exponent einer ungeheuren Mehrheit des Volkes. Angesichts dieser Magie des Erfolges ist etwas wie blindes Vertrauen entstanden. ›Er muss in allem recht haben‹, ›Er wird für alles eine Lösung finden‹.«[377] Der Suggestivkraft des »Führers« könnte auch er sich nur schwer erwehren, wäre da nicht der offene Judenhass, der vielfache erwiesene Wortbruch.

Zehn Jahre gewartet

Nach ihrer Mutter hat sich inzwischen auch Renate Stein für den christlichen Glauben geöffnet, zuletzt unter dem Eindruck der Hilfe, die ihr Pastor Heinrich Grüber gewährt hat. Im März hat sie Jochen Klepper gefragt, was einer glaubt, der sich taufen lässt. Das erste Gespräch dieser Art zwischen Stiefvater und -Tochter.[378] Im April ist sie aus der jüdischen Gemeinde ausgetreten. Am 9. Juni wird sie von Pfarrer Wiese in der evangelischen Kirche Nikolassee getauft. »Renerle war sehr ergriffen, aber in den Antworten und im Aufsagen des Glaubensbekenntnisses sehr sicher«, schreibt Jochen Klepper ins Tagebuch. »Für mich hat nun ein zehnjähriges geduldiges Warten seine Erfüllung gefunden.«[379] In großen Jubel bricht er deshalb nicht aus, dafür ist die Weltlage und seine innere Verfassung zu ernst. »Über mich ist eine Müdigkeit gekommen, die von Monat zu Monat mehr zur inneren Lähmung wird«, trägt der schon seit Jahren dauererschöpfte Jochen Klepper am 13. Juni ins Tagebuch ein. »Mir ist in diesen Wochen, als wäre mein Wesen auf den Kern zusammengepresst; aber dieser Kern ist gespalten, vielleicht morsch«, heißt es eine Woche später. Noch einmal drei Tage später, nach der ersten Nacht im Luftschutzkeller (britische Bomber über Babelsberg!), schreibt er: »Ich möchte vermeiden, dass das Erlöschen der künstlerischen Kraft in mir zu einem Erlöschen der Lebenskraft wird. Dazu brauchen Hanni und Reni den Schutz meiner Existenz zu sehr. Sonst: Ich wüsste nichts Schöneres als den Tod:

nach all den irdischen Zusammenbrüchen Anfang ohne Ende und immer am Ziel und immer daheim sein!«

So schnell stirbt es sich nicht. Renate einen Ausgleich schaffen – das ist sein leitendes Motiv in diesen Monaten. Reitunterricht im Grunewald soll »dem Kinde wieder Lebensfreude und seine alte Frische« geben.[380] Ausflüge ins trotz Krieg von Leben wimmelnde Herz von Berlin – Reni zuliebe nimmt er das auf sich. Ansonsten zieht er sich bewusst ins Private zurück, sagt alle Einladungen zu Vorlesungs- und Vortragsreisen ab und wählt genau aus, welche Besuche er noch macht, welche Gäste er noch empfängt.[381] Er sieht sich von Gott immer wieder in den kleinsten Kreis zurückgeführt. Und dieser kleinste Kreis, das sind Hanni und die Kinder. »Es gibt Zeiten, in denen mich die Sorge um Renerle halb wahnsinnig macht«, bekennt er dem Tagebuch am 5. August, und auch die in Sicherheit geglaubte Brigitte ist wieder gefährdet (seit dem 10. Juli tobt die Luftschlacht um England.)

Renate soll sich am 2. September mit Arbeitsbuch und Kennkarte auf dem Arbeitsamt melden. Das kann Zwangsarbeit in der Rüstungsindustrie bedeuten; mehrere ihrer jüdischen Altersgenossinnen hat dieses Los schon getroffen. Renis Seufzer: »Nur einmal das Gefühl haben dürfen, dass es nicht immer noch schwerer kommt«, geht Jochen Klepper durch Mark und Bein. »Das ist so schwer: kein eigenes Kind zu haben; sein Stiefkind so zu lieben, dass man ein eigenes um nichts anders haben möchte – und es dann in dieser entsetzlichen, wachsenden Bedrohung zu wissen.« Aus diesem Empfinden heraus schreibt er für Reni ein Lied:[382]

> *Nun sich das Herz von allem löste,*
> *was es an Glück und Gut umschließt,*
> *komm, Tröster, Heiliger Geist, und tröste,*
> *der du aus Gottes Herzen fließt ...*

Der Termin auf dem Arbeitsamt bringt Gewissheit: Reni soll am 9. September bei Siemens-Schuckert anfangen, einem der größten und exponiertesten Rüstungsbetriebe. »Akkord-Feinarbeit; wochenweise abwechselnd Tag- und Nachtschicht; welche Sorge bei den Luftangriffen!«[383]

Aber vorher steht noch der Geburtstag von Mutter Klepper an, ein besonderer Moment, denn auf Wunsch der Mutter sind erstmals seit vielen Jahren wieder alle vier Berliner Geschwister gemeinsam bei ihr: Hilde, Jochen, Erhard, Billum. »Nicht ohne Herzlichkeit«, vermerkt Jochen Klepper, dem auch an einer Aussöhnung gelegen war. Das ging nun ganz unspektakulär. Die Mutter wandert buchstäblich »im tiefen Tal«, aber sie ist nicht mehr so verwirrt und unruhig wie zuletzt.

Einberufen

Jochen Kleppers Musterung am 7. September ergibt: kriegsverwendungsfähig/ Ersatzreserve I. Er freut sich, dass er zum Heer kommt. Umso größer die Enttäuschung, als man ihm wenig später mitteilt, er solle mit seiner Einberufung zur Polizeireserve rechnen. Vom Militärdienst hätte er sich nicht zurückstellen lassen – aber Polizeidienst? Als Soldat glaubt er Hanni und Renate schützen und nützen zu können.[384] Als Polizist nicht. Deshalb lässt er sich durch Karl Pagel von der DVA für die Verlagsarbeit reklamieren (was eigentlich nicht geht, der Verlag ist ja kein »kriegswichtiger Betrieb«, aber in seinem Fall funktioniert es doch). Ihm bringt es ein paar Wochen Aufschub. Reni dagegen schuftet täglich fürs Vaterland, setzt für 50 Pfennig Stundenlohn undefinierbare Plättchen zusammen. Wenigstens darf sie nach Siemensstadt die S-Bahn benutzen (der Weg ist deutlich weiter als fünf Kilometer, kürzere Strecken sollen Juden gefälligst zu Fuß gehen). Die Arbeit ist extrem anstrengend für die zierliche junge Frau, und die Luftangriffe der Royal Air Force halten an.

Nach knapp zwei Monaten ist die Tortur für sie wieder vorbei; der ehemalige Berliner Funkintendant Dr. Flesch (jetzt einfacher Buchhalter in einer Schuhfabrik am Alexanderplatz) hat Jochen Klepper einen Tipp gegeben, wie man Renate für eine Umschulung von Siemens freibekommen kann. Und tatsächlich: »Auf Anweisung der Gestapo« wird sie für einen Umschulungskurs freigestellt, als »die Stieftochter eines bekannten Schriftstellers«. Zur großen Erleichterung und zum Amüsement desselben. Die Damen nutzen die wiedergewonnene Freiheit, um Ausrüstung für Jochen Kleppers absehbare Einberufung zu besorgen.

Jochen und Hanni Klepper-Stein 1941 in Nikolassee

Die Eheleute gönnen sich nach all der Aufregung noch ein paar Tage im Riesengebirge. Hannis 50. Geburtstag wird dann wieder in Nikolassee gefeiert, nachts bei Kerzenschein (wegen Verdunkelung und mehrmaligem Luftalarm). Etwas Zeit bleibt noch für Recherchen in der Staatsbibliothek. Fingerübungen für die Arbeit am »Ewigen Haus«, die faktisch schon seit Monaten ruht. »Ich mag nicht lesen und ich mag nicht schreiben; für einen Schriftsteller ist das wahrhaftig nicht gut«, bekennt Jochen Klepper am 7. November. Am 21. November erlebt er noch Billums Hochzeit mit Erika mit.

Laut Einberufungsbescheid soll er zur 5. Fahr-Ersatzschwadron 3 in Fürstenwalde kommen. Hanni und Renate sind erleichtert – er »wäre gern ›aktiverer‹ Soldat geworden« und ist ziemlich deprimiert, bis er erfährt, dass es eine bespannte Einheit ist und er dort reiten lernen wird. »Also nicht vielleicht bloß Radfahrer!«

Vor Dienstantritt packt er seine Materialmappen und das, was vom »Ewigen Haus« schon auf Papier ist, in einen Koffer, und der wird wo deponiert? Im Luftschutz-Tresor der Preußischen Staatsbank, wo auch die Staatlichen Museen ihre Schätze eingelagert haben. »So steht nun der Bora-Koffer neben dem Schutzkasten für den Kopf der Nofretete – !«[385]

Am 1. Dezember, dem ersten Adventssonntag, nimmt er Abschied von Freunden, von der Gemeinde. Am 3. Dezember morgens um neun, Sammelplatz Deutschlandhalle, endet sein Zivilistendasein. Vorerst.

Soldat der Wehrmacht

Rund zehn Monate verbringt Jochen Klepper als Soldat der Deutschen Wehrmacht. Ein mysteriöser Lebensabschnitt. Dabei sind die Fakten lückenlos bekannt: Ausbildung zum »Fahrer vom Sattel« bei der 5. Fahr-Ersatzschwadron in Fürstenwalde bis 28. Januar 1941, Abordnung zum Infanterieregiment 203, III. Batallion, 9. Kompanie in Ostrolenka am Narew (Polen). Am 1. März 1941 wird die Einheit zum Divisionsnachschub in Muschaken (poln. Muszaki) verlegt. Noch im März Bahntransport ins rumänische Alexandria. Teilnahme am Balkanfeldzug in der Etappe der 12. Armee, die von Bulgarien aus auf Saloniki vorstößt. Jochen Kleppers Einheit kommt bis ins bulgarische Pernik. Im Mai zwei Wochen Heimaturlaub aufgrund des Todes seiner Mutter. Dann zurück nach Rumänien. In Botosani im Nordosten des Landes kommt er am 21. Mai wieder zu seiner Einheit. Vormarsch auf die sowjetrussische Grenze. Teilnahme am Russlandfeldzug, über Pruth, Dnjestr, Bug und Dnjepr bis Poltawa. Entlassung aus dem Dienst am 22. September, Heimreise über Winiza, Lemberg und Krakau, Ankunft in Nikolassee am 8. Oktober 1941. Tausendvierhundert Kilometer auf Pferderücken und bespannten Wagen, fünftausend Kilometer mit der Bahn durch halb Europa.

Aber das sind nur die äußerlichen Aspekte. Das ist noch nicht einmal die Hälfte der Wahrheit. Zum größeren, rätselhaften Teil der Wahrheit gehört: Jochen Klepper war gern Soldat. Jochen Klepper ist gegen seinen Willen aus der Wehrmacht entlassen worden. Jochen Klepper hat regelrecht um seinen Platz in der Armee gekämpft. Bemühungen aus den Reihen der Bekennenden Kirche, namentlich von Helmut Gollwitzer, ihn vom Militärdienst freizustellen, hat er sich ausdrücklich verbeten. Ein halbes Dutzend seiner Vorgesetzten vom Hauptmann bis hinauf zum General der Division haben sich für seinen Verbleib bei der Truppe eingesetzt – vergeblich. Als Ehemann einer jüdischen Frau wegen Wehrunwürdigkeit entlassen. Das wollte er nicht akzeptieren. Er war der festen Überzeugung, dass sein Dienst in der Wehrmacht einen gewissen Schutz für Frau und Tochter bot. Aber das erklärt nicht, warum er die offensichtlichen Ängste seiner Frau um sein Leben nicht wahrgenommen hat. Hat er sich für kugelfest und unverwundbar gehalten, oder war das naives Gottvertrauen?

Zum rätselhaften Teil der Wahrheit gehört auch: Der im zivilen Leben depressive, abwechselnd von Schlaflosigkeit und Angstträumen geplagte Autor hat zwar wegen schlechter Augen die Schießprüfung nicht bestanden, und schon die Reit- und Fahrausbildung hat dem Schreibtisch- und Kopfarbeiter körperlich alles abverlangt. Aber er hat sich wahrscheinlich nie vorher und nie nachher wieder so gesund gefühlt wie als Träger der grauen Uniform. Kurt Pagel, seinem Lektor und Freund bei der DVA, hat sich das Bild des gerade aus dem Krieg zurückgekehrten Jochen Klepper eingebrannt: »Der entlassene Soldat, der da […] vor uns saß, braungebrannten Gesichts, mit gerundeten Backen, mit den bedächtigen Bewegungen des Landsers und mit seinem Gleichmut, der kannte keine Schlaflosigkeit und keinen Kopfschmerz, hatte keine verklemmten Komplexe, nahm die Entlassung aus der Wehrmacht ganz von der praktischen Seite; hatte ein ganz unbefangenes Bild von der politischen und militärischen Wirklichkeit; hatte ein bisschen Heimweh nach seiner Truppe, nach den Kameraden, die er durch die oft raue Schale hindurch hatte sehen lernen; hatte ein Gefühl der Dankbarkeit für den Umgang mit Pferden.«[386]

Zum verstörenden Teil der Wahrheit gehört die Tatsache, dass der Soldat Jochen Klepper in seinem Tagebuch seltsam teilnahmslos erzählt hat, was er da an Krieg und Kriegsfolgen wahrnahm – verbrannte Erde, zerstörte Häuser, verkohlte und verstümmelte Leichen, verwundete Kameraden. Manchmal untrennbar gemischt mit schwelgerischen Naturbetrachtungen. Gefühlsmäßig engagiert schilderte er die erfreulichen Details, die schönen Seiten der Kameradschaft, das kernige, raue Landserleben, den freundschaftlichen, verständnisvollen Austausch mit den

Vorgesetzten, von denen sich viele als Leser des »Vaters« zu erkennen gaben. Viele Eindrücke notierte er sich fürs »Ewige Haus« – das ärmliche Leben der Landbevölkerung in der Bukowina, ihre schlichte Spiritualität, ihre Herzlichkeit. Den tödlichen Ernst des Krieges hat er in den Tagebüchern aus dem Krieg nicht vermittelt. Dagegen hat er den tödlichen Ernst der Lage der Juden in der Heimat sehr deutlich gespürt, über zweitausend Kilometer Entfernung hinweg. (Erst die Traumaforschung von ca. 1970 an hat einen Begriff für diese auseinanderfallende Wahrnehmung: Dissoziation.)

Jochen Kleppers Nabelschnur zur zivilen Wirklichkeit, zu Frau und Tochter, das war die Deutsche Feldpost. Hunderte von Briefen sind in diesen Monaten zwischen ihm und den Seinen hin- und hergegangen. Von Jochen Klepper sind fast 200, von Hanni Klepper annähernd 170 Briefe aus dieser Zeit erhalten. Daneben standen Dutzende von Weggefährten mit ihm in Briefkontakt, zumeist Theologen, Leser des »Vaters« und des »Kyrie«. Durch Hannis und Renates Briefe hatte er Kenntnis über die Vorgänge in der Heimat. Er wusste von Brigittes Verlobung und Heirat mit dem österreichischen Ingenieur Karl Molnar in England, von der Auflösung der jüdischen Kunst- und Modeschule im April 1941, von Bestrebungen einiger hochrangiger Offiziere, ihm eine Stelle beim Heeresfilm zu beschaffen, von der Ghettoisierung von 1000 jüdischen Familien in Berlin im Juni, von Renates neuer »Dienststelle« als Näherin in einer Fabrik für Kindermäntel in der Schützenstraße in Friedrichstadt.

Während des Russlandfeldzuges war Jochen Klepper von seinen Vorgesetzten quasi zur Truppenbetreuung abgestellt. Das hat es ihm erlaubt, sogar wieder kleine schriftstellerische Arbeiten zu verfassen – eine paar kurze Erzählungen, »Die grüne Maske«, »Die Wolke«, »Die Teestube«... Und am 1. August, auf dem Vormarsch durch die Ukraine zwischen Dnjestr und Bug, entstand ein geistliches Lied. Das letzte aus seiner Feder. Ein »Trostlied am Morgen« über Jesaja 30,15: »Wenn ihr stille bliebet, so würde euch geholfen; durch Stillesein und Hoffen würdet ihr stark sein.« Das ist eine Botschaft an Hanni, Renate – und an sich selber. Jochen Klepper ahnte bei der Abfassung dieses Gedichts noch nicht, wie sehr seine Familie diesen Zuspruch brauchen würde. Aber sechs Wochen später dämmerte es ihm. Da erfuhr er von der neuen Ungeheuerlichkeit: dem gelben Schandmal.

Der Stern

Zeitgleich mit Hitlers Angriff auf die Sowjetunion scheint unter den Funktionären des nationalsozialistischen Staates ein neuer Grad von Verrohung eingetreten zu sein. Die »Verordnung über die Kennzeichnung der Juden«, vom Reichsinnenministerium am 1. September 1941 erlassen, ist nur das augenfälligste Merkmal dieser härteren Linie. Kernpunkt der Verordnung: »Juden, die das sechste Lebensjahr vollendet haben, ist es verboten, sich in der Öffentlichkeit ohne einen Judenstern zu zeigen.«

Die Beamten des Innenministeriums haben alles bis ins Detail geregelt: »Der Judenstern besteht aus einem handtellergroßen, schwarz ausgezogenen Sechsstern aus gelbem Stoff mit der schwarzen Aufschrift ›Jude‹. Er ist sichtbar auf der linken Brustseite des Kleidungsstücks fest aufgenäht zu tragen.« Nichts blieb dem Zufall überlassen. Stoffbahnen von 1,50 Meter Breite sind so bedruckt mit den Schandmalen, dass möglichst wenig Verschnitt entsteht. Vom 15. September 1941 an mussten die Judensterne getragen werden. Ausgenommen waren nur die jüdischen Ehegatten in so genannten »gemischtrassigen« Ehen. Hanni Klepper blieb die Schmach also erspart, aber nicht Renate.

Jochen Klepper hat mit Verzögerung davon erfahren, durch ein paar dürre Zeilen unter »Sonstige Nachrichten« in den hektografierten Mitteilungsblättern des Regiments. In sein Tagebuch hat er eingetragen: »Noch immer ist bei solchen Nachrichten, als bliebe einem das Herz stehen. Welche Erleichterung hatten Hanni und Reni durch ihr Aussehen, das niemals Jüdinnen in ihnen vermuten ließ. Damit ist's auch aus mit Renerles Reiten – dem Ersatz für all die versagten Jugendfreuden. Und für die Kirchenkonzerte – das letzte, was wir glaubten, wagen zu dürfen – wie wird es da sein? [...] Es ist leichter, ein fest umgrenztes Unglück zu ertragen, als Jahr um Jahr hinzuleben in diesem Schrecken ohne Ende.« Im Wissen um die schändliche Verordnung hat er am selben Tag an Hanni und Renate geschrieben: »Als Gott in Christus Mensch wurde, wollte er den Juden gleich sein. Wer als Christ, der nach ihm heißt, unschuldig leidet in dem ›Gleichwerden‹ seines Schicksals mit dem Christi unter dem Judentum, erlebt ein in die letzten Tiefen reichendes Ähnlichwerden mit Christus.«[387] Dieser Brief kreuzt sich mit einem aus der Feder von Renate vom 22. September. Drei Wochen hat die junge Frau gebraucht, bevor sie fähig war zu schildern, wie es ihr mit dem Stern ergeht: »Es ist geradezu beschämend, wenn man diese armen Leute so herausgestellt herumlaufen sieht. Manche tragen es ja mit Stolz, mir ist es *nur* peinlich. Aber man geht eben so wenig wie möglich weg. […] Jetzt merkt man halt doch erst, wie schön man es in der letzten Zeit der ›Freiheit‹ gehabt hat. Ob das mal wiederkommt, und in absehbarer Zeit???«[388]

Und wie ist die Sternverordnung sonst in der Heimat aufgenommen worden? Kein Aufschrei ging durchs Land. Auch nicht durch die Kirchen. Die gleichgeschalteten evangelischen Kirchenleitungen in Sachsen, Hessen-Nassau, Mecklenburg, Schleswig-Holstein, Anhalt, Thüringen und Lübeck haben die »Kennzeichnung der Juden als der geborenen Welt- und Reichsfeinde« sogar in einer gemeinsamen Erklärung begrüßt.[389] Die Bekennende Kirche blieb seltsam sprachlos. Der württembergische Landesbischof Theophil Wurm äußerte später in einem Gespräch mit dem Reichskirchenminister, man übe Zurückhaltung, um nicht der feindlichen Propaganda Stoff zu liefern.

Einzelne Ausnahmen bestätigten die traurige Regel. Bernhard Lichtenberg etwa, inzwischen an der Hedwigskirche zum Dompropst aufgerückt und Leiter einer Beratungsstelle für katholische Auswanderungswillige jüdischer Herkunft, hat am 5. September 1941 berichtet: »Schon in den ersten drei Tagen nach der Verkündigung des Gesetzes richteten katholische und evangelische Nichtarier und Arier, Priester und Laien in großer Besorgnis folgende Fragen an uns: 1. Muss der Judenstern auch in der Kirche während des Gottesdienstes getragen werden? 2. Dürfen die Juden trotz der Kennzeichnung und Brandmarkung durch den Judenstern am allgemeinen Gottesdienst teilnehmen?« Das sollte ihm zwei Jahre Zuchthaus eintragen und letztlich den Tod bringen. Und Käthe Staritz hat die Breslauer Pastorenschaft in einem Schreiben über die vorhersehbare Not der getauften Juden unterrichtet und Vorschläge gemacht, wie sich die Gemeinden taktvoll der betroffenen Gemeindeglieder annehmen können. Sie ist daraufhin vom Dienst suspendiert worden, auch auf sie wartet das Konzentrationslager.[390]

Den wenigsten Christen in Deutschland ist bewusst geworden, dass die »Verordnung über die Kennzeichnung der Juden« auch sie anging. Den wenigsten fiel auf, dass auch der gekreuzigte Jesus in ihren Kathedralen und Kirchen ihn trug, gut sichtbar auf der linken Brustseite – den handtellergroßen, schwarz ausgezogenen Davidsstern aus gelbem Stoff.

Jochen Klepper grübelte derweilen in Russland, wie er Renate »einen Ausgleich schaffen kann, nun so vieles, — alles für sie aufhört«.[391] Unter seinen Kameraden im Feld konstatierte er »den fast völligen Sieg der antisemitischen Propaganda. Man reflektiert nicht mehr. ›Die Juden müssen weg.‹«[392] Er hat aus erster Hand Furchtbares von antijüdischen Pogromen in Rumänien erfahren, denen unterschiedslos auch Frauen und Kinder, Kranke und Alte zum Opfer gefallen sind. Drei Wochen später, er war kaum wieder zu Hause in Nikolassee, begann die Deportation der deutschen Juden in den Osten.

11. Prinz-Albrecht-Straße 8

Der heimatliche Wald im Westen Berlins war noch so herbstlich schön, und in der weichen Dämmerung bot Nikolassee, noch so reich an Blumen, ein so friedvolles, schönes Herbstbild. Es war ums Dunkelwerden, als ich heimkam, und Renerle kam mir die Treppe entgegengeeilt, sehr schmal, sehr blass und sehr anlehnungsbedürftig. […] Auch Hanni sieht sehr, sehr angegriffen und mitgenommen aus.« – Der erste Tagebucheintrag Jochen Kleppers nach seiner Heimkehr zu Frau und Tochter spricht Bände. »Es war kein Gefühl […] von Freude in meiner Heimkehr, so tief es einen anrührt, wieviel Liebe und Schönheit einen umfängt.« Er ist dankbar, dass er unversehrt geblieben ist, aber nun hat er das Gefühl, einem Abgrund entgegenzuleben. »Nun mag es wohl in die letzte Tiefe gehen.«[393] Bei den ersten Spaziergängen durch Nikolassee, beim freundlichen Grüßen der vielen Bekannten, überlegt er: »Wer hat nach Hanni und Renerle überhaupt auch nur gefragt?« Hanni hat ihm gebeichtet, sie sei »so einsam gewesen, wie man nur einsam sein kann«.[394] Dass den jüdischen Frauen in Mischehe der »Gelbe Fleck« erspart bleibt, tröstet ihn nicht, wenn er das Kind ansieht: »Noch immer will Renerle fröhlich und lebenslustig sein wie bisher, aber es ist so gebrochen, nur noch wie ein Schatten seiner selbst, so wie es auch äußerlich beängstigend zart geworden ist.«[395] Ein Termin auf dem Polizeipräsidium ergibt, was er befürchtet hat: Für Renate Stein wird es keine Befreiung von der Stern-Pflicht geben. »Die Verordnung ist streng auszulegen.«[396] Und der Stern ist noch nicht einmal die größte Bedrohung. Renate berichtet allabendlich aus dem Betrieb: Vielen Juden werden die Wohnungen gekündigt, sie müssen

Listen ihres verbliebenen Eigentums einreichen und sollen sich mit begrenztem Gepäck bereithalten. Den Kleppers ist klar, was das bedeutet: Barackenlager oder Deportation.

Am 18. Oktober rollt ein erster Deportationszug vom Bahnhof Grunewald Richtung Osten. Er bringt 1013 Berliner Juden, darunter Hanni Kleppers 70-jährige Tante Nanni Gerstel[397] ins Ghetto Litzmannstadt (so heißt das polnische Łódź unter deutscher Besatzung). Reni überlegt, ob sie für den Fall des Falles schon mal packen soll, damit sie nichts vergisst von dem wenigen Erlaubten, was man mitnehmen darf. Hanni und Jochen Klepper zermartern sich den Kopf über der Frage, wie man dem Kind vielleicht doch noch einen Weg in die Freiheit bahnen kann. In Viggbyholm lassen Meschkes alle ihre Verbindungen spielen; Hanni hat sie schon im September über den Ernst der Lage ins Bild gesetzt (»Renate hat nur noch einen dringenden Wunsch: bald zu Euch kommen zu können. Wir bitten Euch, nichts unversucht zu lassen und zwar beschleunigt«).[398] Und was unternimmt Jochen Klepper? Er wendet sich am 20. Oktober auf Renates eigene Bitte hin ans Reichsinnenministerium und ersucht um eine Audienz bei Minister Frick, »der so oft den ›Vater‹ verschenkt hat.«[399] Auch zu Sigrid Schacht, der Nichte des ehemaligen Reichswirtschaftsministers Hjalmar Schacht, die beste Verbindungen nach Schweden hat, hat er Kontakt aufgenommen. Aber ohne wirkliche Hoffnung.

»Ich tue alles. Ich bete; das ist ungleich mehr. Aber als Mensch hätte ich mit Hanni und Renerle sterben mögen, sterben auch um des ›Satans Engel‹ willen«, schreibt er am selben Tag. Die Suizidgedanken haben sich mit Macht zurückgemeldet. Sie haben ihn immer wieder mal geplagt, und er hat sie als Anfechtung im geistlichen Sinn verstanden und niedergehalten. Deshalb die Chiffre »Satans Engel« aus dem 2. Korintherbrief: Das ist sein sprichwörtlicher Pfahl im Fleisch, sein tiefstes Leiden, sein Leiden am Leben, der Impuls, allem ein Ende zu machen, dem schmerzlich empfundenen eigenen Ungenügen, aber auch genau diesen verführerischen Fluchtgedanken. Er hat versucht, das Thema Suizid zu rationalisieren, und das hat lange funktioniert. Aber jetzt geht es um die Tochter, und da ist nichts mit Ratio, da sind zwangsläufig Gefühle mit im Spiel. Hanni und Jochen Klepper wollten nur mal nachfühlen, ob Reni sich etwa insgeheim mit Suizidgedanken quält, und haben ihr versichert, dass sie im Ernstfall bereit sind, gemeinsam mit ihr zu sterben. Nur um zu entdecken: Renate Stein hängt am Leben. Der Gedanke an den Suizid liegt ihr fern. »Nun ist es so gekommen, dass ich es bin, der den entsetzlichen Wunsch am inständigsten hegt«, gesteht sich Jochen Klepper ein. Dem steht Renates Lebensmut entgegen. Deshalb also: Frick.

Der Schutzbrief

Am 23. Oktober hat er seinen Termin beim Minister. Wilhelm Frick, einer der altgedienten Weggefährten des »Führers«, hat zumindest einen menschlichen Zug: Er sieht gequält aus. Er versucht die Deportationen zu rechtfertigen. Renate hält er nicht für gefährdet, jedenfalls nicht unmittelbar. Jochen Klepper soll noch mal in einer schriftlichen Eingabe sein Anliegen mit der Wiederverwendung in der Wehrmacht erläutern. Renate darf nur Nebenthema sein, nur nicht auf den gelben Stern anspielen – davon wird es keine Befreiung geben, das ist der »entschiedene Wunsch des Führers«. Und einen Strohhalm reicht Frick ihm noch: Falls Schweden Renate einwandern lässt, soll es an ihrer Dienstverpflichtung nicht scheitern.

Den geforderten Antrag an Frick schreibt Jochen Klepper am 26. Oktober. (Er hat ihn fälschlich auf den 25. datiert). Hanni akzeptiert sein Vorgehen nur um der Tochter willen; sie ist gar nicht begeistert von der Vorstellung, dass man ihren Mann noch einmal ins Feld schicken könnte. Aber dann trifft am 29. Oktober der »Schutzbrief« für Renate ein. So empfindet Jochen Klepper das Schreiben des persönlichen Referenten Fricks mit dem Wortlaut: »Im Auftrag von Herrn Reichsminister Dr. Frick teile ich Ihnen auf Ihr Schreiben vom 25.10.1941, in dem Sie Ihre häusliche und persönliche Lage nochmals referieren, mit, dass Sie wegen des Verbleibens Ihrer Stieftochter Renate Stein bei Ihnen sich keine unnötigen Sorgen zu machen brauchen. Sie fällt nicht unter die Maßnahmen, die in Verbindung mit dem Evakuierungsprogramm zur Zeit durchgeführt werden.«[400] – Was dieses Papier wert ist, muss sich erst noch erweisen.

Hoffnungsfunken und Schreckensnachrichten im steten Wechsel: Brigittes Schwiegereltern (Hanni hat regelmäßig mit ihnen Briefe ausgetauscht) sind am 28. Oktober von Wien aus nach Litzmannstadt deportiert worden. (Dass Arthur

Molnar dort bereits am 11. November, seinem 65. Geburtstag, verstorben ist, werden die Kleppers erst viele Wochen später erfahren – aus den Lagern dringt kaum eine Nachricht nach draußen.)

Am 4. November macht Jochen Klepper in einem monarchistischen Zirkel um den Kronprinzen von Sachsen Bekanntschaft mit dem Generalsekretär des Lutherischen Weltkonvents Hanns Lilje, der sich der Sache bereitwillig annehmen will.

Sigrid Schacht hat den Kontakt zu Birger Forell hergestellt, dem Gesandtschaftspfarrer an der Schwedischen Botschaft in Berlin. Jochen Klepper besucht ihn am 12. November in der Schwedischen Gemeinde in der Landhausstraße. Forell ist offenbar schon im Bilde über seine Situation; er wird Hugo Cedergren auf Renate Steins Schicksal aufmerksam machen. Der ist nicht nur Generalsekretär der schwedischen »Kriegsgefangenenhilfe« und des Weltbundes der CVJM, sondern über seine Frau, eine geborene Bernadotte, auch mit dem schwedischen Königshaus verbunden.

Das Drehbuch

Am 17. November bestätigt sich ein Gerücht: Der Schauspieler Joachim Gottschalk hat zusammen mit seiner Frau und seinem Sohn Suizid begangen, nachdem ihm der Präsident der Reichskulturkammer unmissverständlich klar gemacht hat, dass er seine jüdische Frau nach einer Zwangsscheidung nicht vor der Deportation würde bewahren können. Jetzt sind also auch die so genannten privilegierten Mischehen an der Reihe. »Der Selbstmord erfolgte durch Veronal und Gas, in aller Stille.« Eva Bildt, die Sekretärin von Hanns Lilje und Verlobte von Helmut Gollwitzer, hat Jochen Klepper seelenruhig vom Entschluss ihrer Eltern berichtet, im Fall der gewaltsamen Trennung gemeinsam zu sterben. Sie sind in derselben Lage wie die Gottschalks. Am Abend erzählt Renate, dass sie mit einer jungen »Kollegin« in der Näherei vereinbart hat, sich im Fall der Deportation das Leben zu nehmen. »So wollen wir, tritt dies Schreckliche ein und vermag kein Frick noch sonst jemand es abzuwenden, uns drei mit Gas vergiften«, steht gegen Ende des seitenlangen Tagebucheintrags. Damit ist das Drehbuch geschrieben. Freilich – »wir wissen, das Gott noch alles wenden kann«.

Von Hanns Lilje bekommt Jochen Klepper am 21. November die Empfehlung, auch an Amerika zu denken, »ehe eine Kriegserklärung es unmöglich macht«. Auf dem üblichen Weg ist da nichts zu machen, Renates US-Auswanderungsnummer vom Herbst 1940 ist so hoch (»um 75 000«[401]), dass sie mindestens drei Jahre warten müsste, bis sie an die Reihe kommt. Aber Lilje hat auch in die USA beste Verbindungen und will etwas unternehmen. Kann sich auch vorstellen, Jochen Klepper bei einem der kirchlichen Radiosender unterzubringen.

Hannis Nürnberger Cousine Lotte und ihr Mann, Dr. Hugo Ehrenberger, wissen seit dem 31. Oktober, dass sie deportiert werden sollen, können auch noch kurz vor dem Abtransport am 29. November telefonisch das Ziel durchgeben: Es geht nach Riga. Das ist ihr letztes Lebenszeichen.[402]

Die Kleppers bestellen ihr Haus, machen Anfang Dezember ihr Testament für den Fall des gemeinsamen Suizids. »Es ist, als entfalte sich in diesem letzten Ordnen noch einmal unsere ganze Vitalität.«[403] Die schwedischen Kontakte – Cedergren, Forell – müssen nun ihre Wirkung entfalten. Es eilt; am 2. Dezember hat Renate ein Schreiben der Jüdischen Gemeinde erhalten, die eine Liste der »zu Evakuierenden« erstellen muss. Jochen Klepper war sofort auf der Gemeindestelle, hat sich dafür geschämt, dass er als »Arier« sofort an Scharen von bange Wartenden vorbei geschleust wurde, und hat zum ersten Mal die Wirkung des »Schutzbriefes« erlebt. Das Anschreiben an Renate hat einen Vermerk bekommen: »... kommt R. St. für eine Evakuierung nicht in Frage.« Aber wie lange wird dieser Schutz anhalten?

Auch in Schweden gibt es Bürokraten. Meschkes haben die zweite, diesmal unanfechtbare Ablehnung des Einreiseantrags von Renate Stein erhalten. Am 16. trifft die Nachricht in Nikolassee ein. Renate nimmt es gefasst auf; seit die USA in den Krieg eingetreten sind,[404] hat sie keine Hoffnung mehr gehegt. Liljes Amerika-Option ist damit auch vom Tisch.

Schließlich erhält Jochen Klepper auch noch von »seiner« Division Bescheid: Sein Antrag auf Verbleib in der Wehrmacht konnte angeblich nicht weitergeleitet werden. Hanni ist darüber erleichtert, er nicht. »Ich sehe nur, dass ein Schritt um den anderen scheitert, kann darüber nicht mehr reflektieren und auch nichts empfinden«, notiert er am 19. Dezember ins Tagebuch.

Am Abend des 4. Advent konstatiert er: »Welch eine schöne Adventszeit war's in allem unfasslich Schweren.« Tags darauf, am 22. Dezember, sucht er in seiner Ratlosigkeit eine Berliner Hellseherin auf, »zu der so viele Künstler, aber selbst Offiziere gehen«. Vermutlich handelt es sich um Ursula Kardos, eine abgesehen von ihrem Gewerbe integre Frau, die sich für Menschen in Not gleich welcher Herkunft einsetzt. Auch für Juden. Ihre Ratschläge entspringen vermutlich eher gesundem Menschenverstand als irgendeinem Hokuspokus, aber Jochen Klepper hat doch Skrupel. »So weit also hat einen die Verzweiflung gebracht.« Ihre Empfehlung: Er soll Renate als seine leibliche Tochter ausgeben. Er wehrt ab. Zu allem auch noch einen Meineid leisten – nein.

Die Christmette am Heiligen Abend erleben die Kleppers mit Annie Tiecke in der Gemeinde, aber nicht am gewohnten Platz. Renate versucht sich wegen des gelben Sterns hinter einer Säule zu verbergen. Für sie ist noch einmal richtig Weihnachten geworden. Für Jochen Klepper nicht, so stimmig alles ist – die Lieder, die Bräuche, die Düfte, der häusliche Schmuck. »Ich aber vermag zu Gott nur zu beten, uns sterben zu lassen, ehe die große, mir unausweichlich scheinende Stunde der äußersten Versuchung kommt, der ich nicht mehr zu widerstreben vermag.« Im Abendmahlsgottesdienst am ersten Weihnachtsfeiertag fehlen die Sternträger; man ist ratlos, wie man mit ihnen verfahren soll. Erst der zweite Feiertag rettet ihm das Fest. »Es war einer der schönsten Weihnachtstage, die wir je verlebten. Es war zum ersten Male wieder ein Bannkreis gegen Kummer, Angst und Sorge.«

Verstummt

Zum Jahreswechsel gibt sich Jochen Klepper Rechenschaft über den »unschöpferischen Zustand«, in dem er sich seit 1939 befindet. »Eine Qual ganz für sich.« Das stimmt nur im Hinblick auf seine Arbeit als Erzähler. Als Lyriker war er all die Jahre durchaus noch schöpferisch. Erst die Stern-Verordnung hat ihm den Mund verschlossen, hat den geistlichen Dichter zum Verstummen gebracht hat.

Noch einmal ein Versuch, Renate einen Weg in die Schweiz zu bahnen. Gertrud Staewen, Sekretärin am Burckhardthaus in Dahlem, bietet ihre Kurierverbindungen mit der Schweiz an, um unzensiert Briefe zu übermitteln. Die Kleppers nutzen diesen Kanal für Briefe an das Ehepaar Tappolet, die ja schon einmal geholfen haben, genauso an Professor Burckhardt und an den Züricher Prediger Hans Georg Fürstenberger. Die lassen ihrerseits nichts unversucht. Der Flüchtlingsdienst des Ökumenischen Rates der Kirchen in Genf, das Schweizerische evangelische Hilfswerk für die Bekennende Kirche in Deutschland und der Kreuzritter-Dienst in Bern – alle verwenden sich für Renate Stein.[405] Vergebens. Die Fremdenpolizei des Kantons Zürich und das Emigrantenbüro der eidgenössischen Fremdenpolizei lehnen alle entsprechenden Gesuche, Eingaben, Anträge ab. Unterdessen rollen von Grunewald aus im Wochentakt Deportationszüge nach Osten.[406]

Jochen und Hanni Klepper fliehen vor dem Elend für zwei Wochen ins Riesengebirge. Über Hirschberg nach Hain.[407] »Still und doch nicht ohne Lebendigkeit, freundliches winterliches Treiben. Pferdeschlitten, Hörnerschlitten, großer Friede«, steht am 13. Januar im Tagebuch. Winterliches Idyll. Die trübsinnigen Gedanken fliehen, die Depression hebt sich. Jochen Klepper stellt fest, dass er mühselig neu schreiben lernen muss. »Trotz alles Versagens und Versiegens in einem – dieser unfassliche Friede mit Gott«, vermerkt er am 20. Januar. Am selben Tag wird in der Villa Marlier am Großen Wannsee, keine fünf Kilometer Luftlinie vom Klepperschen Haus in der Teutonenstraße entfernt, über die »Endlösung der Judenfrage« entschieden. Mit am Tisch unter anderen Reinhard Heydrich, Chef des Reichssicherheitshauptamtes, und sein Untergebener Adolf Eichmann, Leiter im Referat IV B 4 (»Judenangelegenheiten«) des RSHA. Den einen kennt Jochen Klepper zumindest vom Sehen aus der Nachbarschaft in Südende. Die Begegnung mit dem anderen wird ihm nicht erspart bleiben. Aber davon kann er noch nichts ahnen.

Etwas anderes dämmert ihm im »Schlesischen Himmelreich« (so nennen die Schlesier das Riesengebirge): »Hanni und ich sind uns nicht zum Verhängnis geworden, Renerle und ich sind es. Renerle bin ich zum Verhängnis geworden, weil sie, genau spürend, dass sie ›das Kind‹ für mich ist, meinetwegen nicht mit Brigitte nach England ging; ich zerstörte ihre schönsten Jugendjahre: und das wäre noch die mildeste Lösung, wenn dieser entsetzlichen Jugend noch ein anderes Leben folgte. Renerle aber ist mein Verhängnis, weil in meinen für das Schaffen wohl wichtigsten Jahren alle Arbeit so qualvoll durchkreuzt ist.«[408]

Qualvoll durchkreuzt – das Urteil hat Bestand; er wird auch in den folgenden Monaten nicht wirklich weiterkommen mit dem »Ewigen Haus«. Beruflich führt er sein Leben nur noch im Konjunktiv, glaubt, den Roman jederzeit »wie aus einer unauslöschbar eingeprägten Erinnerung schreiben zu können«[409]. Aber er tut es nicht, so oft er dazu ansetzt. Das Buch wird zur fixen Idee, um Hannis willen, die er mit Katharina von Bora identifiziert und liebevoll »Bore« nennt. Nachts liegt er wach, mit oder ohne Schlafmittel. In den kurzen Phasen nach drei Uhr früh, in denen er schlafen kann, plagen ihn Träume apokalyptischer Qualität – von Flucht, Vertreibung, Tod.

Renates 20. Geburtstag begehen die Kleppers mit einem kleinen festlichen Empfang wie zu »normalen«, friedlichen Zeiten. Hilde ist zu Besuch; Hanni und Reni genießen ihre Gesellschaft. Aber das kann nicht darüber hinwegtäuschen, dass ein Weg aus Deutschland heraus für die junge Frau immer noch nicht in Sicht ist.

Seinen eigenen Geburtstag, den 39., erlebt Jochen Klepper einmal mehr im Blütenrausch. Hanni hat es geschafft, für ihn ein Buch von Gertrud von le Fort aufzutreiben, »Das Schweißtuch der Veronika«. Das wird seine Lektüre über die Passions- und Ostertage. Die Besuche werden seltener, aber die Flut der Briefe reißt nicht ab. Von sich aus geht Jochen Klepper kaum noch unter Leute. Wenn doch, dann empfindet er es selten als lohnend. Die Begegnung mit Romano Guardini ist eine solche Ausnahme. Eine Jugendtagung im Gemeindehaus von Nikolassee eine andere. Mehr als hundert Jungen, 14- bis 17-Jährige, die den Sonntagsgottesdienst bevölkern und den sonst eher dünnen Gemeindegesang kräftig verstärken. Man erkennt ihn. Man fragt ihn, ob er nicht mal eine halbe Stunde auf ihrer Tagung sprechen kann. Er will kneifen, kommt diesmal aber nicht davon. Mit Trampeln wird er begrüßt. Die Jugendlichen kennen seine Gedichte, viele haben den »Vater« gelesen. Er ist tief bewegt. »Jungen, die über der Bibel saßen, und dies war der entscheidende, der ergreifende Eindruck. Es wird nicht enden – nein, es wächst.« Aber das Erlebnis hat ihn sehr mitgenommen. »Tiefe, tiefe Wandlungen müssten in mir geschehen, ehe ich unter die Menschen darf.«[410] Der

Rückzug ins Private ist total, aber auch nicht zielführend. Ein paar Wochen später wird er dem Tagebuch beichten: »Ich habe Verzicht geleistet auf alle Kunst, außer einem Minimum alter, sakraler Musik [...] Ich habe Verzicht geleistet auf alle Wissenschaft, einschließlich der Theologie [...] Verzicht auf Reisen; Verzicht auf Vorlesungen und Vorträge vor meinen Lesern; Verzicht auf die Pflege aller beruflichen Beziehungen. Verzicht auf Gesellschaft; Verzicht auf Sprachen; Verzicht auf Klavierspiel; fast alle Lektüre; Verzicht auf alle Abwechslung: und das alles war nicht imstande, meine Arbeit vor der Zerstörung durch diese Zeit zu retten.«[411]

Birger Forell kommt Ende April zu Besuch. Er steht vor der Rückkehr nach Schweden, will dort die Bevölkerung für das Leiden der Juden in Deutschland sensibilisieren. Vorher möchte er Jochen Klepper mit dem Ersten Legationssekretär Karl Fredrik Almqvist bekannt machen. Das Treffen im Pfarrhaus der schwedischen Kirche strengt den Dichter maßlos an. Aber der junge Diplomat Almqvist wird es ihm noch lohnen.

Am 17. Mai bekommt Jochen Klepper einen Fragebogen vom Wehrmeldeamt. Als in »Mischehe« lebender Mann soll er zu einem zivilen Dienst verpflichtet werden. Ein Bekannter rät ihm, er solle sich schleunigst selbst einen Dienstgeber suchen. So viele Arbeitsplätze sind inzwischen verwaist, so viele Männer an der Front, dass jede Hand in der Heimat gebraucht wird. Die Buchhändler Andrews und Steiner aus Südende wissen Rat. Sie sind Inhaber des Dietrich Reimer Verlages und wollen Jochen Klepper pro forma als Lohnbuchhalter anstellen. Tatsächlich soll er für sie die Verlagsgeschichte zum bevorstehenden Firmenjubiläum schreiben. Halbe Tage sitzt er auf dem Arbeitsamt ab, um die Formalitäten der Dienstverpflichtung zu klären. Die verbleibenden Stunden kümmert er sich um einen neuen Brandherd.

Mitleiden

Hilde hat erfahren, dass Margots Sohn Jost – wie sein Vater bei der Luftwaffe – vermutlich in russische Gefangenschaft geraten ist; er musste mit dem Fallschirm hinter den feindlichen Linien abspringen. So distanziert das Verhältnis zu Schwester und Schwager war, Jochen Klepper kann mitfühlen. Das muss für sie ähnlich schlimm sein wie die drohende Deportation Renates für ihn. Er bietet an, durch Professor Burckhardt und Cedergren Erkundigungen über das Schicksal seines Neffen einholen zu lassen. Die Eltern sind dankbar. Ende Juni besucht Jochen Klepper die Familie in Hildesheim. Sein Schwager Eberhard Fischer ist mittlerweile Generalmajor und Kommandeur des Fliegerhorstes. Materiell genießen Margot und ihr Mann ein sorgenloses, privilegiertes Leben. Aber was nutzt das, wenn der Sohn in Russland vermisst wird? Für Jochen Klepper ist die Annäherung und Versöhnung nach zehn Jahren Distanz der Hauptertrag der Reise. Außerdem schickt Margot jetzt gelegentlich ein Brot. Das ist bei den Versorgungsengpässen immer willkommen.

Renis Arbeitstage sind lang und trübe. Hanni und Jochen Klepper versuchen ihr die Wochenenden so schön wie möglich zu gestalten. Für Aufhellung unter der Woche sorgt gelegentlich Hans Karbe, der Kollege, Freund und Nachbar vom Hinterhaus. Als langjähriger Filmredakteur bekommt er zu jeder Filmpremiere ein paar Freikarten. Und dazu führt er Reni aus. »Renerle und ich trafen uns nach der Arbeit in der verdunkelten Stadt. Sie war ja hellblond und sah auf den ersten Blick nicht jüdisch aus. Sie klemmte ihre große Handtasche derart unter den linken Arm, dass der Gelbe Stern auf ihrer Kleidung verdeckt blieb.«[412] Nicht ungefährlich – das Verdecken des Sterns gilt als schweres Vergehen, und im Kino sitzen natürlich auch die Berufskollegen Karbes, auch die vom *Völkischen Beobachter* und vom *Stürmer*. Aber alles geht gut. Für Renate sind die verbotenen Kinoabende eine Art Ausbruch aus ihrer immer enger werdenden Welt. »Sie konnte dann auch wirklich loslassen und für zwei Stunden richtig vergnügt sein«, wird Hans Karbe später berichten.

Am 20. Juli tritt Jochen Klepper seinen Dienst im Dietrich Reimer Verlag an. Er arbeitet an drei Tagen pro Woche halbtags. »Was das bedeutet; mir bleiben ganze Tage daheim, mit Morgenglockengeläut und morgendlichen Gartenstimmungen! Nicht jeden Tag in die vollen S-Bahn-Züge, die hässliche Stadt.« Die freien Tage werden allerdings immer wieder durch Nachrichten über neue Deportationen getrübt. Vor allem verschwinden die alten, nicht mehr arbeitsfähigen Sternträger. Am 13. August ist Hannis hochbetagte Tante Paula, Nannis Schwester, nach Theresienstadt deportiert worden. »Mit 82 Jahren, nach einem Leben so voller

Glanz!«[413] Der schwedische Legationssekretär Almqvist hat Informationen, dass die Deportationen noch beschleunigt werden sollen, und hat sich bei den Kleppers erkundigt, was seinerzeit für Renate in Stockholm geschehen ist. Er nutzt seinen Urlaub, um selber nachzufassen, und kehrt zurück mit sybillinischen Meldungen. Angeblich sind jüdische Emigranten als Gegenleistung für ihre Ausreiseerlaubnis zu Spionagediensten gepresst worden. Cedergrens Einsatz für Renate hätte engagierter sein können. Er selbst, Almqvist, will seiner Regierung Garantien präsentieren für Renate.

Die verlangten Unterlagen stellt Jochen Klepper am 2. September zusammen, Renate überbringt sie dem Legationssekretär persönlich. Dann heißt es wieder warten. Und bangen. »Es wurde zur Gewöhnung, dass Tag für Tag alle Gedanken immer den gleichen qualvollen Kreis durchschreiten [...] Keine Gabe Gottes, die ich nicht jeden Tag dankbar, wie auch Hanni, erkenne. Und doch schleppen wir uns nur durch die Tage. Dies darf nicht sein, dass der Trost im Tode liegt.«

Die Menschen in den Straßen Berlins, die er auf seinen Fahrten zur Dienststelle sieht, sind grau und müde. Die Auslagen der Geschäfte sind leer. Er sieht viele Kriegsversehrte. Auch von den Kameraden im Feld bekommt Jochen Klepper wenig Ermutigendes zu hören. »Seine« 76. Division liegt jetzt an der Wolga vor den Toren Stalingrads. Eberhard, der Generalmajor, hat durchblicken lassen, dass er nicht mehr an den Sieg glaubt. In der Gemeinde Nikolassee hat Jochen Klepper erreicht, dass die Kriegsgefangenen in die Fürbitten eingeschlossen werden.

Ende September bietet ihm Herr Andrews Urlaub an, weil er so schlecht aussieht. Drei Wochen. Er soll sich erholen, womöglich verreisen. Jochen Klepper muss Hanni erst davon überzeugen, und so schnell kriegen die Kleppers das auch gar nicht organisiert. Zwischen niederschmetternden Neuigkeiten – Deportationen, kein Fleisch mehr für Juden – ein beruhigender Brief von Brigitte, die ihr erstes Kind erwartet.

Aber am 15. Oktober kommt das Ehepaar dann doch los. Die Bahnfahrt nach Süden wird zum Offenbarungseid. Es gibt keine Speisewagen mehr, die Bahnhofskioske sind geschlossen. Viele Fremdarbeiter im Zug, die sich jetzt in Deutschland verdingen, viele Soldaten. Fünf Tage Würzburg gönnen sich die Kleppers, er schwelgt in Rokoko und sehnt sich doch nach der Architektur des Nordens zurück. Anschließend reisen sie nach Nürnberg weiter, in Hannis Heimat, die Stadt ihrer Kindheit, nun Stadt der Reichsparteitage. Nach der jüngsten Deportation[414] gibt es hier praktisch keine Juden mehr. Hanni trifft nur noch einzelne Bekannte an. – Letzte Station Augsburg. Der schönste Eindruck der Stadt ist eine Antiquität, ein »Segnender Christus«. Den beschließen sie zu kaufen. Er wird ihnen nachreisen.

Am 31. Oktober sind sie wieder zu Hause. Reni hat keine Langeweile gehabt, aber Aufregung im Betrieb. Das Arbeitsamt hat nachgefragt, wer noch zur Deportation steht. Der Frick-Brief musste noch einmal herhalten.

Der »Segnende Christus« trifft ein und verschwindet im Keller, er soll Jochen Kleppers Weihnachtsgeschenk für Hanni sein. Im Keller ist auch sein Gemütszustand. Er begreift es nicht, nach der schönen Reise. »Wie kann man nur so schwindlig, so benommen, so müde und verwirrt und bedrückt sein.«[415] Die Kameraden in Stalingrad hausen in Erdlöchern, erfährt er aus Briefen. Die in Mischehe lebenden jüdischen Frauen diskutieren, was sich abzeichnet: dass auch sie nicht länger verschont bleiben, dass auch ihnen die Deportation droht. Almqvist meldet sich wieder: Kein Fortschritt in Schweden, was Renates Ausreise angeht. Er rät ihr zur Flucht in die Schweiz.

Am Samstag vor dem ersten Advent versucht Jochen Klepper seiner inneren Lähmung auf den Grund zu gehen. »Wie kann ich ›Christliches‹ schreiben, solange der Gedanke an den Selbstmord nicht überwunden ist? Anderes aber als Christliches ist mir nicht schreibenswert, nicht lebenswert. Ich kann von dem nicht los, auch völlig versagend nicht, was mich da angerührt hat.«[416]

Die Juden werden zum werweißwievielten Mal statistisch erfasst; auch ihm ist eine erneute Musterung angekündigt worden, aber er mag nicht mehr Soldat werden. Wenig später stellt sich heraus, dass man ihn nie hätte einberufen dürfen (entsprechend einer »grundsätzlichen Führerentscheidung« vom 8. April 1940).

Hoffnung und Skepsis

Am 3. Dezember trifft ein Brief von Meschkes ein. Forell und Cedergren haben sich noch einmal für Renate eingesetzt. »Wir lesen über solche Berichte nur noch hin [...] auch Renerle hofft auf diesem Wege nicht mehr.« Die Kleppers kümmern sich parallel um Weihnachtsvorbereitungen und Testamentsergänzungen.

Zwei Tage später setzt gleich zweimal der Herzschlag aus. In der Frühe trifft ein Telegramm von Meschkes ein. Inhalt: »Katharina und Brigitte wohl.« Sprich: Hanni und Jochen Klepper können sich als Großeltern fühlen. Wenig später ruft Almqvist an und verkündet das Unglaubliche: Das schwedische Außenministerium hat die Einreiseerlaubnis für Renate erteilt, auf drei Monate begrenzt.

Den nötigen nächsten Schritt geht Jochen Klepper sofort: Erneut um eine Audienz bei Minister Frick bitten. Der steht ja im Wort. Und er fragt sich: »Soll denn noch einmal ein Ende sein mit der furchtbaren Selbstanklage, dass wir Renerle 1939 nicht mit Brigitte nach England geschickt haben?«[417] Ein friedlicher zweiter Adventssonntag folgt. »Nur die Kinder gerettet wissen – das erfüllt Hanni jetzt mit einer ergreifenden Leidenschaft.«

Am nächsten Tag findet Jochen Klepper, aus dem Dienst zurückgekehrt, die Notiz vor: Das Ministerium hat angerufen, Frick erwartet ihn am Dienstag um elf Uhr. Er traut sich nicht zu jubeln über Renates Glück, solange er nicht weiß, was aus Hanni wird. »In welchen Bannkreis der Angst sind wir geraten!«

Die Audienz bei Frick kann den Bann nicht lösen. Frick steht zu seinem Wort vom Oktober 1941, will Renate zur Ausreise verhelfen, behauptet aber: In Deutschland kann er sie nicht mehr schützen. »Niemand kann es.« Er kann angeblich auch keinen noch so verklausulierten Schutzbrief für Hanni ausstellen. So sehr er bereit ist, auch ihr zur Ausreise zu verhelfen. Das ist sein Rat: Hanni Klepper soll Renate Stein nach Schweden folgen. In Jochen Kleppers Gegenwart weist Frick Ministerialrat Draeger und einen Polizeimajor an, die nötigen Schritte gegenüber dem Sicherheitsdienst des Reichsführers SS einzuleiten, damit Renate aus dem jüdischen Arbeitsdienst entlassen wird und ihre Ausreisegenehmigung erhält. Denn das ist das Problem: Frick selbst kann keine Ausreise mehr genehmigen. Der SD hat übernommen.

Damit ist die Audienz eigentlich beendet. Jochen Klepper wagt es, noch eine Frage an den Minister zu richten: Ob er für Hanni die gleichen Schritte unternehmen muss wie für Renate? Fricks Antwort hat er aus dem Gedächtnis protokolliert: »Noch ist Ihre Frau durch die Ehe mit Ihnen geschützt. Aber es sind

Jochen, Hanni und Renate im Südender Garten, 22.3.1937

Bestrebungen im Gange, die die Zwangsscheidung durchsetzen sollen. Und das bedeutet nach der Scheidung gleich die Deportation des jüdischen Teils.«

Wilhelm Frick, seit zehn Jahren einer der mächtigsten Männer im Deutschen Reich – machtlos. »Ich kann Ihre Frau nicht schützen. Ich kann keinen Juden schützen.« Das entspricht den Tatsachen. Die Polizeigewalt liegt längst in den Händen der SS. Jochen Klepper steht an diesem Dezembervormittag 1942 einem zunehmend isolierten Mann gegenüber und spürt etwas davon, beobachtet, wie Frick erregt und bedrückt am Schreibtisch auf und ab läuft.

Ihm bleibt nichts anderes, als »in furchtbarster Spannung« zur Schwedischen Botschaft zu gehen und Almqvist zu erklären, dass und warum er entgegen aller Abreden nun doch einen Antrag für Hanni (und sich selbst) stellen muss. Er muss sich auf eine Rangfolge verpflichten: Renis Einreise nach Schweden geht vor Hannis, Hannis Einreise geht vor seiner. Trennung ohne Scheidung – darauf könnte er sich einlassen. »Gott weiß [...], dass ich alles von ihm annehmen will an Prüfung und Gericht, wenn ich nur Hanni und das Kind notdürftig geborgen weiß.«

Im Gespräch zu Hause geht es nur noch um zwei Alternativen. Sollte der Sicherheitsdienst Renis Ausreise trotz Fricks Fürsprache verweigern, will sie mit den Eltern zusammen sterben. Realistisch sehen die Kleppers, dass ihnen dann »nur eine ganz kleine Frist für letzte Erledigungen« bleibt. Sollte Reni ausreisen dürfen, die Eltern aber nicht – »so will das Kind in all seinem Jammer doch weiterleben«. Eine ganz schwache Hoffnung bleibt noch.

Abgelehnt

Am 9. Dezember trägt Hanni auf der Schwedischen Botschaft ihre Personalien ein, und Jochen Klepper geht in die Prinz-Albrecht-Straße 8, Reichssicherheitshauptamt, Referat IV B 4 (Judenangelegenheiten, Räumungsangelegenheiten). Sein Gegenüber ist SS-Sturmbannführer Adolf Eichmann. Am Abend wird er ins Tagebuch eintragen: »Ich war nun in der Welt meiner Träume, es waren die Menschen, die Stimmen, die Räume. Dort, dort liegt die Macht.« Seine Angstträume von Zwangstrennung, Deportation und SS[418] ballen sich an diesem Ort, kristallisieren sich in dieser Person, an der Hannah Ahrendt 1963 die »Banalität des Bösen« ausgemacht hat. – Eichmann ist durch Draeger gut vorbereitet, will die Sache offensichtlich schnell vom Tisch bekommen. Er fragt nach: Geht es wirklich um sofortige Ausreise? Es muss noch festgestellt werden, ob sicherheitspolizeiliche Bedenken gegen Renate Stein vorliegen. Eichmann wörtlich, nach Jochen Kleppers Erinnerung: »Ich habe noch nicht mein endgültiges Ja gesagt. Aber ich denke, die Sache wird klappen.« Er verpflichtet Jochen Klepper zu strengem Stillschweigen über die weiteren Schritte der Ausreise. Fragt nach, ob Hanni im Land bleibt. Jochen Klepper entgegnet: »Die Situation meiner Frau überblicke ich noch nicht.« Darauf Eichmann: »Eine gemeinsame Ausreise würde nämlich nicht gestattet.«

Den endgültigen Bescheid soll Jochen Klepper am folgenden Tag, wieder um drei Uhr nachmittags, erhalten. Telefonisch bittet er Hilde, nach dem Dienst zu ihm zu kommen. Der letzte Eintrag im Tagebuch auf neuer Seite, die letzten Worte in fahriger, kaum leserlicher Schrift:

> *Abends die arme Hilde bei uns*
> *zur Testamentsbesprechung.*
> *Hannis armes Herz trauert immer noch um »Das ewige Haus«.*
> *Brigitte – Katharina.«*[419]

Am Donnerstag, dem 10. Dezember 1942 ist Reni in der Fabrik, und Jochen Klepper versieht vormittags seine Arbeit im Dietrich Reimer Verlag. Von dort sind es nur ein paar Schritte zum Reichssicherheitshauptamt. »Nachmittags die Verhandlungen auf dem Sicherheitsdienst« – wie lange das Gespräch mit Eichmann gedauert hat, was da genau verhandelt wurde, ist nicht bekannt. Nur das Ergebnis.

Am Abend gegen halb zehn wird Hans Karbe im Gärtnerhaus bei seiner Arbeit am Schreibtisch aufgeschreckt durch Klopfen am Fensterladen. Nein, es ist nicht die Gestapo. »Draußen stand ein zitternder Jochen Klepper. ›Was ist?‹, fragte ich, ›komm herein‹. Er konnte kaum sprechen. Schließlich verstand ich, ich solle seine Tagebücher und Schriften bei mir verstecken.« Karbe fragt, was los ist, kann aus Jochen Kleppers Gemurmel schließlich etwas wie »Hausdurchsuchung« heraushören. Auf dem Weg zum Kleppersche Haus bemerkt er, wie sehr der Freund zittert, und drückt ihn wärmend an sich. Das Haus ist hell erleuchtet. Geschirr vom Abendessen steht auf dem Tisch, leere Schüsseln, es riecht stark nach Kaffee. Karbe blickt in verweinte Augen, Hildegard Klepper ist da, Billum mit seiner Frau Erika, er bemerkt den »Segnenden Christus« und wundert sich – er weiß, das gotische Schnitzwerk sollte ein Weihnachtsgeschenk werden.

Jochen Klepper läuft unkonzentriert herum und packt Manuskripte, Kladden, Romanteile in einen Wäschekorb. »Keiner sagte ein Wort. Nur Reni brachte schüchtern und mit merkwürdigem Lächeln den einen Satz heraus: ›Morgen muss ich nicht zum Dienst, morgen kann ich ausschlafen!‹ Aber über dieser ganzen surrealen Situation stand eine einzige überlegene, konzentrierte und sichere Person: Hanni. Mit gefasster Miene beherrschte sie diese furchtbare Stunde.« Schließlich brechen die Geschwister auf, Karbe trägt mit Renate den Korb mit den Manuskripten ins Gärtnerhaus hinüber. Er versucht von ihr zu erfahren, um was es eigentlich geht. Sie bleibt einsilbig, fragt, was denn der Vater gesagt hat. Er bietet der jungen Frau noch eine Zigarette an, dann begleitet er sie zum Haus der Kleppers. Hanni sieht er nicht mehr. Jochen Klepper hat Hilde zum Bahnhof gebracht und kommt gerade zurück. Karbe gibt Reni einen Gute-Nacht-Kuss und wendet sich zum Gehen. Da hält ihn Jochen Klepper auf und umarmt ihn »mit einer Innigkeit, die ich in solchem Maße noch nie an ihm gespürt hatte«.[420] Karbe ist tief berührt, begreift aber immer noch nicht. Hinter ihm verriegelt der Freund die Tür.

»Morgen muss ich nicht zum Dienst«: Der unschuldige Satz einer blonden, blauäugigen, lebenslustigen Zwanzigjährigen an jenem 10. Dezember 1942 ist auf doppelt beklemmende Weise wahr. Renate Steins Leben war nicht abstrakt bedroht, sondern sehr konkret. Vier Tage später rollte der Berliner »Osttransport« Nr. 25 ab, nicht mehr von Grunewald, sondern vom Güterbahnhof Moabit in der Pulitzstraße, Zielort Auschwitz. – Die von Jochen und Hanni Klepper befürchtete Zwangsscheidung von »Mischehen« wurde von den nationalsozialistischen Behörden angedroht und ernsthaft erwogen, aber zumindest in Deutschland nie verfügt. Zu groß war die Sorge vor den Reaktionen der betroffenen »arischen« Ehepartner.

Das Lebensende der Familie Klepper wirft bis heute Fragen auf, und noch keine angebotene Antwort konnte restlos befriedigen. Es ist lohnender, stattdessen das Leben Jochen Kleppers und seiner Lieben zu befragen. Und wo der Dichter schweigt, da sprechen seine Lieder.

Anhang

Stationen

1903	22.3. Joachim Georg Wilhelm Klepper in Beuthen an der Oder geboren
	26.4. Taufe, Taufspruch Jesaja 43,1
1917	März: Besuch des Evangelisch-Humanistischen Gymnasiums in Glogau
1922	März: Abitur
	Mai: Immatrikulation an der Friedrich-Alexander-Universität Erlangen
1923	Mai: Immatrikulation an der Schlesischen Friedrich-Wilhelms-Universität Breslau; Unterkunft im »Johanneum« = Theologischer Konvikt
1925	September: Zur Kur in Bad Saarow
1926	März: Abbruch des Studiums, zurück in Beuthen
	Oktober: Exmatrikulation
1927	Erste Artikel in diversen Zeitschriften
	30.1. Erste und einzige Gemeindepredigt in Beuthen
	1.5. Dienstantritt beim Evangelischen Presseverband für Schlesien; bezieht eine Wohnung in Breslau-Kleinburg, Kurfürstenstraße
	12.7. Erste Sendung in der »Schlesischen Funkstunde«
1928	Mai: Erste Artikel im *Vorwärts*
1929	26.4. Bekanntschaft mit Johanna Stein, geborene Gerstel
	Einzug als Untermieter in der Wohnung von Johanna Stein in Breslau-Kleinburg, Eichendorffstraße 51

1930	5.3. Verlobung
	September: mit Johanna »Hanni« Stein in Paris
1931	28.3. Eheschließung
	21.9. Jochen Klepper zieht nach Berlin, erstes Quartier Wilmersdorf, Fasanenstraße 70, danach in Charlottenburg, Hebbelstraße 10
1932	29.3. Hanni folgt nach Berlin, Bezug der Wohnung in Berlin-Südende, Berliner Straße 20 (später Doellestraße 48)
	19.10. Austritt aus der SPD
	15.11. Anstellung bei der Berliner Funk-Stunde. Beginnt, jeden Tag unter ein Bibelwort – zumeist der jeweiligen Herrnhuter Losung – zu stellen
1933	24.4. Bruch mit den Eltern aufgrund antisemitischer und ehrverletzender Vorwürfe
	21.5. Bruch mit den Geschwistern aufgrund antisemitischer Vorwürfe
	6.6. Entlassung aus dem Berliner Rundfunk
	15.6. »Der Kahn der fröhlichen Leute« ist im Handel
	1.8. Anstellung bei der Funkredaktion »Sieben Tage« des Ullstein-Verlags
	14.9. Beginn der Arbeit am Roman »Der Vater«
1934	24.2. aufgenommen in die Reichsschrifttumskammer
	April: Bekanntschaft mit Reinhold Schneider
	30.10. Der Vater Georg Klepper stirbt
1935	Königsgedichte
	18.6. Erster »Versuch eines Kirchenliedes«
	3.9. erhält die Kündigung des Ullstein-Verlags
	25.9. Umzug ins eigene Haus, Berlin-Südende, Karlstraße 6
1936	4.8. Olympische Sonette

1937	24.2. »Der Vater« kommt in den Buchhandel
	27.3. Ausschluss aus der Reichsschrifttumskammer
	September: Recherchereise mit Hanni auf den Spuren der Katharina von Bora: Helmstedt, Braunschweig, Weimar, Erfurt, Torgau, Wittenberg, Zerbst, Dessau
	Oktober: Reichskirchenmusikfest, Sonderdruck »Jochen Klepper. Du bist als Stern uns aufgegangen« erscheint
1938	12.2. Brigitte (krankheitshalber) und Renate gehen von der Schule ab
	Mai: »In tormentis pinxit« erscheint
	August: »Der Soldatenkönig und die Stillen im Lande« erscheint
	September: Die Gedichtsammlung »Kyrie« erscheint
1939	Mai Einzug im neuen Haus, Berlin Nikolassee, Teutonenstraße 23
1940	3.12. Einberufung zum Heer
1941	September: Entlassung aus der Wehrmacht
1942	23.6. in Hildesheim bei Margot
	30.7. Dienstverpflichtet im Dietrich Reimer Verlag, pro forma als Lohnbuchhalter
	15.–31.10. Reise mit Hanni nach Würzburg, Nürnberg und Augsburg
	5.12. Einreiseerlaubnis für Renate Stein in Schweden
1942	10.12. Verweigerung der Ausreise Renate Steins durch Adolf Eichmann
	Jochen Klepper, Hanni Klepper und Renate Stein nehmen sich gemeinsam das Leben

Bibliografie

Veröffentlichungen von Jochen Klepper

Briefwechsel 1925–1942. Hrsg. von Ernst G. Riemschneider. Stuttgart: Deutsche Verlags-Anstalt, 1973.

Das Ende – Abschied von einem kleinen Theater. Novelle. Witten/Berlin: Eckart-Verlag, 1970.

Die Flucht der Katharina von Bora. Aus den Nachlass hrsg. von Kurt Pagel. Stuttgart: Deutsche Verlags-Anstalt, 1951.

Gast und Fremdling. Briefe an Freunde, hrsg. von Eva-Juliane Meschke. Witten/Berlin: Eckart-Verlag, 1960.

In tormentis pinxit. Briefe und Bilder des Soldatenkönigs. Stuttgart/Berlin: Deutsche Verlags-Anstalt, 1938.

Der Kahn der fröhlichen Leute. Stuttgart/Berlin: Deutsche Verlags-Anstalt, 1933.

Kyrie. Geistliche Lieder. Berlin: Eckart-Verlag, 1938.

Nachspiel. Aufsätze des Erzählers. Witten/Berlin: Eckart-Verlag, 1960.

Der Soldatenkönig und die Stillen im Lande. Berlin: Eckart-Verlag, 1938.

Überwindung. Tagebücher und Aufzeichnungen aus dem Kriege. Stuttgart: Deutsche Verlags-Anstalt, 1958.

Unter dem Schatten deiner Flügel. Aus den Tagebüchern der Jahre 1932–1942, hrsg. von Hildegard Klepper. Auswahl, Anmerkungen und Nachwort von Benno Mascher. Stuttgart: Deutsche Verlags-Anstalt, 1956.

Der Vater. Stuttgart/Berlin: Deutsche Verlags-Anstalt, 1937.

Ziel der Zeit. Die gesammelten Gedichte. Witten/Berlin: Eckart-Verlag, 1962.

Weitere Veröffentlichungen

Adler-Rudel, S.: *Jüdische Selbsthilfe unter dem Naziregime 1933–1939*, Tübingen: Mohr Siebeck, 1974.

Bayer, O.: *Gott als Autor. Zu einer poietologischen Theologie.* Tübingen: Mohr Siebeck, 1999.

Brakelmann, G./Rosowski, M. (Hgg.), *Antisemitismus. Von religiöser Judenfeindschaft zur Rassenideologie.* Göttingen: Vandenhoeck & Ruprecht, 2001.

Büttner, U./Greschat, M.: *Die verlassenen Kinder der Kirche. Der Umgang mit Christen jüdischer Herkunft im »Dritten Reich«.* Göttingen: Vandenhoeck & Ruprecht, 1998.

Deichgräber, H.: *Der Tag ist nicht mehr fern. Betrachtungen zu Liedern von Jochen Klepper.* Göttingen: Vandenhoeck & Ruprecht, 2002.

Feinermann, E./Thalmann, R.: *Die Kristallnacht.* Hamburg: Europäische Verlags-Anstalt, 1999.

Gollwitzer, H. et aliter: Thema: *Juden – Christen – Israel.* Stuttgart: Radius Verlag, 1978.

Grosch, H.: *Nach Jochen Klepper fragen. Bilder, Dokumente, Biographisches.* Stuttgart: Edition Anker, 2003.

Hölscher, P.: *Die Akademie für Kunst und Kunstgewerbe zu Breslau. Wege einer Kunstschule 1791–1932.* Kiel: Ludwig Verlag, 2003.

Ihlenfeld, K.: *Freundschaft mit Jochen Klepper.* Witten/Berlin: Eckart-Verlag, 1958.

Jonas, I.: *Jochen Klepper, Dichter und Zeuge. Ein Lebensbild.* Berlin: Evangelische Verlagsanstalt, 1966.

Kater, M. H.: *Doctors Under Hitler*, Chapel Hill, NC: UNC Press, 2000.

Kleines Staatshandbuch des Reichs und der Einzelstaaten, 1884, II. Jg., Bielefeld: Velhagen & Klasing.

Klemperer, V.: *Ich will Zeugnis ablegen bis zum Letzten. Tagebücher 1933–1945.* Berlin: Aufbau, 1995.

Klemperer, V.: *Leben sammeln, nicht fragen wozu und warum. Tagebücher 1925–1932.* Berlin: Aufbau, 1996.

Klemperer, V.: *LTI. Notizbuch eines Philologen.* Stuttgart: Philipp Reclam jun., 2007.

Köhn, A.: *Der Neutestamentler Ernst Lohmeyer. Studien zur Biographie und Theologie.* Tübingen: Mohr Siebeck, 2004.

Kohler, O. (Hg.): *Wir werden sein wie die Träumenden*. Jochen Klepper – Eine Spurensuche. Neukirchen: Neukirchener Verlagshaus, 2003.

Ludwig, R.: *Jochen Klepper – Warum sich der Liederdichter in tiefer Not getragen fühlte*. Berlin: Wichern-Verlag, 2012.

Mehlhausen, J.: *Vestigia Verbi*. Aufsätze zur Geschichte der evangelischen Theologie. Berlin: De Gruyter, 1998.

Möhler, H.: *Jochen Klepper – Ein Leben auf der Grenze*. Bielefeld: Luther-Verlag, 2004.

Otto, W. (Hg.): *Freiheit in der Gebundenheit*. Zur Erinnerung an den Theologen Ernst Lohmeyer, Göttingen: Vandenhoeck & Ruprecht, 1990.

Pottier, J. (Hg.): *Christen im Widerstand gegen das Dritte Reich*. Sachsenheim: Burg Verlag, 1988.

Reiniger, M.: *Der Geschichtsunterricht*. Deutschlands Einigung – Deutsches Schicksal – Deutsche Gegenwart. Langensalza: Julius Beltz, 1927.

Riemschneider, E. G.: *Der Fall Klepper*. Eine Dokumentation. Stuttgart: Deutsche Verlags-Anstalt, 1975.

Rößler, M.: *»Nicht klagen sollst du: loben!«* Jochen Klepper – Leben und Lieder. Stuttgart: Calwer Verlag, 2017.

Schneider, R.: *Verhüllter Tag*. Köln/Olten: Jakob Hegner, 1954.

Schreckenberg, H.: *Erziehung, Lebenswelt und Kriegseinsatz der deutschen Jugend unter Hitler*. Anmerkungen zur Literatur. Münster: Lit-Verlag, 2001.

Seubert, H.: *»Auch wer zur Nacht geweinet«* – Jochen Klepper. Eine Vergegenwärtigung. Wesel: MediaKern, 2014.

Thalmann, R.: *Jochen Klepper*. Ein Leben zwischen Idyllen und Katastrophen. München: Chr. Kaiser Verlag, 1977.

Wecht, M.: *Jochen Klepper*. Ein christlicher Schriftsteller im jüdischen Schicksal. Düsseldorf: Archiv der Ev. Kirche im Rheinland, 1998.

Wentorf, R.: *Jochen Klepper*. Ein Dichter im Dennoch. Gießen: Brunnen-Verlag, 1964.

Wentorf, R.: *Jochen Klepper in Berlin*. Berlin: Lettner-Verlag, 1967.

Wentorf, R.: *Nicht klagen sollst du: loben*. Jochen Klepper in memoriam zum 10. Dezember 1967. Gießen: Brunnen-Verlag, 1967.

Wiebel, A.: *Jochen Klepper – Menschen auf seinem Weg*, Vortrag v. 11.10.2003 bei einem Treffen der »Studentengemeinde Münster 1946–52«, www.arnoldwiebel.de

Wollenberger, J.: *Niemand war dabei und keiner hat's gewußt*. Die deutsche Öffentlichkeit und die Judenverfolgung 1933–1945. München: Piper Verlag, 1989.

Anmerkungen

1 Jesaja 43,1.
2 J. Klepper, »Verspielte Kindheit«, unveröffentlichter Kindheitsbericht, mit dem die Tagebuchaufzeichnungen im Jahr 1932 beginnen. DLAM 77.3340.
3 *Unter dem Schatten deiner Flügel. Aus den Tagebüchern der Jahre 1932–1942* (TB) 18.10.1933.
4 R. Thalmann, *Jochen Klepper*, S. 16f.
5 TB 4.10.1935.
6 Zitiert in: I. Jonas, *Jochen Klepper*, S. 12.
7 Wecht, *Jochen Klepper*, S. 24f.
8 TB 4.5.1938.
9 Brief an J. Klepper v. 29.12.1939, zitiert in: Wecht, S. 452.
10 TB 30.1.1937.
11 TB 4.10.1935.
12 Hans Saalfeld, zitiert in: Wecht, S. 42f.
13 Ebd.
14 Millie Hermann, zitiert in: Jonas, S. 17.
15 Harald Poelchau, zitiert in: Jonas, S. 16.
16 Zitiert in: Jonas, S. 14.
17 Eine Beispielpredigt Hermanns aus seiner Zeit als Konviktsinspektor in: Wecht, S. 387.
18 TB 30.3.1934.
19 Zitiert in: R. Wentorf (Hg.), *Nicht klagen sollst du: loben*, S. 22.

20 Jonas, S. 18.
21 Ebd., S. 19.
22 Ebd., S. 20.
23 W. Otto (Hg.), *Freiheit in der Gebundenheit*, S. 43.
24 Hans Saalfeld, zitiert in: Wecht, S. 42f.
25 Jonas, S. 22.
26 TB 9.3.1939.
27 TB 10.3.1940.
28 TB 29.3.1933.
29 Zitiert in: Wecht, S. 45.
30 Brief an R. Hermann vom 10.6.1929 in: E. Riemschneider (Hg.), *Jochen Klepper: Briefwechsel 1925–1942*, S. 31.
31 Riemschneider, *Briefwechsel*, S. 25.
32 Thalmann, S. 46.
33 TB 3.8.1937.
34 K. Ihlenfeld, *Freundschaft mit Jochen Klepper*, S. 12.
35 Aufschlussreiche Informationen zur Geschichte der Schlesischen Funkstunde liefert das Deutsche Rundfunkarchiv auf seiner Internetseite (www.dra.de).
36 Brief an R. Hermann vom 16.5.1927, in: Riemschneider, *Briefwechsel*, S. 26.
37 Ihlenfeld, S. 9ff.
38 Brief an R. Hermann vom 6.10.1927, in: Riemschneider, *Briefwechsel*, S. 27.
39 Brief an R. Hermann vom 29.12.1927, in: Riemschneider, *Briefwechsel*, S. 29.
40 Ihlenfeld, S. 13.
41 Ebd., S. 11.
42 Ebd., S. 9ff.
43 P. Hölscher, *Die Akademie für Kunst und Kunstgewerbe zu Breslau*, S. 326.
44 TB 5.6.1933.
45 Kurt Meschke, in: Wentorf, S. 29f.
46 Brief an R. Hermann vom 24.4.1928, in: Riemschneider, *Briefwechsel*, S. 30.
47 Ihlenfeld, S. 18f.
48 Heute Wałbrzych (poln.).
49 K. Meschke, in: Wentorf, S. 29.

50 TB 12.8.1933.
51 Brief an R. Hermann vom 10.6.1929, in: Riemschneider, *Briefwechsel*, S. 31.
52 K. Meschke, in: Wentorf, S. 28.
53 E.-J. Meschke (Hg.), *Gast und Fremdling*, S. 10.
54 Brief an R. Hermann vom 10.6.1929, in: Riemschneider, *Briefwechsel*, S. 31.
55 Brief an R. Hermann vom 29.8.1929 in: Riemschneider, *Briefwechsel*, S. 33.
56 Riemschneider, *Briefwechsel*, S. 35f.
57 Meschke, S. 10.
58 Vgl. TB 26.4.1937: »Heute vor acht Jahren lernten Hanni und ich uns kennen«.
59 B. Molnar, »Persönliche Erinnerungen an Jochen Klepper«, in: O. Kohler (Hg.), *Wir werden sein wie die Träumenden*, S. 15.
60 Brief an R. Hermann vom 31.3.1931, in: Riemschneider, *Briefwechsel*, S. 35.
61 Jonas, S. 39.
62 Riemschneider, *Briefwechsel*, S. 36.
63 TB 23.10.1941.
64 DLAM 77.3761/1.
65 C. Noll, »Jochen Kleppers Tagebücher. Gedanken eines jüdischen Lesers«, in: Kohler, S. 56.
66 TB 23.6.1933.
67 Brief an R. Hermann vom 24.4.1928, in: Riemschneider, *Briefwechsel*, S. 30.
68 In einem Brief vom 24.10.1931 (DLAM 77.3763/17) bescheinigt sie Jochen Klepper, er sei als Untermieter »unsichtbar« gewesen.
69 Meschke, S. 11f.
70 TB 3./4. März 1933: »5. März, unser Verlobungstag«.
71 DLAM 77.3761/1.
72 Tagebuchfragment Johanna Stein-Gerstel, DLAM 77.4165.
73 Brief an JK vom 22.7.1930, DLAM 77.3761/9.
74 Tagebuchfragment Johanna Stein-Gerstel, DLAM 77.4165.
75 Der Vertrag sollte die Begleichung der Reparationsforderungen durch das Deutsche Reich endgültig regeln. In Kraft gesetzt am 17. Mai 1930 rückwirkend zum 1. September 1929.

76 Max Reiniger, »Der Geschichtsunterricht. Deutschlands Einigung – Deutsches Schicksal – Deutsche Gegenwart«, S. 382f.

77 Ebd., S. 377ff.

78 Ebd., S. 392.

79 Tagebuchfragment Johanna Stein-Gerstel, DLAM 77.4165.

80 Brief an JK vom 1.9.1930, DLAM 77.3761/10.

81 Brief an JK vom 3.9.1930: »Dass Du schon einige Erfolge hattest freut mich sehr, mir ist nicht bange um Dich.« – DLAM 77.3761/12.

Brief an JK vom 4.9.1930: »Ich freu' mich, dass Du weiter Aufträge bekommst.« – DLAM 77.3761/13.

82 Brief an JK vom 5.9.1930; DLAM 77.3761/14.

83 Brief an JK vom 29.9.1930; 77.3761/20.

84 »Erhard wohnte in Berlin bei einer Frau Heinze, die wohl sehr befreundet mit ihm war. Eines Tages gab es Krach, und nun rückte sie mit Forderungen heraus, die viele Hundert Mark ausmachten. Wer musste zahlen?? Natürlich Jochen.« In: Tagebuchfragment Johanna Stein-Gerstel, Eintrag vom 8.12.1930, DLAM 77.4165.

85 Brief an JK vom 26.9.1930, DLAM 77.3761/18.

86 Ebd.

87 Erich Landsberg, freier Mitarbeiter in der aktuellen Redaktion; Viktor Heinz Fuchs, Spielleiter und Erster Sprecher; Gad M. Lippmann, freier Mitarbeiter in der Literaturredaktion der »Schlesischen Funkstunde«.

88 Alfred Kerr (1867–1948), einflussreicher Theater- und Literaturkritiker.

89 Brief an JK vom 2.10.1930, DLAM 77.3761/23.

90 Tagebuchfragment Johanna Stein-Gerstel, DLAM 77.4165.

91 Ebd.

92 So zum Beispiel der Dresdener Literaturwissenschaftler Victor Klemperer und sein Leipziger Fachkollege Wilhelm Friedmann (1884–1942), einem Eintrag in Klemperers Tagebuch vom 6.9.1930 zufolge (Leben sammeln ... II, S. 643).

93 Brief des Verlags Th. Knaur Nachf. vom 13.11.1931, Faksimile in: H. Grosch, *Nach Jochen Klepper fragen*, S. 21.

94 TB 9.3.1939.

95 Wecht, S. 79, Anm. 93.

96 In einem Brief Hanni Kleppers vom 23.9.1931 (DLAM 77.3762/8) ist davon die Rede, dass die (Synagogen-)Gemeinde einen frisch gesetzten Grabstein reklamiert hat; das kann als Indiz dafür gelten, dass die Mutter einige Monate zuvor beigesetzt wurde.

97 Brief an JK vom 14.7.1930; DLAM 77.3761/6.

98 B. Molnar, »Persönliche Erinnerungen an Jochen Klepper«, in: Kohler, S. 15f.

99 B. Alecke, Investitionsverhalten in der Weimarer Republik: Ein Überblick, in: Historical Social Research No. 82, Vol. 22 (1997), S. 105ff.

100 Brief von HK an Familie Steinheimer vom 21.10.1931, DLAM 77.4268/1.

101 Brief vom 20.8.1931, DLAM 77.3762/2.

102 Brief vom 22.8.1931, DLAM 77.3762/5.

103 Brief vom 23.8.1931, DLAM 77.3762/6.

104 Brief von HK an Familie Steinheimer vom 21.10.1931, DLAM 77.4268/1.

105 Hölscher, S. 328.

106 Brief an JK vom 22.9.1931, DLAM 77.3762/7.

107 Brief an JK vom 28.9.31, DLAM 77.3762/9.

108 Brief an JK vom 29.9.1931, DLAM 77.3762/10.

109 DLAM 77.3762/14.

110 Brief an JK vom 9.10.1931; DLAM 77.3763/2.

111 DLAM 77.3763/3.

112 Brief an HK vom 10.10.1931, zitiert in: Thalmann, S. 64.

113 Brief an HK vom 16.11.1931, zitiert in: Thalmann, S. 65.

114 Brief an HK vom 17.11.1931, zitiert in: Thalmann, S. 65f.

115 Brief an HK vom 18.11.1931, zitiert in: Thalmann, S. 66.

116 Friedensmiete = Vergleichsmiete der Weimarer Zeit, anhand derer die Mietspiegel erstellt wurden.

117 DLAM 77.3762/16.

118 Brief an JK vom 19.11.1931; DLAM 77.3764/6.

119 Brief an JK vom 18.10.1931; DLAM 77.3763/10.

120 Brief an JK vom 5.11.1931; DLAM 77.3764/9.

121 Brief an JK vom 4.12.1931; DLAM 77.3766/6.

122 Brief an JK vom 3.10.1931; DLAM 77.3762/16.

123 Brief an JK vom 21.11.1931; DLAM 77.3764/8.
124 Brief an HK vom 22.11.1931; zitiert in: Thalmann, S. 67f.
125 Heute: Sembritzkistraße.
126 *Steglitzer Heimat*, Mitteilungsblatt des Heimatvereins Steglitz e. V., 55. Jg., 1/2010, S. 9ff.
127 TB 7.6.1933.
128 »Schrecklich, dass der Junge keinen Lehrvertrag bekommt. Es ist eine große Sorge.« Brief von HK an JK vom 3.10.1931; DLAM 77.3762/17.
129 TB April–August 1932.
130 TB 21.9.1932.
131 Ebd.
132 TB 23.9.1932.
133 TB 26.9.1932.
134 Zitiert in: Wecht, S. 64.
135 TB 27.9.1932.
136 Ebd.
137 TB 6.10.1932.
138 Das Phänomen wurde von Mihaly Csikszentmihalyi 1975 so benannt, beschrieben aber bereits Anfang des 20. Jahrhunderts durch den Reformpädagogen Kurt Hahn und – in Bezug auf Kinder – durch Maria Montessori.
139 TB 9.10.1932.
140 TB 25.10.1932.
141 TB 3.11.1932.
142 TB 13.11.1932.
143 TB 2.–12.1.1933.
144 TB April–August 1932.
145 Zum Beispiel: Evangelische Verlagsanstalt Leipzig 2003.
146 TB 16.7.1933.
147 TB 27.9.1932.
148 Wilfried Baier, »Die Flucht«, in: Neuer Glogauer Anzeiger, Nr. 1, Januar 2009.
149 Ernst-Otto Denk, »Brieger Gänse fliegen nicht«, Märkische Oderzeitung, 6.1.2009.

150 K. Meschke, in: Wentorf, S. 30.

151 TB August bis 21. September 1932.

152 U. Büttner/M. Greschat, *Die verlassenen Kinder der Kirche*, S. 20.

153 Brief an JK vom 9.12.1931; DLAM 77.3766/11.

154 TB 19.10.1932.

155 TB 21.10.1932.

156 Friedrich Carl Duske war seit August 1932 kommissarischer Intendant der Berliner Funk-Stunde.

157 *Deus absconditus* = der verborgene Gott; *deus revelatus* = der offenbarte Gott; Begriffspaar aus Luthers Theologie.

158 Ganz ähnlich Victor Klemperers Eindruck von einer Hitler-Rede am 4.3.: »Der Ton! Das salbungsvolle Gebrüll, wirklich Gebrüll, eines Geistlichen.« In: Klemperer, *Ich will Zeugnis ablegen bis zum Letzten* I., S. 8.

159 Arthur Schnabel (1882–1951), österr. Pianist und Komponist.

160 TB 11.3.1933.

161 Eine der wenigen rühmlichen Ausnahmen: Die evangelische Frauenhilfe Berlin, u. a. Amelie von Harnack, protestierte im Februar 1933 gegen die Diffamierung der Juden.

162 TB 19.3.1933.

163 TB 13.5.1933.

164 TB 21.8.1933.

165 TB 26.4.1933.

166 In *Unter dem Schatten deiner Flügel* verfälscht wiedergegeben als »die *zweite* große Tragödie meines Lebens« (Transkriptionsfehler?).

167 TB 5.6.1933.

168 TB 9.6.1933.

169 TB 7.6.1933.

170 TB 10.6.1933.

171 TB 1.7.1933.

172 TB 10.8.1934.

173 TB 7.6.1933. *Tolle, lege*: »Nimm und lies«, mit diesen Worten ist Augustinus von Hippo seinen eigenen »Bekenntnissen« zufolge durch ein Kind zum zufälligen Aufschlagen und Lesen der Bibel veranlasst worden.

174 TB 14.8.1934.
175 TB 25.5.1933; damit zitiert JK 2. Mose 33,11.
176 TB 18.4.1933.
177 Brief an JK vom 9.12.1931; DLAM 77.3766/11.
178 TB 23.6.1933.
179 TB 27.6.1933.
180 TB 25.7.1933.
181 TB 29.7.1933.
182 TB 3.8.1933.
183 Ebd.
184 TB 6.10.1933.
185 TB 8.9.1933.
186 TB 7.8.1933.
187 TB 21.8.1933.
188 W. E. Süskind (1901–1970), Autor, Übersetzer und Journalist, Vater von Patrik Süskind.
189 TB 13.9.1933.
190 TB 4.10.1933.
191 TB 12.10.1933.
192 TB 8.11.1933.
193 TB 28.12.1933.
194 TB 13./14.1.1934.
195 TB 17.11.1933.
196 TB 19.2.1934.
197 TB 1.6.1934.
198 TB 15.4.1934.
199 TB 8.5.1935.
200 TB 13.7.1934.
201 TB 5.11.1934.
202 TB 12.12.1934.
203 TB 1.4.1935.

204 Östliche Querstraße zur Berliner-/Doelle-/Sembritzkistraße, heute Oehlertring 7.

205 TB 6./7.7.1935.

206 TB 9.9.1935.

207 Italien hatte Ende 1934 von Italienisch-Somaliland aus bereits einen Streifen äthiopisches Gebiet besetzt und seitdem massenhaft Truppen und Kriegsgerät dorthin verlegt. Italiens Anspruch auf Abessinien = Äthiopien und die Drohungen gegen Kaiser Haile Selassie machten seit Monaten Schlagzeilen und mündeten im Oktober 1935 in den italienisch-abessinischen Krieg.

208 TB 20.7.1936/15.9.1936.

209 TB 21.4.1939.

210 Epheser 3,15.

211 Das Motiv des »Schmerzensreichen Vaters« hat JK im September 1934 in Stralsund entdeckt, und zwar auf dem Schneideraltar in St. Nikolai und dem Dreifaltigkeitsaltar in St. Jakobi. Ein vergleichbares Schnitzwerk, allerdings freistehend und nicht bemalt, stand ursprünglich in der Pfarrkirche St. Lambertus in Waldfeucht und wird heute in Goch in der Sammlung Langenberg gezeigt.

212 Anlässlich der Konstituierung des Reichstags am 21. März 1933 in der Potsdamer Garnisonskirche.

213 TB 18.10.1933.

214 TB 21.9.1932.

215 TB 18.8.1939: »Jeden Tag treibt die einheitlich gelenkte Presse, genau nach der Methode der tschechischen Krise, den Konflikt weiter dem Gipfelpunkt zu.«

216 TB 25.6.1934.

217 TB 19.5.1937.

218 Gollwitzer, H. et aliter: Thema: *Juden – Christen – Israel*, S. 15.

219 D. Bonhoeffer, *Die Kirche vor der Judenfrage*, in: D. Bonhoeffer, Werke, XII., S. 253f.

220 TB 24.12.1933.

221 TB 10.3.1935.

222 TB 24.6.1934.

223 M. Luther, Pfingstpredigt vom 24. Mai 1523, Hervorhebung durch den Autor.

224 TB 21.8.1937.

225 Erste Erwähnung im TB 9.8.1935.
226 TB 15.11.1935.
227 TB 14.4.1934.
228 Dorf an der Oder südwestlich von Stettin, heute Moczyły (poln.).
229 Heute gehört die Kirche zum Kirchenbezirk Steglitz.
230 *Berliner Lokal-Anzeiger*, Südost-Ausgabe, 22.5.1934.
231 TB 24.12.1936.
232 Meschke, S. 84f.
233 Polnisch Wilcza Poręba, nach dem II. Weltkrieg nach Karpacz (dt. Krummhübel) eingemeindet.
234 TB 2.6.1937.
235 TB 14.7.1937.
236 TB 16.7.1937.
237 TB 22.3.1934.
238 TB 28.4.1934.
239 Das entsprechende Schreiben ist wiedergegeben in: Riemschneider, *Der Fall Klepper*, S. 40.
240 Brief des Präsidenten der Reichsschrifttumskammer Ihde an den Präsidenten der Reichskulturkammer vom 9.8.1937, in: Riemschneider, *Der Fall Klepper*, S. 46f.
241 Gutachten von W. Theile, in: Riemschneider, *Der Fall Klepper*, S. 44.
242 So apostrophiert der Germanist Marcin Golaszewski die Exilliteratur im Unterschied zur Literatur der »Inneren Emigration« in seiner Forschungsarbeit *Ernst Wiechert und Gertrud von le Fort: Christen im Widerstand gegen den Nationalsozialismus?*
243 TB 13./14.1.1934.
244 TB 12.1.1938; vgl. Riemschneider, *Der Fall Klepper*, S. 63f.
245 Meschke, S. 109.
246 TB 12.12.1937; vgl. Riemschneider, *Der Fall Klepper*, S. 57ff.
247 TB 13.7.1938.
248 Vgl. Riemschneider, *Der Fall Klepper*, S. 89.
249 TB 13.7.1938.

250 Z. B. in TB 1.6.1938.
251 W. Bergengruen, »Jochen Klepper und seine Tagebücher«, in: *Schriftstellerexistenz in der Diktatur. Aufzeichnungen und Reflexionen zu Politik, Geschichte und Kultur 1940 bis 1963*, S. 268.
252 TB 30.10.1938.
253 TB 25.11.1938.
254 TB 7.7.1936.
255 *Brandenburger Tor*, in: J. Klepper, *Ziel der Zeit*, S. 32.
256 TB 4.5.1937.
257 TB 8.5.1937.
258 R. Schneider, *Verhüllter Tag*, S. 155.
259 R. Huch, »Neujahrsbetrachtung«, in: *Tägliche Rundschau*, Zeitung der Sowjetischen Militäradministration in der SBZ, 1.1.1946, S. 3.
260 So apostrophiert er das Regime in TB 7.3.1936.
261 Vgl. M. H. Kater, *Doctors Under Hitler*, S. 183f.
262 TB 14.1.1936.
263 TB 18.10.1937.
264 Riemschneider, *Briefwechsel*, S. 102.
265 F. Kienecker, »Reinhold Schneider und Jochen Klepper«, in: J. Pottier (Hg.), *Christen im Widerstand gegen das Dritte Reich*, S. 380.
266 »Vorspruch zu einem Buch«, in: Meschke, S. 26; vgl. J. Klepper, *Ziel der Zeit*, S. 8.
267 E. Lohmeyer, »Dichtung und Weltanschauung«, in: *Der Ostwart*, Ostdeutsche Monatshefte des Bühnenvolksbundes, Heft 1/2, März 1924, S. 73.
268 TB S. 22.
269 Meschke, S. 24ff.
270 J. Klepper, *Ziel der Zeit*, S. 9.
271 Meschke, S. 38.
272 Jesaja 43,1; Jochen Kleppers Taufspruch, auf den er sich oft bezieht.
273 TB 29.3.1933.
274 Meschke, S. 38.
275 TB 16.7.1933.
276 TB 10.2.1934.

277 Z. B. TB 26.4.1937.
278 1763–1825.
279 TB 24.12.1937.
280 Meschke, S. 131.
281 TB 18.10.1933.
282 TB 12.1.1935.
283 Ihlenfeld, S. 87f.
284 *Kyrie*, S. 21; *Ziel der Zeit*, S. 54.
285 So trug ein Weihnachtskatalog der Buchhandlung der Berliner Missionsgesellschaft 1936 als Titel eine Strophe des »Kirchenjahres« aus den *Geistlichen Gedichten*, vgl. TB 1.12.1936.
286 *Kyrie*, S. 64; *Ziel der Zeit*, S. 87.
287 aus »Der König IV«, *Ziel der Zeit*, S. 42.
288 *Ziel der Zeit*, S. 32ff.
289 TB 17.8.1936.
290 *Kyrie*, S. 34f; *Ziel der Zeit*, S. 63f.
291 Leni Riefenstahl (1902–2003), Filmemacherin und Fotografin, schuf eine Art nationalsozialistischer Ästhetik, setzte die Olympischen Spiele großartig ins Bild, stellte ihre Arbeiten in den Dienst des Regimes.
292 Arno Breker (1900–1991), Bildhauer und Architekt. Kam durch seine preisgekrönten Monumentalplastiken »Zehnkämpfer« und »Siegerin« im »Haus des Deutschen Sports« zu Folgeaufträgen und wurde so zum »Bildhauer des Dritten Reiches«. Persönlich mit den Kleppers bekannt.
293 TB 17.6.1937.
294 TB 7.10.1937.
295 TB 17.10.1937.
296 TB 9.10.1937.
297 Es hat JK durchaus geschmeichelt, als Söhngen ihn zu Hause in Südende aufsuchte, natürlich ohne seine Haltung zu den Juden zu offenbaren.
298 *Kyrie*, S. 43, *Ziel der Zeit*, S. 71.
299 *Ziel der Zeit*, S. 27f.
300 Meschke, S. 98.
301 *Kyrie*, S. 60ff., *Ziel der Zeit*, S. 84f.

302 Römer 13,12.

303 1. Könige 8,12.

304 Meschke, S. 102.

305 Wecht, S. 487.

306 TB 31.3.1938.

307 Lateinisch »Unter Schmerzen gemalt«.

308 *Kyrie*, S. 75; *Ziel der Zeit*, S. 95.

309 1. Timotheus 2,8.

310 Jesaja 50,4ff.

311 TB 8.5.1938.

312 *Kyrie*, S. 16; *Ziel der Zeit*, S. 51.

313 *Kyrie*, S. 12ff.; *Ziel der Zeit*, S. 48ff.

314 TB 5.6.1938.

315 *Kyrie*, S. 39f.; *Ziel der Zeit*, S. 67f.

316 Jesaja 46,4.

317 TB 11.8.1938.

318 Vgl. Brief von H. Klepper an Ilse Freund v. 14.12.1938, in: Wecht, S. 542.

319 TB 23.8.1938.

320 So hat er Koch charakterisiert im Gespräch mit dem jungen BK-Pfarrer Hans Bolewski; vgl. Wecht, S. 213, Anm. 500.

321 TB 2.9.1938.

322 Riemschneider, *Der Fall Klepper*, S. 96.

323 Brief an JK vom 3.10.1938, in: Wecht, S. 465f.

324 TB 16.10.1938.

325 TB 9.1.1939.

326 Vgl. Meschke, S. 46.

327 TB 2.11.1938.

328 Undatierter Brief von T. Milch an Hanni Klepper, lässt sich dem Zeitraum 10.–11.11.1938 zuordnen, vgl. TB 12.11.1938.

329 Auf Anweisung des stellvertretenden Gestapo-Chefs Heinrich Müller per Telegramm vom 9.11.1938, 23.35 Uhr, sollten bis zu 30 000 »vor allem vermögende Juden« verhaftet werden. Zit. in Feinermann/Thalmann, *Die Kristallnacht*, S. 83.

330 Vgl. TB 20.11.1938.
331 J. Wollenberger, *Niemand war dabei und keiner hat's gewußt*, S. 24.
332 Brief an Ilse Freund v. 14.12.1938; in: Wecht, S. 542.
333 B. Molnar, »Persönliche Erinnerungen an Jochen Klepper«, in: Kohler, S. 18.
334 TB 3.9.1938.
335 Der Briefwechsel von Werner und Toni Milch mit den Kleppers ist dokumentiert in: Wecht, S. 499–512.
336 Vgl. S. Adler-Rudel, *Jüdische Selbsthilfe unter dem Naziregime 1933–1939*, S. 109ff.
337 Brief an H. Klepper, 27.2.1939; DLAM 77.4504.
338 Vgl. TB 22.2.1939.
339 TB 19.3.1939.
340 Vgl. Kapitel 2.
341 Brief an Meschkes v. 12.5.1939; in: Meschke, S. 166.
342 Brief an Meschkes v. 10.6.1939, in: Meschke, S. 177.
343 Zitiert in: Wecht, S. 258.
344 TB 12.7.1939.
345 Ambrosius (339–397), rhetorisch brillanter Bischof von Mailand und Liturgiereformer, hat zahlreiche Hymnen angeregt oder selbst geschaffen.
346 *Kyrie*, S. 7; *Ziel der Zeit*, S. 45.
347 *Kyrie*, S. 19; *Ziel der Zeit*, S. 53.
348 *Ziel der Zeit*, S. 28.
349 TB 6.6.1939.
350 TB 22.8.1939.
351 TB 22.8.1939.
352 TB 3.9.1939.
353 Klemperer, *Ich will Zeugnis ablegen bis zum Letzten* I., S. 491.
354 D. Bonhoeffer, Werke Bd. 8, S. 415.
355 Ebd., S. 436.
356 Wecht, S. 250.
357 Brief von Th. Knolle an JK vom 21.5.1940; in: Wecht, S. 446.
358 Vermutlich wurde die Familie mit einem von drei Berliner Deportationszügen im Frühjahr 1942 nach Warschau bzw. Sobibor deportiert.

359 Wecht, S. 252, Anm. 164. Das Buch ist 1940 im Münchener Reinhardt Verlag erschienen.
360 TB 28.11.1939.
361 TB 23.11.1939.
362 Riemschneider, *Der Fall Klepper*, S. 108f.
363 TB 20.1.1940.
364 *Kyrie*, S. 48f; *Ziel der Zeit*, S. 75f.
365 TB 14.3.1940.
366 Brief an W. Tappolet v. 20.4.1940, in: Riemschneider, *Briefwechsel*, S. 182.
367 Faksimile des Originalschreibens in: Wecht, S. 561.
368 Brief an W. Tappolet v. 11.5.1940, in: Riemschneider, *Briefwechsel*, S. 185.
369 TB 19.2.1940.
370 TB 2.5.1940.
371 Ebd, vgl. TB 5.6.1940.
372 *Kyrie*, S. 72f; *Ziel der Zeit*, S. 93f.
373 *Kyrie*, S. 71; *Ziel der Zeit*, S. 92.
374 *Kyrie*, S. 70; *Ziel der Zeit*, S. 91.
375 *Kyrie*, S. 50f; *Ziel der Zeit*, S. 77f.
376 *Kyrie*, S. 58f; *Ziel der Zeit*, S. 82f.
377 TB 22.5.1940, zitiert in: Wecht, S. 269.
378 Vgl. TB 14.3.1940.
379 TB 9.6.1940.
380 TB 15.5.1940.
381 Vgl. TB 5.8.1940.
382 Als »Trostlied am Totensonntag« in: *Kyrie*, S. 63; *Ziel der Zeit*, S. 86.
383 TB 7.9.1940.
384 Vgl. TB 13.10.1939.
385 TB 30.11.1940.
386 In: J. Klepper, *Die Flucht der Katharina von Bora*, S. 14.
387 Brief an H. Klepper und Renate Stein v. 15.9.1941.
388 Brief von R. Stein an Jochen Klepper, 22.9.1941, DLAM 77.4035/25.

389 Zitiert in: G. Brakelmann/M. Rosowski (Hgg), *Antisemitismus*, S. 108.

390 Verhaftung durch die Gestapo am 4.3.1942, bis Mai 1943 Lagerhaft in Ravensbrück.

391 KTB 18.9.1941.

392 KTB 25.9.1941.

393 TB 8.10.1941.

394 TB 10.10.1941.

395 TB 9.10.1941.

396 TB 14.10.1941.

397 In der zentralen Holocaust-Datenbank der Gedenkstätte Yad Vashem wird sie als *Fanni* Gerstel geführt.

398 Brief vom 23.9.1941; in: Meschke, S. 274.

399   TB 20.10.1941.

400 Faksimile des Originalschreibens in: Wecht, S. 565.

401 Brief von H. Klepper an L. Ehrenberger v. 4.11.1940; in: Wecht, S. 536.

402 Die Ehrenbergers wurden mit über 1 000 fränkischen Juden in das Konzentrationslager Riga-Jungfernhof verbracht. Lotte Ehrenberger wurde vermutlich am 26. März 1942 zusammen mit rund 1 700 anderen Insassen des Lagers im Wald von Biķernieki ermordet. Ihr Mann ist möglicherweise schon Tage oder Wochen früher zu Tode gekommen.

403 TB 7.12.1940.

404 Angriff auf Pearl Harbour am 6.12., deutsche Kriegserklärung an die USA am 11.12.1941.

405 Martin Wecht hat die Bemühungen eingehend dokumentiert, vgl. Wecht, S. 305f.

406 So am 13., 19., 25.1.1942.

407 Polnisch: Przesieka.

408 TB 25.1.1942.

409 TB 31.1.1942.

410 TB 12.4.1942.

411 TB 11.6.1942.

412 Wecht, S. 257.

413 Über Paula Gerstels weiteres Ergehen gibt es widersprüchliche Auskünfte: Gestorben am 1.12.1942 – oder gestorben 1943 an Tuberkulose »according to Red Cross records«.

414 Am 10.9.1942 nach Theresienstadt und Auschwitz.

415 TB 5.11.1942.

416 TB 28.11.1942.

417 TB 5.12.1942.

418 Vgl. z. B. TB 24.8.1942.

419 TB 9.12.1942.

420 Hans Karbes Erinnerungen an die letzten Stunden im Leben Jochen Kleppers und seiner Familie finden sich in Wecht, S. 314ff.

Zum Autor

Markus Baum, Jahrgang 1963, ist Journalist und Autor. Als Programmreferent ist er in verantwortlicher Position bei ERF Medien tätig. Neben dem vorliegenden Buch hat Markus Baum auch eine Biografie über Eberhard Arnold verfasst, den Gründer der Bruderhof-Gemeinschaften (*Eberhard Arnold – Ein Leben im Geist der Bergpredigt*). Er übersetzt außerdem Bücher aus dem Englischen und Amerikanischen.

Markus Baum ist verheiratet mit Luzia; die beiden haben drei erwachsene Kinder und leben im mittelhessischen Aßlar.

Seit dem Erscheinen seiner Biografie Jochen Kleppers ist Markus Baum immer wieder auch zu Veranstaltungen rund um Jochen Klepper unterwegs – von Vorträgen speziell für junge Leute oder für Erwachsene über Lesungen bis zur Beschäftigung mit Kleppers Liedern und gemeinsamem Singen. Bei Interesse an einer Veranstaltung mit Markus Baum wenden Sie sich bitte an den Verlag.

Weitere Bücher aus dem Neufeld Verlag

Kenneth E. Bailey, ***Der ganz andere Vater*** – Die Geschichte vom verlorenen Sohn aus nahöstlicher Perspektive. ISBN 978-3-937896-23-6, 4. Auflage 2021

Markus Baum, ***Eberhard Arnold*** – Ein Leben im Geist der Bergpredigt. ISBN 978-3-86256-035-6, 2013

Friedemann Büttel, ***Mehr!*** Warum es sich lohnt, Jesus zu folgen. ISBN 978-3-86256-158-2, 2020

Bruder Lorenz (herausgegeben von Reinhard Deichgräber), ***All meine Gedanken sind bei dir*** – In Gottes Gegenwart leben. ISBN 978-3-937896-56-4, 3. Auflage 2014

Sabine Dittrich, ***Erben des Schweigens***. Roman. ISBN 978-3-86256-042-4, 2. Auflage 2015

Timothy J. Geddert, ***Das immer wieder Neue Testament.*** ISBN 978-3-86256-161-2, 2021

Jayson Georges, ***Mit anderen Augen*** – Perspektiven des Evangeliums für Scham-, Schuld- und Angstkulturen. ISBN 978-3-86256-090-5, 3. Auflage 2020

Stefan Gustavsson, ***Kein Grund zur Skepsis!*** Acht Gründe für die Glaubwürdigkeit der Evangelien. ISBN 978-3-86256-150-6, 2. Auflage 2019

Adam Hamilton, ***Gegen die Angst*** – 31 Lektionen der Hoffnung für unsichere Zeiten. ISBN 978-3-86256-163-6, 3. Auflage 2021

Stefan Jung, ***Was Gott daraus macht*** – Vertrauen lernen mit Josef. ISBN 978-3-86256-064-6, 2015

John Paul Lederach, ***Vom Konflikt zur Versöhnung.*** Kühn träumen – pragmatisch handeln. ISBN 978-3-86256-068-4, 2016

Peter Mommsen, ***Radikal barmherzig:*** Das Leben von Johann Heinrich Arnold – eine Geschichte von Glauben und Vergebung, Hingabe und Gemeinschaft. ISBN 978-3-86256-078-3, 2017

Ulrich Müller, *Heimat finden* – Impulse aus dem Buch Rut.
ISBN 978-3-86256-086-8, 2018

Henri J. M. Nouwen, *Jesus nachfolgen* – Nach Hause finden in
einem Zeitalter der Angst. ISBN 978-3-86256-162-9, 2021

Bernhard Ott, *Tänzer und Stolperer* – Wenn die Bergpredigt
unseren Charakter formt. ISBN 978-3-86256-156-8, 2019

Bernhard Ott, *Wegbegleiter in Krisenzeiten* – Impulse von
Martin Buber. ISBN 978-3-86256-165-0, 2020

Heinrich Christian Rust, *Heilen, trösten, begleiten* – Die Heilungskompetenz
der christlichen Gemeinde. ISBN 978-3-86256-151-3, 2019

Hanna Schott, *Von Liebe und Widerstand* – Magda & André Trocmé:
Der Mut dieses Paares rettete Tausende. ISBN 978-3-86256-017-2, 4. Auflage 2018

David W. Shenk, *Christen begegnen Muslimen* – Wege zu echter Freundschaft.
ISBN 978-3-86256-069-1, 3. Auflage 2016

Anders-Petter Sjödin, *Verwandelt in Gottes Nähe.*
ISBN 978-3-86256-021-9, 2012

Alfred und Sylvia Sobel, *Stärke fürs Leben entwickeln* –
So meistern Sie den Alltag mit einem behinderten Kind.
ISBN 978-3-86256-096-7, 2018

Jean Vanier, *Ich und Du:* dem anderen als Mensch begegnen.
ISBN 978-3-86256-036-3, 2013

Conny Wenk, *Außergewöhnlich* – Kinder mit Down-Syndrom und ihre Mütter.
ISBN 978-3-86256-043-1, 2. Auflage 2015

Tom Wright, *Kleiner Glaube – großer Gott.*
ISBN 978-3-86256-030-1, 2013

Sabine Zinkernagel, *Wer nur auf die Löcher starrt, verpasst den Käse* – Aus dem
Leben mit zwei besonderen Kindern. ISBN 978-3-86256-027-1, 2. Auflage 2013

Der **NEUFELD** VERLAG *ist ein unabhängiger, inhabergeführter Verlag mit einem ambitionierten Programm.*

Bei Gott sind Sie willkommen! Und zwar so, wie Sie sind.

Uns liegt am Herzen, dass Menschen erfahren:

- Der christliche Glaube ist keine Religion, sondern lebt von **Beziehung**.
- Es gibt nichts Besseres, als **mit Jesus zu leben**.
- Es lohnt sich, die **Bibel** für das eigene Leben zu lesen.
- Die **Gemeinschaft mit anderen Christen** fordert uns heraus und hilft uns.

Menschen mit Behinderung bereichern uns!

Sie haben uns etwas zu sagen und zu geben, zum Beispiel:

- Sie erinnern uns daran, dass jeder Mensch **einzigartig** ist.
- Sie zeigen uns, dass der **Wert** eines Menschen nichts mit seiner Leistungsfähigkeit zu tun hat.
- Sie bremsen uns immer wieder aus und halten uns vor Augen, was im Leben **wesentlich** ist.
- Sie lassen uns erkennen, dass das Leben **erfüllt** sein kann – auch wenn es manchmal anders kommt als geplant.

Stellen Sie sich eine Welt vor, in der jeder willkommen ist!

neufeld-verlag.de

Dieses Buch wurde **in Deutschland** hergestellt.

Das **Papier**, das dafür verwendet wurde, ist FSC®-zertifiziert. Als unabhängige, gemeinnützige, nichtstaatliche Organisation hat sich der *Forest Stewardship Council*® (FSC®) die Förderung des verantwortungsvollen und nachhaltigen Umgangs mit den Wäldern der Welt zum Ziel gesetzt.

Außerdem unterstützen wir ein **Waldschutzprojekt** in Brasilien. Auf über 86.000 Hektar schützt das Projekt *Ecomapuá* den Wald an der Amazonasmündung und verbietet kommerzielle Abholzung. Für die 400 ansässigen Familien schafft es alternative Einkommensquellen, zum Beispiel durch den Handel mit der Açaí-Frucht. So fördert das Projekt die Entwicklung in einer der ärmsten Regionen im Nordosten Brasiliens.

Dieses Buch wurde bewusst nicht in Folie eingeschweißt; unser Versandpartner verwendet zudem Papier und nicht Plastik als Füllmaterial.

Stellen Sie sich eine Welt vor, in der jeder willkommen ist!

neufeld-verlag.de